Christian Heinrich Schmid

Nachrichten von dem Leben und den Schriften der vornehmsten verstorbenen deutschen Dichter

Erster Band

Christian Heinrich Schmid

Nachrichten von dem Leben und den Schriften der vornehmsten verstorbenen deutschen Dichter
Erster Band

ISBN/EAN: 9783743677678

Hergestellt in Europa, USA, Kanada, Australien, Japan

Cover: Foto ©ninafisch / pixelio.de

Weitere Bücher finden Sie auf **www.hansebooks.com**

Nekrolog

oder

Nachrichten

von dem

Leben und den Schriften

der

vornehmsten verstorbenen

teutschen Dichter.

Gesammelt

von

Christian Heinrich Schmid,

Regierungsrath, Doctor der Rechte und Professor
der Beredsamkeit und Dichtkunst.

Erster Band.

Berlin,
bey August Mylius 1785.

Dem

Durchlauchtigsten Fürsten und Herrn

Herrn

Ludwig, Landgrafen zu Hessen,

Fürsten zu Hersfeld,
Grafen zu Katzenelnbogen, Dietz, Ziegenhayn, Nidda,
Hanau, Schaumburg, Isenburg, und Büdingen, u.
s. w. Ihro Russisch-Kaiserlichen Majestät bestall-
ten General-Feldmarschall, und St. Andreas-
auch des Königlich Preußischen schwarzen
Adler-Ordens Ritter,

Meinem

gnädigsten Fürsten und Herrn.

Durchlauchtigster Landgraf,

Gnädigster Fürst und Herr,

Ew. Hochfürstl. Durchlaucht erhabnen Namen einem von den Werken vorzusetzen, wodurch ich einen Theil des mir auf Höchstdero Univer-

sität

sität anvertrauten Amtes nach Vermögen ein Genüge zu leisten mich bestrebe,
wollte ich, seit der Zeit, da ich das
Glück genieße, in Ew. Hochfürstl.
Durchlaucht Diensten zu stehn, mich
schon öfters erkühnen, und vor dem
Publikum die Empfindungen der tief-
sten Verehrung, und des Dankgefühls
ausdrücken, die meine Brust seit dem
Augenblicke gehegt hat, da Höchstde-
selben

selben mich zu dem hiesigen Lehramte zu berufen in Gnaden geruhten. Dennoch ward ich immer von Furchtsamkeit, und von dem Bewustseyn zurückgehalten, daß ich nichts eines solchen Namens würdiges hervorbringen könnte. Auch bey gegenwärtigem Werke würde mich die Ueberzeugung von seinem geringen Werthe von einem solchen Unternehmen gänzlich abgeschreckt

schreckt haben, wenn nicht eine erst neuerlich von Ew. Hochfürstl. Durchlaucht erhaltne Gnade mein Herz zu stark gerührt hätte, als daß ich meine Empfindungen nicht öffentlich an den Tag legen sollte. Der von den Höchstdenenselben am Ende des verwichnen Jahres mir gnädigst beygelegte Karakter eines Hochfürstlichen Regierungsrathes ist mir ein Denkmal von

von Ew. Hochfürstl. Durchlaucht huldreichen Gesinnungen, das ich nicht blos in der Stille verehren kann. Laut muß ich es sagen, welch ein Glück ich genieße, einem Fürsten zu dienen, der jede auch noch so geringe Bemühung, die obliegende Pflicht zu erfüllen, mit nachsichtsvoller Milde belohnt. Je länger die Vorsehung mich einem solchen Fürsten dienen läßt, und je mehr
ich

ich in den Stand komme, mich der Gnade Desselben würdig zu beweisen, desto glücklicher werde ich mich schätzen, der ich mit der submissesten Devotion die Gnade habe mich zu nennen

Ew. Hochfürstl. Durchlaucht

unterthänigsten Knecht,
Christian Heinrich Schmid.

Vorrede.

In den letzten funfzehn Jahren ist der teutsche Parnaß durch so viel Todesfälle entvölkert worden (indem seit 1769 neunzehn Dichter gestorben sind) daß, als ich diesen Verlust bey Gelegenheit von Lessing's Tod zusammen summirte, mir der Gedanke einfiel, es wäre vielleicht dem litterator nicht unangenehm, die Nachrichten von ihrem leben und Schriften in einem Bande beisammen zu haben. Da eine vollständige Geschichte unsrer Dichtkunst so bald noch nicht geschrieben werden wird, so können dergleichen Materialien indessen ihre Stelle vertreten.

ten. Die Franzosen geben bekanntlich jährlich einen Necrologue, oder eine Todtenliste ihrer Gelehrten in allen Fächern heraus; ich führe hier nur bey den Gräbern der Dichter herum und überlasse es andern, die Thaten andrer Gelehrten zu beschreiben. Mehrere Lebensbeschreibungen, welche neuerlich bey den Ausgaben der Dichter erschienen sind, erleichterten mir mein Vorhaben ungemein. Daß ich diese zu meinem Zweck ins Enge ziehen, alles lobrednerische und Geringfügige weglassen muste, verstand sich von selbst; hingegen behielt ich öfters die Worte der Biographen bey, wo sich in der Angabe historischer Umstände doch nichts als eine rhetorische Variation hätte machen lassen. Meine Quellen habe ich jederzeit dankbar angezeigt. Ich fürchte, keine Vorwürfe darüber zu bekommen, daß ich mich nicht auf Dichter vom ersten Rang eingeschränkt, sondern auch Nachrichten von solchen gegeben habe, die

in

in die zweyte, dritte u. s. w. Klasse gehören. Denn auch von Dichtern, die nicht mehr, oder doch nicht allgemein gelesen werden, ist es doch wohl der Mühe werth zu wissen, daß sie da waren, daß sie zu ihrer Zeit eine gewisse Dichtungsart beliebt machen halfen, daß sie als Nachahmer den Ruhm eines größern Dichters beförderten. Der Litterator gedenkt also noch des Zerniz, Pyra, Drollinger, Sucro u. s. w. ohne deswegen zu verlangen, daß man sie über ihre Verdienste bewundern soll. Nun könnte man aber um der Gleichförmigkeit des Plans willen vielleicht manche Namen vermissen, die doch so gut, als viele der hier vorkommenden, einen Platz verdient haben möchten. Man könnte mich tadeln, daß ich nicht auch Nachrichten von Scultetus, Brockes, Mylius, Werlhof, Dreyer, Gallisch, Kretsch, Ludwig Friedrich Lenz u. s. w. gegeben hätte. Aber dieß zu unterlassen, nöthigte mich nur der Mangel an Hülfsmitteln, indem ich entweder die dazu nöthigen Bücher nicht hatte, oder wirklich von ihrem Leben noch gar nichts war bekannt gemacht worden. Hätte ich meinen Plan so weit ausdehnen wollen, daß ich auch auf alle diejenigen hätte Rücksicht nehmen wollen, deren natürliche gute Anlage durch die Schicksale ihres Lebens, und durch ihre eigne Schuld eine falsche Richtung bekommen, wie der Fall bey Günther war, so hätte das Werk einen zu großen Umfang bekommen. Einige, die sich in der Prosa hervorgethan haben, machten auch wohl zuweilen einige Verse wie z. E. Sturz, aber diese bleiben besser für einen prosaischen Nekrolog ausgesetzt, wo Sturz, Abbt, Rabener, Liscov, Sulzer, Meinhard, Mosheim, Christ. Ludwig von Hagedorn u. s. w. glänzen mögen. Aus der Lohensteinischen Periode war es wohl genug, den Mann aufzustellen, der ihr den

Na-

Namen gab, und dessen Schriften uns wirklich in der Folge Dichter erweckten, obgleich Hofmannswaldau in Ansehung der Talente eben so gut hier zu stehen verdient hätte. Ueber Brand bis zu den Minnesängern hinauf konnte ich nicht gehen, weil hier die Nachrichten gar zu mangelhaft werden. Was die poetischen Frauenzimmer betrift, so läßt sich das Leben von Margaretha Klopstock erst dann erzählen, wenn Herr Cramer die Biographie ihres Mannes vollendet haben wird. Als ich Herrn Unzer um Nachrichten von seiner verstorbnen Gattin ersuchte, meldete er mir, daß er in kurzem ihr Leben selbst herausgeben würde. Was Nantchen betrift, so hätte ich vor allen sie hier aufzustellen gewünscht, allein Herr Göckingk versicherte mich, daß sich ihr Leben für jetzt noch nicht beschreiben ließe, weil gewisse Leute noch lebten, die dabey interessirt wären. Sollte ich künftig noch Materialien zu solchen

chen leben erlangen, die man hier vermißt, so will ich sie in einem folgenden Theile, nebst den Berichtigungen zu diesen Bänden, nachhohlen. Die Ordnung, in welcher hier die Dichter aufeinander folgen, bezieht sich auf ihre Sterbejahre. Von sieben hier vorkommenden Dichtern gab ich in den beiden Theilen der Biographie der Dichter, die ich 1769 und 1770 herausgab, Nachricht, hier erscheinen diese Nachrichten zum gegenwärtigen Zweck abgeändert, auch oft berichtigt und vermehrt. Nach Art der Jugend, faßte ich damals zuweilen Entschließungen, die sehr ins Große giengen. So hatte ich damals keinen geringern Vorsatz, als eine allgemeine Dichterbiographie aller Zeiten und Völker zu liefern, wenigstens erinnere ich mich, daß noch 94 Dichter zu den folgenden Theilen auf meiner Liste standen. Sogar über lebende wollte ich mich damals ausbreiten, die sich doch unpartheiisch weder

karak=

karakterisiren, noch biographisiren lassen. Ich brauchte das Wort Biographie, ob sich gleich von den wenigsten Dichtern eine eigentliche Biographie geben läßt, theils aus Mangel von Nachrichten (wie wenig wissen wir von Wernicke, Logau u. a. m.) theils weil wirklich ihr Leben sehr einförmig war. Nur selten werden uns von ihnen so viel karakteristische Züge, wie von Hölty, und Hensler, angegeben. Ich bitte daher auch meine jetzigen Nachrichten nicht als förmliche Lebensbeschreibungen anzusehn, sondern nur als Beiträge zu denselben, die, nach dem Vorrath, den ich dazu vorfand, bald reicher, bald dürftiger ausgefallen sind. Mein Gedanke in der ehmaligen Biographie war, unter diesem Titel über jeden Dichter alles zu sammeln, was sich über ihn sagen ließe, kritische und litterarische Nachrichten von ihren Werken, Auszüge, Beurtheilungen, Uebersetzungen von ihnen zu geben. Meinhard's

Ver=

Versuche hatten mich auf diese Idee gebracht, in der Folge lernte ich, daß selbst Meinhard's Werk wenig Käufer gefunden habe. Das Wichtigste bey dem Leben eines jeden Dichters ist die Nachricht von seinen Werken, aber ich habe mich hier mehr in Schranken gehalten, und alles so kurz, wie möglich, gefaßt. Das Verzeichniß und die Beurtheilung der Werke habe ich, anders als in der Biographie der Dichter, so einzurichten gesucht, daß es auch derjenige benutzen kann, der diese Werke gar noch nicht kennt. Da Herr Füßli das Leben von Bodmer noch nicht vollendet hat, und Lebensbeschreibungen von Lessing, und Götz noch ganz fehlen, so hätte ich zur Zeit wohl diese Dichter ganz übergehen sollen; allein sie waren mir so wichtig, daß ich lieber etwas Unvollkommnes, als gar nichts, von ihnen beibringen wollte.

I.

I.
Sebastian Brand.

Sebastian Brand ward gebohren zu Straßburg im Jahr 1458, genoß von seinen Eltern eine gute Erziehung, studierte zu Basel die Rechte, und ward Doctor und Professor der Rechtsgelehrsamkeit daselbst. Seine juristischen Kenntnisse, durch die er sich ungemein hervorthat, und seine Schriften breiteten seinen Ruhm weit aus. Mehrere Fürsten und Großen ehrten und schätzten ihn wegen seiner Einsichten; insbesondere berief ihn Kaiser Maximilian sehr oft an seinen Hof, und beehrte ihn mit dem Titel eines kaiserlichen Hofpfalzgrafen und Rathes. Zuletzt bekleidete er die Würde eines Kanzlers oder Stadtschreibers in seiner Vaterstadt Straßburg. 1520 im zwey und sechzigsten Jahre seines

Alters starb er. Von seinen Kindern kennt man den Onuphrius Brand, der der ersten teutschen Uebersetzung des Gailerischen Narrenschiffes ein Paar Verse vorgesetzt hat.

Sein vornehmstes poetisches Werk ist eine Reihe von Satiren in Versen, welcher er den Titel gegeben hat: Das Narrenschif, oder, Schif aus Narragonien, alle Stände der Welt betreffend, wie man sich in allen Händeln zu betragen pflege. Warum das Gedicht Narrenschif heißt, hat der Verfasser uns selbst in folgenden Versen erklärt:

Galleen, Fuß, Kragk, Nauen, Park,
Kyl, Weidling, Roßbeeren, Rollwagen,
Ein Schif möcht' die nicht all' getragen,
Die jetzt sind in der Narren Zahl,
Ein Theil kein Fuhr hant überall,
Die stieben zuher, wie die Immen,
Viel unterstehend, zum Schif zu schwimmen,
Ein jeder will der Fuhrmann seyn,
Viel Narren, Thorn kommen drein.

Außer dem Einfalle von dem Schiffe, und der Idee, daß jeder Thorheit eine eigne Schelle gewidmet worden, findet man keinen Plan, oder

Fic=

Fiction in diesem Werke von Brand. Alle Gattungen von Fehlern, Untugenden, und Gebrechen, allerley Narrheiten in der bürgerlichen und häuslichen Gesellschaft sind in hundert und dreyzehn Kapiteln in der willkührlichsten Ordnung geschildert. Eigentlich treten nur hundert und zwölf Narren auf, und zum Kontrast ist am Ende das Portrait eines weisen Mannes beigefügt. In der That kann man Menschenkenntniß und Witz, der aber freylich nicht durch Geschmack verfeinert ist, dem Verfasser nicht absprechen. Moralische Bemerkungen, die oft sehr abgenutzt sind, und viele aus alten Schriftstellern entlehnte Sittensprüche, dehnen das Ganze zu sehr aus. Der Büchernarr macht unter den satirischen Karakteren den Anfang. Ueberaus verschwenderisch ist Brand, vermuthlich, um mit Gelehrsamkeit zu prangen, mit den Beispielen, die er aus der alten Geschichte anführt. An langweiligen Allegorien ist auch kein Mangel. Die Sprache hält das Mittel zwischen der Sprache der Minnesinger, und unserm jetzigen Hochteutschen. Der Ausdruck erhebt sich fast gar nicht über die Prosa, und ist oft nur gar zu rauh. Ja, was man sich jetzt in Prosa nicht erlauben

wür=

würde, das erlaubt sich der Verfasser z. E. wenn er sagt: Wer mit Kübeln in sich schütter. Eckelhafte Bilder kommen häufig vor, so wie folgengendes: Du fürchst die Räud, und findst den Grind. Elisionen sind alle Augenblicke gemacht, und neugemachte Worte, von der Art, wie Bubiliren, kommen häufig vor. In den vierfüßigen Versen, worinnen das Ganze geschrieben ist, herrscht viel Monotonie.

Das Werk erschien zuerst zu Basel 1494 in Quart, und ward zu Strasburg 1495 in Octav, und eben daselbst 1506 in Quart wieder aufgelegt. Alle Ausgaben sind mit Holzschnitten verziert, die allemal ein Schif mit dieser, oder jener Art von Narren vorstellen. Das Narrenschif ward in seiner Neuheit mit ausserordentlicher Begierde und Beyfall gelesen. Johann Gailer von Kaysersberg, Doctor der Theologie und Prediger zu Strasburg, hielt sogar 1498 hundert und zehn öffentliche Predigten über die einzelen darinnen geschilderten Thorheiten, um den Nutzen des Buchs für die Moral zu zeigen. Vermuthlich hatte Brand dies mit dem Prediger verabredet, um sein Zeugniß dem Geistlichen entgegenzustellen, die das Werk als gefährlich verschreien

schreien wollten. Denn so sagt sein Sohn in den obgedachten Versen:

> Mancher das Narrenschif veracht,
> Das zu dem ersten ward gemacht,
> Und meint, es wär der Narren Orden;
> Der seh nun, was draus sey geworden,
> Nachdem erkläret hat dies Werk
> Der heilig Mann von Kaysersberg,
> Der mehr, dann alle andre Hand,
> Des Dichters Meinung hat erkannt.

Diese Predigten wurden erst nach Kaysersbergs Tode von einem seiner Schüler, Jacob Other 1510 zu Strasburg in lateinischer Sprache unter dem Titel Nauicula, seu, Speculum Fatuorum herausgegeben, 1511 daselbst wieder aufgelegt, und 1515 mit einem Leben des Predigers neu gedruckt. Vermuthlich machte man sie nicht gleich in der teutschen Sprache, in der sie waren gehalten worden, bekannt, um des verstorbnen Kaysersberg's Andenken nicht zu vielen unbilligen Urtheilen auszusetzen. Allein schon 1519 erschien zu Rostock eine plattteutsche Uebersetzung derselben, und 1520 erfolgte zu Strasburg selbst eine teutsche Uebersetzung unter dem Titel:

Titel: Des hochwürdigen Herrn Doctors Kaysersberg Narrenschif, die einen gewissen Pater Pauli zum Verfasser hatte. Im Jahr 1534 gab ein gewisser Nikolaus Höniger zu Basel eine neue teutsche Uebersetzung davon heraus. Das Narrenschif von Brand selbst wurde bald nach seiner Erscheinung ins französische, Lyon 1499, und ins Englische 1509 übergetragen. Ein Schüler von Brand, Namens Jakob Locher, kleidete es sehr frey in ein Cento von lateinischen Versen ein, das 1497 erschien, und 1498 und 1506 wieder aufgelegt ward. Jodocus Badius, oder Ascensius gab zu Strasburg 1506 sogar eine lateinische Paraphrase in Versen mit Anmerkungen heraus. Weil der Ton dieses Gedichtes so allgemein beliebt wurde, so erschienen unzählige Kopien davon, und man verfiel endlich gar darauf, den Eulenspiegel in Reime zu bringen. Ueber die häufigen Ausgaben und Nachahmungen des Narrenschiffes steht eine Abhandlung in dem Alten und Neuen aus allen Theilen der Geschichte im ersten Band. Ueber den poetischen Werth desselben urtheilt Bodmer in der Abhandlung von der Poesie des sechzehnten Jahrhunderts in der Sammlung kritischer, poeti-

scher,

ſcher, und geiſtvoller Schriften im ſechſten Stück.

Sonſt ſchrieb Brand noch eine Ueberſetzung von den Diſtichen des Dionyſius Kato in teutſchen Reimen, eine Elegie auf den Tod Kaiſer Friedrich des dritten 1493, und eine andre auf Kaiſer Maximilians Gefangenſchaft in lateiniſchen Verſen, Lebensbeſchreibungen verſchiedner Heiligen, eine Geſchichte von Jeruſalem, einen richterlichen Klagſpiegel, oder Anweiſung für einen peinlichen Richter. Er beſorgte die opuscula Felicis Malleoli, oder Hemmerlin's. Er gab die moraliſchen Sprüche eines Dichters aus dem dreizehnten Jahrhunderte, Freydank's, die dieſer von der Beſcheidenheit überſchrieben hatte, unter dem Titel von dem rechten Wege des Lebens, und allen Tugenden, Aemtern, und Eigenſchaften, heraus, und machte darinnen viele Veränderungen. Im Jänner des teutſchen Merkur von 1776 findet man ſein Leben nebſt ſeinem Bildniß, und im Hornung eine Abhandlung über ſein Narrenſchif. Im Bürgerfreund, einer Wochenſchrift, die 1778 zu Strasburg geſchrieben ward, ſteht eine Abhandlung über das Narrenſchif.

II.

II.
Hans Sachs.

Hans Sachs ward zu Nürnberg am 5 November 1494 gebohren. Sein Vater, ein Schneider, bestimmte ihn zum Schusterhandwerke, schickte ihn aber doch vom siebenten Jahre an in die lateinische Schule, in der er bis in das funfzehnte Jahr blieb. Im siebzehnten Jahre begab er sich auf die Wanderschaft, auf der er sich fünf Jahre lang viel Kenntniß der Menschen und der Natur erwarb. Im Jahr 1519 verheirathete er sich mit Kunigunde Kreuzerinn, die er so zärtlich liebte, daß er noch im fünf und zwanzigsten Jahre seines Ehestandes mit ihr ein Liebesgedicht auf sie verfertigte. Schon 1522 fieng er an, Luthers Schriften zu lesen, und, weil sie ihm gefielen, sie zu sammeln, andern zu lei=

leihen, und sie daraus von der Thorheit des Pabstthums zu belehren. Bald hernach bekannte er sich öffentlich zu der protestantischen Religion, die sich damals in Nürnberg auszubreiten anfieng. Im Jahr 1523 verfertigte er einen Lobgesang auf die Reformation unter dem Titel: Die Wittenbergische Nachtigall. Ein Jesuit Spee schrieb dagegen ein Lustwäldlein, oder Trotz=Nachtigall, welches Hans Sachsen bewog, 1524 eine Vertheidigung seiner Nachtigall herauszugeben. Als Luther starb, verfertigte er ein Epitaphium, oder Klagrede auf seinen Tod. Eifer für die Religion, und wahre Frömmigkeit waren Hauptzüge in Hans Sachsens Karakter. — Anfangs lebte Hans Sachs in ziemlichem Wohlstand, aber nachher ward seine Oekonomie zerrüttet, so daß er im Alter kümmerlich leben muste. Als ihm seine erste Frau 1560 starb, verheirathete er sich noch im sechs und sechzigsten Jahr zum zweitenmal mit einer Barbara Harscherinn. Er erlebte an seinen Kindern, zwey Söhnen, und fünf Töchtern, viele Freude, aber er hatte auch das Unglück, sie alle zu überleben. Von seiner ältesten Tochter bekam er vier Enkel.

Schon im zwanzigsten Jahre zeigte sich seine Liebe zur Dichtkunst. Da damals die Liebe der Poesie von den Edeln des Volks zu den Zünften der Handwerker herabgesunken war, und da damals besonders in Nürnberg viele solche poetische, im Jahr 1318 von Kaiser Karl IV privilegirte Zünfte blühten, so konnte es einem jungen Schuster, der dazu Lust hatte, nicht an Gelegenheit fehlen, seine Talente zu entwickeln. Hans Sachsens Lehrmeister in der Poesie war ein gewisser Leinweber, Leonhard Nunnenbeck, der zugleich als Meistersänger in Ansehen stand, und der jenen in der Tablatur, das ist, in den Regeln der Poesie unterrichtete. Meistersänger hießen zuerst die, welche Werke der Meister, das heißt, berühmter Dichter absangen, oder ablasen. Allmählig fiengen sie an, auch etwas von ihrem Eigenen, und zwar aus dem Stegreife hinzuzusetzen. So bestand nun in der Folge die Kunst eines Meistersängers darinnen, extemporirte Einfälle in Reime zu zwingen, ohne an das Wesentliche der Dichtkunst, oder auch nur an Harmonie zu denken. Biblische Historien zu reimen, und nach allerley von ihnen erfundenen Melodien abzusingen, war ihr vornehmstes Geschäfschäfte. Durch die Menge von Gedichten, die Hans Sachs verfertigte, und durch den Beifall, den sie erhielten, erwarb er sich ein großes Ansehen, und, weil andre mit ihm wetteifern wollten, kam die schon in Verfall gerathene Zunft der Meistersänger zu Nürnberg wieder so empor, daß sich ihre Anzahl wieder bis auf 250 vermehrte. Hans Sachs stellte fleißig Zusammenkünfte an, und ertheilte andern Unterricht. Einer seiner Schüler war der Adam Putschmann, der 1572 einen gründlichen Bericht des teutschen Meistergesangs herausgegeben. Hans Sachs hatte, ein Feind von schädlichen Lustbarkeiten, auf seiner Wanderschaft alle seine übrige Zeit dazu angewendet, sich die Bekanntschaft berühmter Meistersänger zu erwerben, und ihre Bar, oder Melodien zu erlernen.

Es ist ungegründet, wenn einige behaupten, daß Hans Sachs in seinem späten Alter den Dienst eines Schulmeisters verrichtet habe. Der Irrthum entstand daher, weil man sich durch den Ausdruck, daß er Schule gehalten, verführen lassen. Dies ist aber vom Unterricht im Meistergesang zu verstehn, den er unentgeldlich ertheilte. In seinem hohen Alter ward er sehr stumpf,

stumpf, zuletzt verlohr er das Gehör ganz. Da saß er dann immer an seinem Tische, sann nach, las viel, besonders in der Bibel, wenn ihn aber jemand anredete, gab er keine Antwort. Dennoch verließ ihn bis auf den letzten Augenblick seines Lebens die glückliche Gelassenheit und Heiterkeit nicht, die ihm von jeher eigen war. Er starb 1576 im zwey und achzigsten Jahre seines Alters.

Sein erster poetischer Versuch war 1514 ein Lied, das sich anfieng: *Gloria Patri* Lob und Ehr, und worinnen er nach damaliger Gewohnheit Latein mit dem Teutschen vermischte. Nachdem er 1516 von Reisen heimgekommen war, fieng er häufiger an zu dichten, und verdiente sich mit seiner fruchtbaren Feder sehr viel Geld. Aus dem Zeitpunkte von 1516 bis 1530 sind nicht über zwölf Gedichte von ihm vorhanden, weil er hier noch zu viel mit Einrichtung seines Hauswesens zu thun hatte. Das meiste verfertigte er in dem Zeitraum von 1530 bis 1558, indem er schon 1558 sagt, daß er mehr, als fünftausend Gedichte gemacht habe. Aber in demselben Jahre schrieb er auch schon ein Klaggespräch über das schwere Alter. Die Beschwerden des
Al=

Alters zogen ihn also lange von der Poesie ab, bis eine zu Nürnberg wütende Pest, anstatt, daß sie seinen Muth ganz hätte niederschlagen sollen, seinen poetischen Geist wieder erweckte. Er dichtete nämlich, um bey der allgemeinen Noth sich und andre aufzurichten, und schrieb so viel, daß wieder 350 Gedichte zusammen kamen. Verschiedne einzle Gelegenheiten lockten ihm nachher noch je zuweilen Verse ab. Im Jahr 1567 brachte er seine eigne Lebensgeschichte in Verse. Sein letztes Gedicht war das Valet an einen Mahler, das er noch im ein und achzigsten Jahr an den Mahler gerichtet hatte, der ihn gemahlt hatte. Die Zeitfolge seiner Gedichte ist leicht zu bestimmen, indem er bey jedem selbst das Datum beizufügen pflegt. In der obgedachten Lebensgeschichte rechnet er selbst 6048, größere und kleinere Gedichte, die er geschrieben habe, doch bemerkt er dabey selbst, daß er nicht alle kleine Poesien in Rechnung gebracht, nicht zu gedenken, daß er nach der Lebensgeschichte noch gedichtet hat. Nach seiner Handschrift sollen seine Arbeiten vier und dreißig Folianten betragen haben. Welche Arbeitsamkeit für einen Mann von seinem Stande. Er erfand sechszehn

zehn neue Töne, oder Melodien zu Liedern, und dreyzehn neue Bar in den Meistergesängen. Weltliche Lieder verfertigte er drey und siebenzig. Luthers Beispiel ermunterte ihn, verschiedene geistliche Lieder zu dichten, wovon auch eines: Warum betrübst du dich, mein Herz, in die öffentlichen Gesangbücher gekommen ist. Er versifizirte vieles aus der Bibel z. E. die Psalmen, den Jesus Sirach, die Sprüche Salomonis, den Prediger, die meisten Evangelien und Episteln, und ein Stück vom Buche der Weisheit. Nach der Gewohnheit seiner Zeiten entlehnte er auch viele Schauspiele aus der Bibel, die man blos um der Quelle willen, woraus sie geschöpft waren, erbaulich fand, ob man gleich damals nicht in Prosa, geschweige in der Poesie, es verstand, Gegenstände der Religion mit gehöriger Würde zu behandeln. Sechs und zwanzig biblische Komödien, und sieben und zwanzig geistliche Tragödien finden sich unter seinen Werken. Die unterschiedne Benennung von Komödie und Tragödie zielt nur auf die Fröhlichkeit oder Traurigkeit des Ausgangs, denn sonst ist in Behandlung und Sprache kein Unterschied. Die meisten Schauspiele verfertigte er in der Zeit von 1517

bis

bis 1563. Sie sind alle ganz kurz, obgleich manche sogar in sieben Akte abgetheilt sind. Vier und sechzig von seinen Schauspielen hat er Fastnachtsspiele überschrieben, eine uralte Benennung, die uns an den Ursprung des Theaters in Teutschland erinnert. Wie am Bacchusfeste in Griechenland, so bey dem Karneval sorgte man in Teutschland frühzeitig für theatralische Ergötzungen. Unsre ersten Komödianten hießen Fastnachtsspieler, sie extemporirten eben solche rohe Einfälle, als die mit Hefen beschmierten Griechen, sie giengen von einem Privathause zum andern, wo nämlich geschmauft wurde, und wurden für ihre Spasmacherey bewirthet. Endlich kam ein teutscher Thespis oder Andronikus, der ihnen geschriebne Rollen gab, und das war ein Nürnberger, ein Meistersänger, Namens Hanns Schoepper genannt Rosenblut (S. sein Leben in der Herrn Canzler und Meißner Journal für ältere Litteratur.) In dessen Fußstapfen trat Hans Sachs. Seine Fastnachtsspiele wurden vorgestellt, ja, er sagt uns, daß er die meisten selbst habe spielen helfen. Obgleich der Ton zu dergleichen Stücken lustig seyn muß, so streut Hans Sachs doch auch hier Moralen ein. Der

ganze

ganze Titel seiner Stücke heißt: Mancherley
kurzweilige Fastnachtsspiele, gesammelt, von
kurzen Schimpfspielen mancherley Art, darinnen die Wahrheit mit guten Schwänken ver-
deckt, und eingewickelt ist. Weltliche Tragödien schrieb er acht und zwanzig, und weltliche
Komödien zwey und funfzig. Viele giebt er selbst
nur für Unterredungen aus, wo die, wahren,
oder erdichteten, Personen, die er darinnen reden läßt, irgend einen Satz ausführen. Ist dieser Satz eine sehr streitige Frage, so nennt er
diesen Dialog ein Kampfgespräch, weil darinnen die verschiednen Meinungen der redenden
Personen über einen Gegenstand vorgetragen
werden. Den Beschluß macht alsdann eine Nutz-
anwendung der abgehandelten Streitfrage.
Poetische Erzählungen nennt er Historien (welches Wort hier also nicht in Shakespear's Sinne
genommen wird) wo er nach der Erzählung der
Begebenheit gleichfalls eine Moral hinzuzusetzen
pflegt; z. E.

> Aus der Geschicht man klar verstaht,
> Daß ein Weib nicht soll weit spazieren,
> Und aus Fürwitz soll umher reviren.

Hun-

Hundert und sechzehn von diesen Erzählungen hat er selbst allegorische genannt. Unter poetischen Fabeln, dergleichen man viele unter seinen Werken findet, versteht er theils äsopische Fabeln, theils Erzählungen aus der Mythologie. Ist die Erzählung komischen Innhalts, so nennt er sie einen Schwank. Einzele moralische Gedanken hat er unter dem Namen Sprüche begriffen. Jedes Gedicht endigt er mit seinem Namen: Das wünscht Hans Sachs, das sagt Hans Sachs u. s. w.

Alle Arten von Gedichten behandelt er in einem Ton, wer also eines gelesen, hat sie alle gelesen. Ein gewisser treuherziger Humor, der in allen herrscht, eine gewisse lebhafte Energie, ein gewisser Fluß der Rede beweisen, daß er in andern Zeiten und bey andrer Bildung etwas besseres würde geleistet haben. Sein beständiges Sylbenmaas sind Knittelverse, das heißt, Verse, wo man auf die Zahl der Sylben, nicht auf ihre Quantität sieht, wo der Dichter auf sechs bis neun Sylben eingeschränkt ist, und wo Zeile auf Zeile reimt. Die leierende Einförmigkeit solcher Verse beleidigt neuere Ohren, und ist der Würde der Gegenstände gar oft zuwider. Einige z. E. Rost und Göthe haben es in neuern

Zei=

Zeiten versucht, diesen Knittelton zum humoristischen Vortrage anzuwenden, aber auch hier kann er nur zuweilen, und nur in einem kleinen Gedichte vergnügen. Der ganze Hudibras, auf die Art übersetzt, wie einige angerathen haben, würde keine gute Wirkung thun, und Hans Sachs möchte also wohl nicht zu der Ehre gelangen, unser Marot, oder Spenser zu werden. Das viele müßige Geschwätz, die platten Einfälle, die hinschreibende Eilfertigkeit, der niedrige Ausdruck, die Flickwörter, und Provinzialredensarten in seinen Gedichten schrecken neuere Leser zu sehr ab. In seinen Schauspielen ist oft gar kein Zusammenhang, viel weniger ein überdachter Plan. Der Herr redet darinnen, wie der Knecht, und die unanständigsten Handlungen geschehen vor den Augen der Zuschauer. Wie wenig es ihm um Wahrscheinlichkeit zu thun sey, kann z. E. folgendes beweisen, daß er im andern Theil seiner Werke S. 12 die Semiramis, und die Kleopatra, die Agrippine und die Klytemnestra in einem Schauspiele auftreten läßt. Bey der vielen Bekanntschaft mit der Geschichte des Alterthums, die der Innhalt mancher seiner Werke vorauszusetzen scheint, haben ihn einige

sogar

sogar zu einem Gelehrten erheben, und ihn desto mehr bewundern wollen, je weniger Gelegenheit, Gelehrsamkeit zu erlangen, er sowohl auf Schulen, die damals sehr schlecht waren, als auch nachher gehabt habe. Allein man kann dieses Räßel am besten, so wie bey dem Shakespear, dadurch lösen, wenn man sagt, daß er alles, was den Schein von Gelehrsamkeit hat, aus Uebersetzungen alter Schriftsteller, die damals schon vorhanden waren, geschöpft habe. Er sagt ja von sich selbst:

> Gott sey Lob, der mir sandt herab
> So mildiglich die Gottes Gab,
> Als einem ungelehrten Mann,
> Der weder Latein, noch Griechisch kann!

Die Fehler, die er bey Worten aus diesen Sprachen begangen, beweisen seine Unkunde derselben zur Gnüge. Viel gelesen hat er immer, wenn gleich nicht in den Ursprachen, und bey einem Mann von seinem Stande war eine ausgebreitete Belesenheit immer ein Verdienst.

Viele von seinen poetischen Werken liegen noch ungedruckt in öffentlichen Bibliotheken. Bey zweihundert seiner Gedichte ließ er erst nach
und

und nach einzeln drucken, ehe er an eine Sammlung derselben dachte. Wie viel Beifall sie bey den damaligen Lesern fanden, sieht man daraus, daß sie öfters nachgedruckt worden. Nicht alle von diesen einzelen Gedichten sind nachher in seine Werke gekommen, einige sind in die Schriften andrer eingerückt worden. Nur eine Sammlung erlebte Hans Sachs ganz, nämlich diejenige, so der Augspurgische Buchhändler Wille zu Nürnberg in Heußlers Druckerey in den Jahren 1558, 1560, 1561 in drey Folianten machen ließ, und die öfters aufgelegt wurde. Da er aber nachher noch viele neue Gedichte verfertigte, so fieng der Buchhändler Lochner zu Nürnberg 1570 eine neue Sammlung gleichfalls in Folio an. 1570 erschien der erste und zweite Theil, und, weil Hans Sachs zu schwächlich ward, seine Papiere zu ordnen, die andern Theile erst nach seinem Tode, nämlich 1577 der dritte, 1578 der vierte, und 1579 der fünfte Theil. Der allgemeine Titel dieser Ausgabe ist: Mancherley artliche neue Stück schöner gebundener Reime. Der erste Theil ward 1590, der andre 1591, der dritte 1589 wieder aufgelegt. Der Buchhändler Krüger zu Augsburg ließ diese Wer-

Werke aufs neue zu Kempten 1612 — 1616 abdrucken. Die Eintheilung ist hier in fünf Bücher gemacht, und jedes Buch hat drey Theile. Ausserdem soll es noch eine Nürnberger Ausgabe von 1628 geben. Alle Ausgaben, besonders die vollständigern, von seinen Schriften gehören zu den litterarischen Seltenheiten, da man in unserm Jahrhundert, theils wegen der voluminösen Dicke derselben, theils wegen des gar zu veränderten Geschmacks, Bedenken getragen hat, sie wieder aufzulegen. Ja selbst zu einer Zeit, da man das Andenken so vieler alter Dichter erneuerte, im Jahr 1776 scheiterte das patriotische Unternehmen des Herrn Bertuch, der die sämtlichen Werke dieses Dichters mit einem Glossarium herauszugeben dachte. Die nachdrücklichste Empfehlung, und eine abgedruckte Probe konnten das Publikum nicht in dem Grade erwärmen, daß eine hinreichende Anzahl von Subscribenten zusammen gekommen wäre. Eine neue Ausgabe des ganzen Hans Sachs ward also unmöglich; allein ein andrer gelehrter Forscher unsrer Sprachalterthümer errichtete dem poetischen Schuster ein Denkmal durch einen Auszug aus seinen Werken, den er 1781 zu Nürnberg veranstaltete, und mit gelehrten Anmerkungen begleitete. Herr Häslein konnte als ein Nürnberger manche Jdiotismen des Poeten besser, als irgend ein andrer, erläutern.

Ein ehmaliger Professor zu Altenburg, Ranisch, gab 1766 eine historischkritische Lebensbeschreibung von Hans Sachs heraus, die alle Nachrichten sorgfältig sammelt, aber dabey sehr viel Geringfügiges enthält, und durch schlechtes Raisonnement ermüdet. Eine vortrefliche Karakteristick des Dichters hat Herr Wieland im teutschen Merkur 1776 gegeben, wo man auch folgendes Gedicht von Herrn Göthe findet: Erklärung eines alten Holzschnittes, vorstellend Hans Sachsens poetische Sendung.

III.
Burkard Waldis.

Von Burkard Waldis, oder Wallis Lebensumständen läßt sich sehr wenig mit Gewißheit

wißheit angeben. Unter der Vorrede zu seinen Fabeln nennt er sich am 12 Februar 1548 einen Doctor der Arzeneigelehrsamkeit, und giebt als seinen damaligen Aufenthalt Allendorf an der Werra im Hessischen an. Ob Hessen sein Vaterland gewesen sey, läßt sich daraus nicht bestimmen. Unter der Dedikation von der Uebersetzung eines nachher anzuführenden theologischen Buches nennt er sich 1554 einen Geistlichen. Den dadurch entstehenden Zweifel, wie aus einem Arzt plötzlich ein Geistlicher geworden sey, könnte man auf verschiedne Art heben. Man könnte z. E. sagen, daß er sich bey seinen Fabeln für einen Arzt ausgegeben hätte, weil sie für einen Geistlichen zu freimüthig geschrieben waren. Allein so skrupulös dachte man damals in dem Stücke nicht, und Waldis glaubte so wenig, mit seinem Werke jemanden zu ärgern, daß er es vielmehr mit dem frommen Wunsche beschloß:

> Gott woll' sein Gnad' dazu verleihen,
> Daß zu allem Guten mög' gedeihen!

Daß er erst nach seiner Religionsveränderung den geistlichen Stand erwählt habe, ist nicht wahrscheinlich. Es bleibt daher immer die

Muthmaßung, die der Rezensent von Leng=
nich's Nachrichten zur Bücher= und Münzkunde
in Herrn Hofrath Meusel's historischer Littera=
tur (im Februar 1783) geäussert hat, die beste
Auskunft, daß der Uebersetzer des theologischen
Buchs von unserm Doctor der Medizin zu unter=
scheiden sey. Der Uebersetzer datirt seine Vor=
rede auch aus Hessen (er giebt sich als Kaplan zu
Abterode bey der Gemahlinn Landgraf Philipps
zu Hessen an) und so ließe sich vielleicht daraus
schließen, daß die Familie der Waldis ihren Sitz
in Hessen hatte, und der Uebersetzer ein Seiten=
verwandter des Waldis gewesen sey. In alten
Liederverzeichnissen wird ein Burkard Waldis
angeführt, der ein katholischer Geistlicher gewe=
sen sey, und die protestantische Religion ange=
nommen habe, aber vielleicht war der geistliche
Liederdichter und Proselyt einerley Person mit
jenem Uebersetzer. Genug, über die Lebensum=
stände des Fabeldichters sind wir in Ungewißheit,
und müssen uns blos an das wenige halten, was
er ausser der Vorrede zu seinen Fabeln, gelegent=
lich in den Gedichten selbst von sich gesagt hat.
Wenn man indessen aus den Stellen seiner Fa=
beln, wo er sich rühmt, Orte und Sachen in

Ita=

Italien, Portugall, und Holland gesehn zu haben, folgern will, daß er wirklich alle diese Lande bereist habe, so ist der Schluß wohl zu unsicher. So wie Bokkaz und andre Erzähler um der grössern Täuschung willen bey ihren meisten Geschichtchen vorgeben, daß sie Augenzeugen davon gewesen wären, so hat auch wohl Waldis, wenn er einmal sich über die Wallfahrten nach Rom lustig machen wollte, sich selbst ins Spiel mischen können, um desto freier zu satirisiren. Doch einige seiner Gefährten, die er dabey namentlich nennt, die Angabe der Stunde, in der er angekommen, scheinen auf der andern Seite die Zweifel gegen die Wahrheit seiner Erzählung zu benehmen. Nach Rom zu wallfahrten war nichts ungewöhnliches, und er brauchte deswegen kein Geistlicher zu seyn. Denn er that es, wie er sagt, um fromm zu werden. Ein Mann von Welt- und Menschenkenntniß leuchtet immer aus seinen Schriften hervor, und besonders muß er wohl Teutschland ziemlich durchreist haben. Daß er einige Zeit in Riga gelebt habe, wissen wir aus der Zuschrift seiner Fabeln mit Zuverläßigkeit, die an den damaligen Bürgermeister dieser Stadt, an einen Johann Butten gerichtet ist.

C 3 Eben

Eben diese Dedikation ist voller Klagen über sein Schicksal. Unglücksfälle, sagt er, Leibesgebrechen, und die unangenehmsten Hindernisse hätten die Vollendung seines Werks verzögert. Ueber Noth und falsche Freunde klagt er hin und wieder in seinen Gedichten. Daß er zu Nürnberg bey einer von den Religionsunterhandlungen zugegen gewesen, die mit dem Kardinal Kampeggi gepflogen worden, sagt er ausdrücklich in der siebzehnten Fabel des vierten Buchs. Doch läßt sich wohl nicht daraus folgern, daß er selbst eine Hauptrolle dabey gespielt habe. Er sagt blos:

> Zu Nürnberg ich einst vor ihm stund
> Samt andern, da man handeln gunbt
> Von einer Reformation
> Der Kirchen und der Religion.

Höchstens ließe sich aus dieser Stelle nur so viel beweisen, daß er damals zu der Parthey der Protestanten gehört habe. Und als ein Protestant zeigt er sich in vielen Stellen seiner Fabeln, wo er der Reformation auf eine rühmliche Art gedenkt. So sagt z. E. ein Mönch zum Petrus, der ihn einlassen soll:

Sonst

Sonst hab' ich auch gar viel gelitten,
Gar heftig wider d' Ketzer kritten,
Wider den Luther, der diese Zeit
Verführt die einfältigen Leut'
Und sagt, man soll allein Gott trauen,
Auf keine Werk, noch Frumkeit bauen!
Welches ich mit Fluchen, Schelten, Schänden
Stets widerfocht an allen Enden.
Hab' aber nit wider ihn geschrieben,
Nur ein Ding mich zurück hat trieben,
Er war mir in der Schrift zu g'lehrt,
Damit er all sein Thun bewährt.
Wenn Scotus bey ihm etwas golten,
So wollt' ich ihn ha'n baß gescholten!

Und an einem andern Ort heißt es ausdrücklich:

Gott sey gelobet, daß wir ha'n
Die Augen jetzt recht aufgethan,
Allein auf Christum uns verlassen,
Den Pabst und Bischof fahren lassen.

Im Jahr 1548 gab, wie oben gedacht worden, Burkard Waldis Fabeln heraus, und zwar unter folgendem Titel: Esopus ganz neu gemacht, und in Reime gefaßt, mit samt hundert

dert neuen Fabeln, vormals in Druck nicht gesehen, noch ausgegangen, Frankfurth am Mayn, in Octav. Es sind vier Bücher, wovon jedes aus hundert Fabeln besteht. Im Jahr 1553 besorgte Waldis zu Frankfurth eine neue Ausgabe von dem Gedichte, das Melchior Pfinzing nach Kaiser Maximilians Entwurfe ausführte, vom Theuerdank. Er wagte dabey sehr viele eigenmächtige Veränderungen, strich aus, und setzte von den Seinigen hinzu, vermuthlich, um das Werk zu modernisiren, und seinen Zeitgenossen angenehmer zu machen. In der Folge ward, wie es scheint, diese freie Art, mit fremden Werken umzugehn, immer mehr Mode. Denn man findet seit der Zeit mehrere solche veränderte Ausgaben älterer Dichter, z. E. von der Historia von Engelhard aus Burgund, vom Renner u. s. w. Doch gehen wohl die Kunstrichter zu weit, wenn sie alle solche Umformungen dem Burkard Waldis zur Last legen wollen. Die obgedachte Uebersetzung, die einige auch dem Fabeldichter zuschreiben, ist die von Thomä Naogeorgi päbstischen Reich, und erschien im Jahre 1554. Gottsched gedenkt in seiner Dichtkunst S. 574 eines dogmatischen Gedichts von Burkard

Kard Waldis über das Pabſthum, das ich aber nie geſehen habe.

Die Fabeln, als das vorzüglichſte Werk des Dichters, ſind ein Beweis von ſeiner ausgebreiteten Beleſenheit, nicht nur in Anſehung der Ueberſetzer und Nachahmer des Aeſop z. E. Poggius, Abſtemius, Bebelius, die er benutzte, ſondern auch wegen der vielen Anſpielungen auf alte Schriftſteller, die darinnen vorkommen. Aeſop iſt ſein vornehmſtes Muſter, indem deſſen Name damals nothwendig als ein Schild ausgehängt werden muſte. Aber einige Fabeln, insbeſondre im vierten Buch, ſcheinen doch von Waldis ſelbſt erfunden zu ſeyn. Es müſten dann die, die ihm dieſen Ruhm nicht gönnen wollen, einwenden, daß er hier vielleicht aus unbekanntern Quellen geſchöpft habe. Ein Paar ſeiner Fabeln haben einen ähnlichen Innhalt mit Fabeln des Lafontaine. Wollte man aber daraus ſogleich allzu patriotiſch ſchließen, daß der Franzoſe den teutſchen vor Augen gehabt habe, wie wirklich einige behaupten, ſo wäre dies zu übereilt, indem zu Lafontainens Zeiten es noch viel unwahrſcheinlicher, als jetzt, iſt, daß man in Frankreich nur das Daſeyn eines altteutſchen

E 5   Dich-

Dichters gekannt haben sollte. In Schauspielen und in Fabeln finden sich oft Aehnlichkeiten, weil zwey Verfasser aus einem dritten als aus einer gemeinschaftlichen Quelle geschöpft haben. Diese Quelle kann in gegenwärtigem Fall entweder Tradition, die ja täglich noch Mährchen fortpflanzt, oder auch irgend einer von den vielen Novellenschreibern seyn, die seit den Zeiten des Bokkaz die Welt mit Erzählungen belustigten. Wenn nun also gleich Waldis andern nacherzählt hat, so bleibt ihm doch immer das Verdienst der Einkleidung. Seine fließende, lebhafte, energische Erzählung ist ein Beweis seiner poetischen Talente. Seine Manier ist komisch, und er besitzt alle die humoristische Laune, die dazu erfodert wird. Alles ist bey ihm mit Satire gewürzt, wovon ein großer Theil nach der Gewohnheit jener Zeiten die verderbten Sitten der Klerisey trift. Getreue und freymüthige Sittengemälde müssen das Werk für seine Zeitgenossen doppelt anziehend gemacht haben. Die Knittelverse, in denen Waldis erzählt, kommen bey aller ihrer Einförmigkeit mit dem komischen Tone des Dichters recht gut überein. Als eine Fundgrube alter körnichter Ausdrücke läßt sich
die=

dieses Fabelbuch vortreflich benutzen. Folgende Fehler aber fallen bey diesem Dichter zu sehr in die Augen, als daß sie sich entschuldigen ließen. Eine plauderhafte Geschwätzigkeit macht, daß der Verfasser nicht aufzuhören weiß, und sich aus einer Digression in die andre verliert. Ob man nun gleich bey launichten Schriftstellern etwas Geschwätz übersieht, ja, wenn es nicht allzumüßig ist, gern hört: so muß man sich doch, wenn man über Waldis nicht böse werden will, ganz in die Zeiten versetzen, wo die Feile, durch die der unnütze Ueberfluß weggenommen wird, eine unbekannte Sache war. Die Sucht, Gelehrsamkeit und Belesenheit an den Tag zu legen, verleitete den Dichter, so wie alle seine Zeitgenossen, sehr oft zu unangenehmen Auswüchsen. Da die Menschen damals pedantisch sprachen, so müssen es ihre Repräsentanten, die Thiere hier auch thun, und ganze lange gelehrte Sermonen halten. Am geschwätzigsten ist immer die Moral bey Waldis Fabeln, wo er alles, was ihm nur während der Erzählung eingefallen war, ausschüttet. Er glaubte, des Guten nicht zu viel thun zu können, trug also seine Ermahnungen sehr wortreich vor, und leitete oft aus einer Fa-

bel

bei eine zehnfache Moral her. Kein Wunder, wenn dies zuweilen etwas gezwungen ausfiel. Oft ist in die Moral wieder eine neue Fabel eingeschaltet. Unedle, niedrige, und ungesittete Ausdrücke kann man ihm wohl am ersten übersehen, weil hierinnen die Verschiedenheit der Zeiten allzu groß ist, viele Worte gemein geworden sind, die es damals nicht waren, vieles den damaligen rohen Geschmack nicht beleidigte, worüber wir jetzt die Nase rümpfen, und die Begriffe von Wohlstand sich so sehr umgeändert haben. Ja im lebhaften Vortrag hielt man damals manches für Kernausdrücke, was wir jetzt platt und pöbelhaft finden. Burkard Waldis selbst glaubte, keusch geschrieben zu haben. Denn er sagt: Ich habe dies Werk nit den Gelehrten, und die es besser können, sondern der lieben Jugend, Knaben, und Jungfrauen zu Dienste und Foederung lassen ausgehen, und fast an allen Enden dermaßen zugesehn, daß ich ihnen hiermit zur Besserung dienen möchte, und die zarten, keuschen Ohren der lieben Jugend sich an meinem Schreiben nit zu ärgern hätten.

Nach zwey neuen Auflagen, die man von den Fabeln des Burkard Waldis 1565 und 1584

mach=

machte, sieht man sie bald in unverdiente Vergessenheit gerathen. Schon Rollenhagen, der ihn doch im Froschmäusler scheint benutzt zu haben, gedenkt seiner mit keinem Worte, und Morhof übergeht in seiner Geschichte der teutschen Sprache und Poesie seine Fabeln mit Stillschweigen. Gellert, der einige Erfindungen aus ihm entlehnte, sagte doch wenigstens wieder so viel von ihm, daß er sich vor Hans Sachsen rühmlich auszeichne. Nachdrücklicher nahm sich seiner Ehre der Herr von Gemmingen an, der 1753 in seinen Briefen nebst andern poetischen und prosaischen Stücken, die 1769 unter dem Titel Poetische und prosaische Schriften von dem Freyherrn von G. neu aufgelegt wurden, ein Schreiben über Burkard Waldis lieferte, worinnen er die Vorwürfe des beleidigten Wohlstandes von ihm abzulehnen, und seine Uebereinstimmung mit Lafontainen darzuthun suchte. Um beides zu beweisen, legte er einige seiner Erzählungen ganz, andre im Auszuge vor. Doch das Versprechen, das er bey der Gelegenheit that, eine Auswahl der besten Stücke neu herauszugeben, blieb unerfüllt. Einen neuen Versuch, den Ruhm dieses Dichters wiederherzustellen,

len, machte Herr Eschenburg in einer Abhandlung über Burkard Waldis, die 1767 im vierten Bande der Hamburgischen Unterhaltungen erschien, und worinnen er ihn in Ansehung des Runden und Nachdrücklichen seiner Sprache, in Ansehung seiner Schwatzhaftigkeit und Digressionen mit dem alten englischen Dichter Chaucer vergleicht. Allgemein bekannt ward der Name unsres alten Dichters wieder, als Zachariä zeigte, daß, wenn man der Fabel einen komischen Ton geben wolle, Burkard Waldis ein lehrreiches Muster seyn könne. Zu Frankfurth und Leipzig (Braunschweig) erschienen 1771 Fabeln und Erzählungen in Burkard Waldis Manier, die Zachariä zum Verfasser hatten. Voran stehen nützliche Anmerkungen über Burkard Waldis, und seine Art zu erzählen. Als Herr Eschenburg nach Zachariä's Tode eine neue Ausgabe von dessen Fabeln besorgte, fügte er fünf und dreyßig Fabeln von Waldis bey, und erläuterte die alten unverständlichen Ausdrücke darinnen mit kurzen Anmerkungen. Sie wurden auch einzeln unter dem Titel verkauft: Auswahl einiger Fabeln und Erzählungen von Burkard Waldis 1777.

IV.

IV.
Georg Rudolf Weckherlin.

Georg Rudolf Weckherlin war aus Stuttgardt gebürtig, aber sein Geburtsjahr kann man nur muthmaßlich angeben. In einer vom Jahr 1647 datirten Vorrede erzählt er, er habe schon mehr als vierzig Jahre in großer Herrn Diensten, Geschäften, und Reisen als Sekretair zugebracht. Wenn er nun 1607, wo er zuerst in Dienste kam, zwanzig Jahre alt gewesen wäre, so müste er ohngefähr um das Jahr 1587 gebohren gewesen seyn. Einen großen Theil seines Lebens brachte er in London als Sekretair bey der teutschen Kanzley des vertriebenen Kurfürsten von der Pfalz Friedrich V., der dahin geflüchtet war, zu. Dadurch erlangte er eine große Bekanntschaft mit der Poesie der Britten, nach deren ältern Liedern er sich nicht allein gebildet, sondern von denen er auch einiges übersetzt hat.
Die

Die vielen Reisen, die er in seinem Berufe thun mußte, erwarben ihm eine ausgebreitete Bekanntschaft unter den Personen von Stande sowohl, als unter den damals lebenden Dichtern in England, Frankreich, Italien, und Spanien. Besonders unterhielt er auch mit Opitzen Freundschaft, wie man aus einigen an denselben gerichteten Gedichten sieht. Im Jahre 1616 verheirathete er sich, und in seinen Gedichten kommt ein Sohn Rudolf, und eine Tochter Elisabeth vor, die er Frau Trumbull nennt. Dem Namen ihres Mannes nach zu urtheilen, ward sie in England verheirathet. Bereits im Jahre 1618, zu einer Zeit, da Opitz noch nichts, als zwey Hochzeitgedichte gemacht hatte, gab Weckherlin schon eine Sammlung von Gedichten zu Stuttgardt heraus, durch die er sich den Ruhm erwarb, Opitzens Vorläufer geworden zu seyn, eine Sammlung von Oden und Gesängen. Diese sind nachher verbessert einer größern Sammlung einverleibt worden, die von ihm unter dem Titel: Geistliche und weltliche Gedichte zu Amsterdam 1641 erschien, und 1648 vermehrt wieder aufgelegt wurden. Als er durch die Wut des dreißigjährigen Krieges seine Güter, und

seinen

seinen Bruder verlor, giengen auch, wie er erzählt, viele seiner Gedichte unter, die er bey seiner Abreise aus Teutschland seinem Bruder im Manuskript zurückgelassen hatte. Besonders beklagt er den Untergang vieler Sonnette, und Stånde (das ist, Stanzen) auf die Schöne, die auch in seinen gedruckten Gedichten so oft vorkömmt, und die er Myrtha nennt. In seinen gedruckten Werken findet man folgende Arten von Gedichten: Uebersetzungen von Psalmen, die einige gute Stellen haben, vier Bücher Oden und Gesänge, Klag= und Trauergedichte, worunter das längste und ausgearbeiteste dem Tode Gustav Adolfs gewidmet ist, heroische (das heißt, auf berühmte Männer verfertigte) und andre Sonnette, Buhlereien oder Liebesgedichte auch meistens in Sonnetten abgefaßt, die unstreitig die erheblichsten in der ganzen Sammlung sind, ein langes Gedicht über das Urtheil des Paris, Eklogen, Epigrammen, Erfindungen zu Aufzügen, Balletten, Maskeraden, Kartellen beim Ringrennen, und andern Feierlichkeiten des Würtenbergischen Hofes. Die Sprache in diesen Gedichten ist nicht allein gedankenreich und gedrungen, sondern man findet auch in den Liebesgedichten insbesondre, nied-

D liche=

lichere und feinere Ideen, als man von dem Zeitalter des Dichters erwarten sollte. Seine Versifikation muß man freilich nicht mit der Opitzischen vergleichen, sie ist noch unvollkommen, und unbestimmt. Vergebens sucht man hier Abwechslung der hohen und tiefen Sylben, und die Beobachtung ihrer Quantität. Der Verfasser deklamirte sich vermuthlich seine Jamben, Trochäen, und Daktylen mehr nach dem Sinn, als nach einer regelmäßigen Skansion vor. Doch fühlte er diese Mängel selbst, und er muste schon damals deswegen getadelt worden seyn, da er in der Vorrede zu seinen weltlichen Gedichten sagt: er habe bey der Einrichtung seiner Verse auf die Erleichterung unsrer Sprache für Ausländer gesehen, und viele seiner poetischen Stücke verfertigt, ehe die vermeinte größere Wissenschaft und Kunst seiner Tadler bekannt geworden. Nachdem Bodmer ehedem in der Sammlung kritischer, poetischer, und geistvoller Schriften kurz und im Vorbeigehn die Verdienste dieses Dichters gepriesen hatte, machte Herr Eschenburg das Publikum von neuem auf ihn aufmerksam, als er im driten Bande der von ihm nach Zachariä's Tode fortgesetzten auserlesenen Stükke

le der besten teutschen Dichter einige der besten Gedichte von Weckherlin wieder abdrucken ließ, und litterarische Nachrichten von ihm beifügte. Daß er aber bey seiner Auswahl doch noch einige schöne Stücke übergangen habe, bewieß der ungenannte Verfasser einer Abhandlung: Andenken an einige ältere teutsche Dichter im teutschen Museum im Oktober 1779. Zwey Gedichte von Weckherlin nahm Herr Voß iu seinen Musenalmanach für 1778 auf.

V.
Martin Opitz.

Martin Opitz ward zu Bunzlau in Schlesien den 23. December 1597 gebohren. Sein Vater Sebastian Opitz war Rathsherr zu Bunzlau, seine Mutter Martha Rothmanninn eine Tochter eines dortigen Rathsherrn. Er zeigte sehr früh=

zeitig vorzügliche Fähigkeiten, und eine brennende Liebe zu den Wissenschaften. Seine ersten Studien machte er auf der Schule seiner Vaterstadt, die damals in sehr gutem Zustande, und wo unter andern sein Onkel Christoph Opitz Rektor war. Die Jahre 1614 bis 1616 brachte er auf dem Gymnasium zu Breslau zu. Der dasige Rektor Höckelshofen schätzte ihn wegen seiner Fähigkeiten ungemein hoch, und machte ihn mit zwey Aerzten Bucretius und Cunrad bekannt, die beide eine Stärke in der lateinischen Poesie besaßen. Cunrad gewann ihn bald so lieb, daß er ihn zum Hofmeister seiner Söhne machte. Cunrads Beispiel, und die vortrefliche Bibliothek desselben, die Opitz benutzen konnte, gaben bey diesem seiner Liebe zu den Wissenschaften keine geringe Nahrung. Durch ein Gedicht, das er schon hier verfertigte, gewann er die Gunst des berühmten Breslauer Gelehrten Henel, und durch den Umgang mit solchen Männern ward Breslau der eigentliche Ort seiner Ausbildung. Diese Männer fragte er über die Gattung von Wissenschaften um Rath, der er sich widmen sollte, und sie waren es, die ihn ermunterten, die Rechtsgelehrsamkeit mit den

schönen

schönen Wissenschaften zu verbinden. Daher er sich unter einem lateinischen Gedichte, das er damals machte, also unterschrieb: Candidatus Poeseos, Legum et Philosophiae Studiosus. Wie sehr er der römischen Sprache schon mächtig war, bewies sogleich sein erster Versuch in der lateinischen Poesie, ein Bogen Verse, den er 1616 zu Görlitz unter dem Titel Strenarum libellus drucken ließ, und der Lobgedichte auf verschiedne Bunzlauer enthielt. Im Jahr 1617 vertauschte er die Breslauer Schule mit der zu Beuthen, weil er, selbst Jüngling, auch hier wieder einen jungen Menschen zu führen hatte. Ob er gleich nämlich selbst noch lernte, so war er doch zugleich Hofmeister von einem Sohne des Kammerfiskal Tobias Sculterus. Hier schrieb er schon eine Schrift, die seinen Patriotismus für die teutsche Litteratur bewies: Aristarchus, seu de contemtu linguae Germanicae. Auf allen Schulen, die Opitz besuchte, bewies er einen solchen Eifer, daß er vor Schaam weinte, wenn er von einem seiner Mitschüler übertroffen wurde.

Als nun die Zeit herankam, eine Universität zu beziehen, wählte Opitz im Jahr 1618 Frankfurth an der Oder, weil sein Freund Nüßler,

ler, den er schon auf Schulen als sein andres Ich liebte, dahin gieng. Als aber dieser zu Ende dieses Jahres schon eine Versorgung zu Liegnitz erhielt, gieng Opitz zu den Seinigen zurück, um sich zu einer Reise auf eine entferntere Akademie anzuschicken. Er zog nun Heidelberg vor, weil dies damals vorzüglich berühmte Lehrer hatte. Auch hier studierte er nicht allein für sich mit dem größten Eifer, sondern führte auch die Söhne eines Geheimderath Lingelsheim zu den Wissenschaften an. Während seines Heidelberger Aufenthalts machte er viele Versuche in der teutschen Dichtkunst, und als Jüngling weihete er noch seine meisten Lieder der Liebe und der Freude. In der alten Philologie und Litteratur bereicherte er hier seine Kenntnisse ungemein durch die Unterstützung eines Gruter, der als Bibliothekar ihm die öffentliche Bibliotheck öfnen konnte, und der selbst eine ansehnliche Büchersammlung besaß. Mit Kaspar Barth wohnte Opitz auf einer Stube, und konnte mit ihm in dem Studium des Alterthums wetteifern. Mehrere junge Gelehrte waren damals in Heidelberg, die mit Opitz in der Liebe der Gelehrsamkeit, und insbesondere auch in der Neigung zur teutschen

Dicht-

Dichtkunst sympathisirten, und also gar bald eine innige Freundschaft mit ihm errichteten, Heinrich Albert Hamilton, aus Dännemark gebürtig, Zinkgref, und Venator. In Heidelberg hielt Opitz eine lateinische Rede, die 1619 unter dem Titel Oratio ad Fridericum regem Bobemiae gedruckt ward. Von Heidelberg aus machte er verschiedne Exkursionen, theils nach Strasburg, um den Professor Bernegger kennen zu lernen, der ihn sehr lieb gewann, und ihn durch Briefe einem Grotius, Salmasius u. s. w. empfahl, theils nach Tübingen, um Besolden zu hören. Gern hätte er sich länger zu Heidelberg aufgehalten, als sich aber 1620 Krieg und Pest der Pfalz näherten, entfernte er sich, und unternahm litterarische Reisen. Hier fand er reichliche Gelegenheit, seine Kenntnisse der Wissenschaften und der Menschen zugleich zu erweitern, und sich insbesondre die Bekanntschaft und Freundschaft mit vielen großen und berühmten Männern zu erwerben. Gegen Ende des Jahres 1620 reiste er, von Hamilton begleitet, nach den Niederlanden, wo er zu Leiden mit Scriver, Voß, und Rutgers, vornemlich aber mit Daniel Heinsius Freundschaft errichtete. Als sein Gefährte Hamilton

1621 in sein Vaterland zurückkehren muste, ließ er sich von ihm bereden, ihn bis nach Holstein zu begleiten, wo er sich sieben Monate verweilte. In Holstein gefiel es ihm nicht, wie man aus seinem Gedichte de reditu ex Chersoneso limbrica sieht. Auch ward ihm der Aufenthalt daselbst durch wehmüthige Erinnerungen an sein Vaterland verbittert, in welchem indeß die Kriegsflamme tobte. Dies veranlaßte ihn, ein Trostgedicht in Widerwärtigkeiten des Kriegs zu schreiben, das er aber eher nicht, als 1633 herauszugeben wagte.

Doch noch 1621 ward die Ruhe in Schlesien wiederhergestellt, und nun säumte Opitz keinen Augenblick, in sein Vaterland zurückzukehren. Durch Nüßlers und Kirchners Empfehlung fand er auch nun bald eine Versorgung bey dem Herzog von Liegnitz, der damals Oberlandshauptmann von Schlesien geworden war, und der ihn noch von seiner Jugend her kannte. In Diensten dieses Herzogs hatte nun Opitz Gelegenheit genug, das Hofleben kennen zu lernen. Im Jahr 1621 trug er seines Freundes Heinsius Hymnen auf Christus und auf Bacchus in teutsche Verse über.

In seinem fünf und zwanzigsten Jahre 1622 erhielt Opitz durch Empfehlung des Arztes Cunrad

rad einen Ruf als Lehrer der Dichtkunst auf die neuangelegte Schule zu Weissenburg in Siebenbürgen, für welche man damals gelehrte Männer aus Schlesien zu erhalten suchte. Er nahm diesen Ruf mit großer Freude an, theils, weil er hier ganz für die Wissenschaften leben konnte, theils weil sein Vaterland immer mit Kriegsunruhen bedrohet ward. Zu Weissenburg hielt er insbesondre Vorlesungen über die Werke des Horatz und des Seneka. Denn er war ein grosser Kenner des Alterthums, wie die Anmerkungen zu seinen Gedichten, seine ächt römischen Verse, und seine schönen Aufsätze in lateinischer Prosa beweisen. Ein an Alterthümern so reiches Land, wie Siebenbürgen, gab ihm Gelegenheit genug, sich mit seinem Lieblingsstudium zu beschäftigen. Er durchspürte alle Bibliotheken, er suchte Denkmäler und Innschriften auf, und schickte sie an Männer, wie Grotius, Gruter, Bernegger, er sammelte selbst an Antiquitatibus Daciae, und nichts ist mehr zu beklagen, als daß die Handschrift von diesem Werke ganz verloren gegangen ist. So viel aber auch seine litterarische Begierde hier Nahrung fand, so sehr er auch hier vom Fürst Gabriel Bethlen, und von jedermann

mann geehrt wurde, so gefiel ihm doch der dortige Aufenthalt nicht, theils wegen der allzugrossen Entfernung von seinen Freunden, theils wegen seiner Gesundheit, indem er das dortige Klima nicht vertragen konnte, und ein Fieber bekam. Es schien ihm, sagt er in der Vorrede zu einem seiner Gedichte, Luft und Wasser daselbst zuwider, ja auch des dortigen Volkes Sitten, Sprachen, Reden und Gedanken waren seiner Natur ganz entgegen. Er legte also seine Lehrstelle zu Weissenburg schon 1623 wieder nieder, und kehrte nach Schlesien zurück. Im Jahr 1623 verfertigte er das Lied: Auf, auf, mein Herz, und du mein ganzer Sinn auf Verlangen eines Ritters von Bibran, der ihm hundert Thaler dafür bezahlte.

Im Jahr 1624 gieng er aufs neue in die Dienste des Herzogs von Liegnitz. Er übersetzte die Sonn= und Festtagsepisteln nach den französischen Melodien eines gewissen Gandimel in teutsche Verse. Als er dies Werk gedruckt bey Hofe überreichte, ward es so gnädig aufgenommen, daß die beiden Brüder Rudolf und Christian, Herzoge von Liegnitz, ihn dafür nicht allein ansehnlich beschenkten, sondern auch mit dem Titel

tel ihres Rathes beehrten. Unerachtet seines Dienstes zu Liegnitz reiste er doch auch oft zu seinen Freunden nach Bunzlau. Ja in diesem Jahre besuchte er sogar seinen Freund Buchner in Wittenberg. Da er bey diesem nichts, als alte Litteratur sah und hörte, so ward er dadurch veranlaßt, die Trojanerinnen des Seneka zu übersetzen. Von Wittenberg aus besuchte er auch den Anhaltischen Hof, der durch seine Liebe für die Dichtkunst sich auszeichnete. Von diesem Jahre hat man ein lateinisch geschriebnes Leben eines Baron von Promnitz von ihm.

Als im Jahr 1625 der Rath Kirchner als Gesandter der Herzoge von Liegnitz nach Wien geschickt ward, erbat sich dieser seinen Freund Opitz zum Beistande, und durch den Rath von Nostitz ward Opitz noch besonders dem Kaiser Ferdinand empfohlen. Während seines Wiener Aufenthaltes machte er ein Gedicht auf das Absterben des Erzherzogs Karl, das er dem Kaiser selbst überreichte. Dies erwarb ihm den poetischen Lorbeerkranz, den man damals noch aus den Händen des Kaisers selbst empfangen muste, und den Opitze sich nicht schämen durften anzuneh=

nehmen, da er noch als eine Belohnung des Verdienstes angesehen wurde.

Nach seiner Zurückkunft von Wien im Jahr 1626 hielt sich Opitz abwechselnd in Liegnitz, Brieg, und Breslau auf, verrichtete bald öffentliche Geschäfte, bald that er Reisen, um Bibliotheken zu benutzen. Seines bisherigen Postens überdrüßig, konnte er lange nicht mit sich einig werden, was er ergreifen sollte. Endlich erhielt er durch Kirchners Empfehlung die Stelle eines geheimen Sekretairs bey dem Burggrafen Karl Hannibal von Dohna, einem feurigen thätigen Herrn, der die Gelehrsamkeit liebte. Doch bedung sich Opitz, ehe er in seine Dienste gieng, zweierley, erstlich, weil der Burggraf katholisch war, die Religionsfreiheit, und dann, daß er bey seinem Amte auch für sich studieren dürfe, und beides ward ihm bewilligt. Er hatte den wichtigen Briefwechsel des Burggrafen zu führen, und hier empfahl er sich ihm sowohl durch Fertigkeit, als Verschwiegenheit. Ausserdem konnte ihn sein Herr auch vortreflich brauchen, um ihn an kleine Höfe zu verschicken. Kurz er besaß bald seine ganze Gnade. Auf Anrathen dieses seines Herrn wagte er einst einen

klei=

kleinen Feldzug unter dem Korps eines Obristen Pechmann, aber, wie Horatz, spottete er selbst dieses Feldzuges, und gelobte bey dem ersten harten Stand, den sein Korps erfuhr, nie wieder einen Beruf zu ergreifen, zu dem er nicht gebohren war.

Bey einer Reise, die er 1627 nach Prag that, erhielt er vom Kaiser Ferdinand einen Adelsbrief, und nun hieß Opitz ein Herr von Boberfeld von dem Flusse Bober, der bey seiner Geburtsstädt strömt. Von eben diesem Strome nennten ihn seine Zeitgenossen in Gedichten nach damaliger Gewohnheit den Boberschwan, ein Name, wozu es keines Patentes bedurfte.

Im Jahr 1629 ward er unter dem Namen des Gekrönten ein Mitglied der fruchtbringenden Gesellschaft, wie einige meinen, auf Empfehlung des Fürsten von Anhalt, aber einer Gesellschaft, deren erster Zweck die Aufnahme der teutschen Litteratur war, brauchte ein Mann von Opitzens Ruhm und Verdiensten nicht empfohlen zu werden. In diesem Jahre schrieb er die Schäferey von der Nymphe Hercynia, worinnen er vom schlesischen Riesengebirge, von
dem

dem Geschlechte, derer von Schafgotsch, und von den Reisen redet. Einige vermuthen, daß auch folgendes Werk von Opitz herrühre: Arkadia der Gräfinn von Pembrock, weiland von dem Herrn Grafen und Ritter Philipp von Sidney in englischer Sprache geschrieben, aus derselben französisch, und aus beiden erstlich teutsch gegeben durch *Valentinum Theocritum* von Hirschberg, Frankfurt am Mayn, 1629. Wenigstens steht auf dem Titel von einer neuen Auflage dieses Buchs, die 1638 erschien, durch Martin Opitz verbessert.

Im Jahr 1630 erforderten es die Angelegenheiten des Burggrafen, daß Opitz eine Reise nach Frankreich thun muste. Lange war er unentschlossen, ob er diese Reise unternehmen sollte. Der Umgang mit seinen Büchern, der ihm über alles gieng, das hohe Alter seines Vaters, so viele vertraute Freunde, von denen er sich trennen sollte, schreckten ihn davon ab. Allein das Zureden des Burggrafen, das allgemeine Beste, die Begierde, das angenehme Frankreich, und die vielen großen Männer, die dieses Land enthielt, näher kennen zu lernen, bestimmten ihn zuletzt doch, die Reise anzutreten. Und wie viel

viel Reitze hatte diese Reise für ihn durch die Gelehrten, die er auf dem ganzen Wege vorfand. Zu Leipzig ergötzte er sich an Kaspar Barth, der sich damals daselbst aufhielt, zu Hanau an Pareus, zu Frankfurt am Mayn an Hortleder und Goldast, zu Strasburg an seinem ehmaligen Eleven Lingelsheim, und an Berneggger. In Paris benutzte er vornemlich den Grotius, dessen Haus ein Zusammenfluß von Staatsmännern war, und von dem er sich in der Statistick unterrichten ließ, ausserdem auch den Salmasius, Rigaltius, Hottomann, und Thuan. Zu Paris schrieb er ein lateinisches Lobgedicht auf den Sohn des Grotius, worinnen er ihn ermahnte, in die Fußstapfen seines Vaters zu treten. Hier übersetzte er die Schrift des Grotius de veritate religionis in teutsche Verse, welche Uebersetzung 1631 zu Brieg in Druck erschien.

1631 kam er von dieser Reise nach Hause, bereichert mit vielen Staatskenntnissen, ausländischen Büchern, seltnen Münzen, geschnittenen Steinen u. s. w. Der Tod einer Herzoginn von Liegnitz bewog ihn, eine orationem funebrem auf sie zu halten, die auch gedruckt wurde. So hat man vom Jahr 1632 eine andre lateinische

Gele=

Gelegenheitsrede von ihm: Inauguratio Nicolai Baronis a Burghaus, Monsterbergensis Ducatus Praefecti. Kenner hatten schon lang gewünscht, die zierlichen lateinischen Gedichte von Opitz gesammelt zu sehn, er aber weigerte sich immer, selbst eine solche Sammlung zu machen, weil er das Meiste davon in seiner frühen Jugend, und gleichsam aus dem Stegreife gemacht habe. Endlich that es statt seiner sein Freund Nüßler, und so erschien: Opitii Syluarum libri tres, epigrammatum vnus ex Museo B. G. Nueſſeri, Franc. ad M. 1631.

Das Jahr 1633 entriß ihm durch den Tod seinen geliebten Burggraf von Dohna. Aeusserst darüber betrübt, wollte er anfangs ein einsames Privatleben erwählen, da er bald einsah, daß er bey den damaligen Unruhen des Schutzes eines großen Herrn bedurfte, so gieng er aufs neue in liegnitzische Dienste. Als nun der Herzog von Liegnitz, um den Kriegsunruhen auszuweichen, sich 1684 nach Thorn begab, folgte ihn Opitz dahin. Weil er aber befürchtete, daß der Krieg in Teutschland noch lange dauren möchte, und der Herzog also zu viel hin und her irren müste, wirkte sich Opitz 1635 die Erlaubniß aus,

sich

sich von dem Gefolge des Herzogs zu entfernen, und für sich den Wissenschaften zu leben. Zu dem Ort, wo er zu privatisiren gedachte, wählte er Danzig, und zwar aus einer doppelten Ursache. Erstlich kannte er die Vorzüge dieser Stadt schon, indem er mit dem Burggrafen von Dohna schon einmal daselbst gewesen war. Der Burggraf, der sich dort niederzulassen gedachte, bemühte sich, das Indigenat in Danzig zu erlangen, und, als man deswegen Schwierigkeiten machte, schrieb Opitz in seinem Namen de jure ciuitatis Polonae impetrando. Zweitens fand Opitz die Stadt Danzig insofern bequem, weil er in ihr als in einer Seestadt am geschwindesten Nachrichten aus Teutschland erhalten konnte. Hier zog er in das Haus eines berühmten reformirten Theologen Nigrinus, der in großem Ansehn stand, und den der König von Pohlen oft zu Staatsgeschäften gebrauchte. Nigrin gewann Opitzen bald so lieb, daß er alles sein Ansehn anwendete, um Opitzen ganz an Danzig zu fesseln. Er empfahl ihn bestmöglichst dem Grafen Dönhof, der als Hofmarschall und Feldherr bey dem König in großer Gnade stand. Als Opitz daher 1636 die Antigone des Sophokles übersetzte,

E

setzte, widmete er dieses Werk dem Grafen. Noch mehr, er verfertigte ein Lobgedicht auf den Sieg des Königs von Pohlen über die Rußen, ingleichen einen lateinischen Panegyrikus bey der Vermählung desselben mit einer österreichischen Prinzeßinn, welches beides bey Hofe sehr wohl aufgenommen wurde. Da er nun dem Könige war bekannt geworden, so übertrug man ihm verschiedne Staatsunterhandlungen, und, als er diese glücklich ausgeführt hatte, bekam er den Karakter eines Historiographen und Sekretairs mit einem Gehalt von tausend Thalern. Auch hatte er die Gnade, sich mit König Uladislaus IV selbst zu unterreden. Sonst hat man von dem Jahr 1636 noch von ihm eine laudationem funebrem Baronis a Zema, die zu Thorn in Folio gedruckt ward.

Opitz hielt es nun für seine Pflicht, Untersuchungen anzustellen, die sein Amt erfoderte, und seinem unverdroßnen Fleiße und Scharfsinn fiel es nicht schwer, auch in der polnischen Geschichte, die nun sein Beruf geworden war, sich bald als Kenner zu zeigen. Dies geschah schon 1637 in folgendem Werke: Variae lectiones, in quibus praecipue Sarmatica illustrantur. Von
dem

dem Kronkanzler Zamoski, dem er dieses Werk zuschrieb, erhielt er dafür eine goldne Medaille. Ueberhaupt war er in diesem Jahre 1637 ausserordentlich fleißig. Er verfertigte Gedächtnißreden auf die schwedische Königinn Anna, auf den Woywoden Lescinzky, und auf verschiedne polnische Senatoren. Er gab einen Ueberrest unsrer ältesten Poesie den Rhythmum veteris poetae de S. Annone teutonicum mit Anmerkungen, und zwey Bücher seiner eignen Sinngedichte heraus. Er übersetzte die Psalmen, welche unter folgendem Titel erschienen: Psalmen Davids nach französischen Weisen durch M. Opitz, Danzig, 1637, die hernach oft wieder aufgelegt worden. Auch soll er das Werk des Augustin de ciuitate Dei, und den Roman Ariane übersetzt haben. Von diesem Jahr 1637 an ward seine Gesundheit je zuweilen durch heftige Gichtschmerzen unterbrochen.

Mitten in seinem thätigen Leben raste ihn aber ein plötzlicher Tod dahin. Die Pest brach 1639 in Danzig aus. Am 17ten August begegnete Opitzen ein Bettler, der die Pest hatte, und der ihn um ein Almosen ansprach. Opitz gab ihm, entsetzte sich vor dem Anblick, bekam die Pest, und starb den 20 August 1639 im 42sten

Jahre seines Lebens. Ein so trauriger Zufall zernichtete auf einmal alles, was Gelehrsamkeit und Geschmack noch von ihm erwarten konnten. Er entfloh dem Kriegsgetümmel, um ein Raub der Pest zu werden! Sein Busenfreund war von Schulen an durch sein ganzes Leben Bernhard Wilhelm Nüßler, Rath zu Brieg, den er mit der Zärtlichkeit eines Bruders liebte, und den er am häufigsten in seinen Gedichten verewigte. Ausserdem unterhielt er eine vertraute Freundschaft mit August Buchner, dem bekannten Philologen zu Wittenberg, der aber auch eine teutsche Grammatick schrieb, mit dem Doctor Zinkgref zu Strasburg, der sich durch seine Sammlung teutscher Sprichwörter verewigt, mit dem Liegnitzischen Rath Kaspar Kirchner, den er schon auf der Schule liebte, und mit dem er auch verwandt war, mit dem Anhaltischen Rath Tobias Hübner, der ein Gedicht aus dem Französischen übersetzte, mit Christoph Coler, der lateinische und teutsche Verse machte, und mit dem kurpfälzischen Rath Balthasar Venator, von dem, so wie von Kirchner, noch einzle poetische Versuche vorhanden sind, kurz mit lauter Männern, mit denen ihn ausser der Sympa-

thie

thie der Herzen Liebe der Dichtkunst und der Gelehrsamkeit vereinigte.

Opitz machte eine merkwürdige Epoche in der Geschichte unsrer Dichtkunst, und verdient, der Vater derselben zu heißen, da er eine glückliche Veränderung in Ansehung ihrer veranlaßte. Auch selbst die Meistersänger, unter deren Händen doch unsre Poesie eine noch sehr rohe Gestalt hatte, waren immer tiefer gefallen. Zu Sprachfehlern und Mangel an Wohllaut hatte sich auch Gedankenlosigkeit gesellt. Opitzen, als einem Kenner des Alterthums, konnte dies unmöglich gefallen, er machte die Verskunst wieder schwerer und nützlicher, und, weil sein Beispiel auch andre gute Köpfe in seinem Vaterlande ermunterte, so verehrt man in ihm den Stifter einer schlesischen Schule. Regelmäßige und bestimmte Sylbenmaaße, beßre Harmonie, reinere Sprache, edlere Bilder, körnichter Ausdruck waren die Vorzüge, die er unsrer Poesie gab. Ernste Moral, sanfte Empfindungen, und eine angenehme poetische Redseeligkeit empfehlen seine poetischen Werke, und unter ihnen vorzüglich die didactischen Gedichte, z. E. das Gedicht Zlatna, oder über die Gemüthsruhe. Anspielungen auf

Mythologie und alte Schriftsteller sind bey ihm häufig, daher er sich genöthigt gesehn, selbst erläuternde Anmerkungen für unkundige Leser beizufügen. Man muß bey ihm mehr auf die Vorzüge des poetischen Stils, als auf höhere Verdienste sehen, ob ihm gleich auch diese nicht ganz mangeln. Bey den Flecken aber, die seine Schreibart hin und wieder hat, muß man nicht vergessen, daß man damals selbst in Prosa noch nicht zu schreiben wuste, und daß damals manches noch sehr dichterisch klang, das seit der Zeit gemein und niedrig geworden ist. Der damalige Leser stieß sich unstreitig nicht daran, wenn er fand, daß von der grauen Treue gesagt war, sie sey verreckt.

Die Sprachregeln für den Dichter, besonders die prosodischen, die damals noch so wenig beobachtet wurden, lehrte Opitz auch in folgendem kleinem theoretischen Buche: *Prosodia*, oder Buch von der teutschen Poeterey, in welchem alle ihre Eigenschaften und Zubehör gründlich erzählt, und mit Exempeln ausgeführt worden, Brieg, 1624, 4° neue Ausgabe Wittenberg 1634, 8° 1635, 1638, 1641, 1647. Merkwürdig ist folgendes Geständniß dieses unsres ältesten

Theo=

risten im Eingange: „Ich bin solcher Gedanken „keinesweges, daß ich vermeinte, man könne je= „manden durch gewisse Regeln und Gesetze zu ei= „nem Poeten machen." Uebrigens sagt der Ver= fasser selbst, daß er die kleine Schrift binnen fünf Tagen flüchtig hingeschrieben habe. Weil es indessen die erste Schrift in ihrer Art war, und, weil sie von einem Manne, wie Opitz, herrührte, so fand sie Beifall, und ward öfters aufgelegt. Bey einer Ausgabe, die zu Frankfurth am Mayn 1645 davon erschien, ver= mehrte ein gewisser Enoch Hannmann das Buch mit einem Anhange. So ward es 1658 und 1668 wieder gedruckt, und so steht es auch in der Breslauer Ausgabe der Opitzischen Wer= ke von 1690.

Die Aufschriften, womit Opitz selbst seine verschiednen Gedichte bezeichnet hat, sind fol= gende: 1) Lobgedicht an den König von Pohlen Uladislaus IV 1634. 2) Lobgedicht an den dä= nischen Prinzen Ulrich, der unter den Sachsen diente, der oft in Breslau war, mit dem Opitz Briefe wechselte, und auf dessen Ermordung Opitz in der Folge eine lateinische Rede heraus gab: Oratio funebris Vdalrici Daniæ Regis filii, die man auch in des Batesii vitis selectorum aliquot virorum findet. 3) Vesuv, ein Gedicht vom Jahre 1633 über die physikalische Ursache der feuerspeienden Berge überhaupt mit eingemischten moralischen Betrachtungen: z. E. am Ende über das Elend des dreißigjährigen Krieges. 4) Vielgut, oder Beschreibung von einem Gute des Herzogs von Münsterberg, das diesen Namen führte, nebst einem Eingange über die verschiednen Arten der Scheingüter. 5) Daphne, ein Singspiel zu dem Beilager des Landgrafen zu Hessen Georg II. mit der Schwester des Kurfürsten von Sachsen Georg I. verfertigt, und nach der musikalischen Komposition eines gewissen Heinrich Schütz aufgeführt. Dies war das erste Beispiel, daß bey einer solchen Gelegenheit ein Schauspiel in Teutschland an die Stelle der Turniere, Ringelrennen, und Mummereien trat. Das Stück ist gröstentheils aus einem italienischen Original entlehnt, und, wie sich Opitz selbst ausdrückt, von der Hand weg geschrieben; die bekannte Erzählung von Daphnens Verwandlung in einen Lorbeerbaum liegt zum Grund, und Ovid tritt daher als Vorredner auf. 6) Lob des Kriegesgottes 1628, ein Gedicht, das viele ächte dichterische Züge hat.

hat. 7) Zlatna, oder, von der Gemüthsruhe 1623. Zlatna ist ein kleiner Ort in Siebenbürgen, wo Opitz damals lebte, ein Ort, wo ein schöner Fluß Fische, die Berge Gold, die Büsche Wild, die Bäume mit ihrem anmuthigen Schatten, und Rauschen der Blätter Anlaß zum Studieren vollauf geben, wie er sich in der Vorrede ausdrückt. Je unangenehmer ihm der Aufenthalt in Siebenbürgen war, desto mehr Vergnügen fand er an dieser ländlichen schönen Gegend, besonders, da der Verwalter daselbst, Heinrich Lisabon, ein vornehmer aufrichtiger Mann, wie er ihn nennt, ihn sehr freundschaftlich aufnahm. Der natürliche Gedanke, daß man an jedem Ort vergnügt seyn könne, wenn man nur Gemüthsruhe mitbringt, veranlaßt die moralischen Reflexionen, die die Beschreibung der Gegend begleiten. 8) Lob des Feldlebens, ein jugendliches Gedicht, das er noch auf Universitäten schrieb, und hier nur einschaltete, um zu zeigen, wie man über einen Gegenstand zu verschiednen Zeiten andre Ideen haben könne. 9) Uebersetzung von Sophokles Trauerspiel Antigone 1635. Die Sprache des Trauerspiels und der Ausdruck eines Sophokles waren damals

für die teutsche Poesie noch zu hoch. 10) Ueber=
setzung von den Trojanerinnen des Seneka in
sechsfüßigen Jamben 1625. (Opitz sagt selbst,
er habe es unmöglich gefunden, sich an die Zahl
der Verse zu binden, und jegliches Wort auszu=
drücken. 11) Uebersetzung von den moralischen
Distichen des Kato 1629. 12)Uebersetzung von den
Vierversen (Quatrains) des französischen Dichters
Pibrac 1634. 13) Uebersetzung eines französi=
schen Gedichts von der Eitelkeit der Welt. 14)
Uebersetzung des holländischen Gedichts von Da=
niel Heinsius, eines Lobgesangs auf Bacchus.
Folgende dem Bacchus beygelegte und gehäufte
Beiworte sind zum Theil durch die Art des Aus=
drucks lächerlich:

Nachtläufer, Hüftesohn, Hochschreier, Lüftespringer,
Gutgeber, Liebesfreund, Hauptbrecher, Löwenzwinger,
Herzfänger, Herzendieb, Mundbinder, Sinnetoll,
Geistrührer, Wackelfuß, Stadtkreischer, Allzeitvoll.

15) Geistliche Poemata, gesammelt 1637, be=
stehen aus Paraphrasen des hohen Liedes, der
Klaglieder Jeremiä 1626, des Propheten Jonas
1628, der Sonn= und Festtagsepisteln, vieler
Psalmen 1634, aus einem Lobgedichte auf die

Geburt

Geburt Christi 1634, aus der Uebersetzung des Heinsius Lobgedichte auf Christum, aus geistlichen Liedern u. s. w. Auch kommt ein Singspiel Judith darunter vor, das im Jahr 1635 geschrieben ist, und in dessen Vorrede gesagt wird, es sey in der teutschen Sprache noch wenig tüchtiges im Drama an den Tag gebracht worden. 16) Trostgedicht in Widerwärtigkeiten des Kriegs in vier Büchern, wovon die zweyte Ausgabe 1633 erschien. 17) Vier Bücher vermischter Gedichte, zuerst gesammelt 1637 unter dem vom Statius entlehnten Titel poetische Wälder. Das erste Buch enthält Lobgedichte auf Gönner und Freunde, das zweite Hochzeitgedichte, das dritte Leichengedichte, das vierte die jugendlichen Liebesgedichte des Verfassers. Opitz scheint hier nicht immer streng genug das verworfen zu haben, was nur bey der Gelegenheit interessirte, bey der es verfertigt war. 18) Oden oder Gesänge. 19) Sonnette. 20) Epigramme, wovon die besten in der Sammlung der besten Sinngedichte der teutschen Poeten Riga 1766, und in Herrn Ramlers Ausgabe des Wernicke stehen. 21) Schäferey, oder Hirtenroman von der Nymphe Hercynis 1622 in Prosa mit

mit untermischten Versen. Die Idee dieses Gedichts ist folgende: Opitz befindet sich nebst seinen drey poetischen Freunden Nüßler, Venator, und Buchner in einem schönen Thal am Riesengebirge beim Anbruch der Morgenröthe. Sie hören die Hirten sich von Tugend, vom Reisen, und dergleichen unterreden, bis ihnen die Nymphe Hercynia begegnet, die ihnen in den Klüften der Erde den Ursprung der dortigen Flüsse, ihre, und ihrer Schwestern Grotten zeigt. Sie sehen sich dann weiter um, und betrachten besonders einen warmen Brunnen in der Gegend. Der Untergang der Sonne macht ihrem Gespräch ein Ende. 22) Florilegium epigrammatum, oder teutsche Uebersetzung von Sinngedichten alter Poeten 1638.

Der erste Versuch in teutscher Poesie, der von Opitzen im Druck erschien, waren folgende zwey Hochzeitgedichte: Herrn Matthias Rutarti und Jungfer Anna Namslerinn Hochzeitlieder von zwey guten Freunden gesungen, Görlitz, 1618. Hier war die Versifikation noch schlecht. Die erste größere Sammlung von Gedichten von ihm gab sein Freund Zinkgref zu Strasburg 1624 in Quart heraus, und fügte als

als einen Anhang Gedichte theils von Vorgängern, theils von Zeitgenossen Opitzens hinzu. Diese Ausgabe hat den Titel: Martin Opitzens teutsche *Poemata* und Aristarchus wider die Verachtung der teutschen Sprache *item* Verteutschung Daniel Heinsii Lobgesang Jesu Christi und Hymni *in Bacchum*, samt einem Anhang mehr auserlesener Gedichte andrer teutscher Poeten. Ob diese Ausgabe gleich mit Opitzens Bewilligung, und selbst mit einer Vorrede von ihm erschien, so fühlte er doch bald die Mängel, die noch viele Gedichte darinnen hatten, und sowohl deswegen, als wegen einiger schlüpfrigen Stellen in Hochzeitgedichten beschloß Opitz schon nach einem Jahre, jene jugendlichen Versuche durch eine korrektere und strenger ausgewählte Sammlung seiner Gedichte zu verdrängen. Unter seinen Augen erschien also die Breslauer Ausgabe 1625 4°. Die hier von ihm verworfnen Gedichte der vorigen Ausgabe findet man in Bodmer's Sammlung kritischer, poetischer, und andrer geistvollen Schriften, die unter dem Titel Sammlung der zürcherischen Streitschriften 1760 neu gedruckt ward. Einge ausser der Sammlung der Werke zerstreuten Gedichte von Opitz

Opitz hat Herr Herder unter seine Volkslieder aufgenommen. Der Titel der Ausgabe von 1625 ist folgender: *Mart. Opitii* acht Bücher teutscher *Poematum*, von ihm selber herausgegeben, auch also vermehrt und übersehen, daß die vorigen damit nicht zu vergleichen sind. Diese Ausgabe ward zu Frankfurth am Mayn 1628 nachgedruckt, und zu Breslau 1629 wieder aufgelegt. Bey der neuen Auflage, die zu Breslau 1637 erschien, lautete nun der Titel so: *Mart. Opitii* teutscher *Poematum* erster und andrer Theil. Im Jahr 1638 gab Opitz seine geistlichen Gedichte zu Breslau besonders unter dem Titel heraus: *Mart. Opitii,* geistliche *Poemata* von ihm selbst zusammengelesen. — Ein Ungenannter gab seine poetischen Werke nach seinem Tode 1641 zu Danzig unter dem Titel heraus: *Mart. Opitii Poemata* aufs neue übersehen; man findet hier mehrere Gedichte, als in den vorhergehenden Ausgaben. Diese Danziger Edition ward zu Frankfurth am Mayn unter dem Titel wiederhohlt: *Mart. Opitii* weltliche *Poemata* zum viertenmal vermehrt und übersehen. Noch immer verdient die zu Amsterdam bey Janson 1646 in drey Duodezbänden erschienene Ausgabe von Opitzens Gedichten wegen

gen ihrer Genauigkeit und Sauberkeit gerühmt zu werden. Die obgedachte Frankfurter ward 1648 wiederhohlt. Sehr stark ist die Breslauer Ausgabe, die 1690 unter folgendem Titel erschien: Des berühmten Schlesiers *Mart. Opitii* von Boberfeld *Opera*, Geist= und weltliche Gedichte, nebst beygefügten vielen andern Tractaten so= wohl teutschen, als lateinischen. Beigefügt sind: Coler's Lobrede auf Opitz, Opitzens Pro= sodie, die Lobschrift auf König Uladislaus ver= teutscht durch Coler, Syluarum libri tres et Epi= grammatum liber vnus, die Psalmen Davids, und Grotii Buch von der Wahrheit der christ= lichen Religion. Zu bedauren ist, daß sich in dieser Ausgabe viele Druckfehler befinden, und daß manche Gedichte in derselben ganz mangel= haft abgedruckt sind. Es gereicht unserm Jahr= hundert zu keiner Ehre, daß man in demselben keine neue Ausgabe von Opitzens Werken ver= anstaltet hat, die seiner würdig wäre. Gott= sched und Gebauer faßten die Idee einer neuen Ausgabe, führten sie aber nicht aus. Zwar sieng Bodmer 1745 an, eine sorgfältige, kriti= sche, und mit gelehrten Anmerkungen begleitete Ausgabe zu besorgen, aber er muste mit dem

ersten

ersten Theile abbrechen, weil der Absatz davon nicht so war, wie sie es verdiente. Der Verkauf ward nämlich durch folgende Ausgabe verhindert: Mart. Opitzens von Boberfeld teutsche Gedichte in vier Bände abgetheilt, von neuem sorgfältig übersehen, allenthalben ausgebessert, und mit nöthigen Anmerkungen erläutert von Daniel Wilhelm Triller, und mit Kupfern geziert durch Martin Tyrof, Frankfurth am Mayn, 1746, 8°. Der erste und zweyte Band enthält weltliche, der dritte und vierte Band geistliche Gedichte. Alle lateinische Aufsätze und Vorreden von Opitz blieben hier weg, hingegen versprach Triller alle lateinische Gedichte und Schriften desselben besonders herauszugeben, welches aber niemals geschehen ist. Der Tractat aber von der teutschen Poeterey, und die Schrift des Grotius befinden sich in dieser Ausgabe. Eine Lebensbeschreibung des Dichters hat sie nicht, sondern nur ein Lobgedicht von Triller auf denselben. Diese Ausgabe hat durch die eigenmächtigen Aenderungen, die sich Triller im Text erlaubte, einen üblen Ruf erhalten, und seine Anmerkungen sind von gar keinem Werthe. Zachariä hob die besten Gedichte von Opiz aus,

aus, begleitete sie mit einem Leben des Dichters, und mit kurzen Anmerkungen, und erfüllte damit den ganzen ersten Theil seiner auserlesenen Stükke der besten teutschen Dichter 1766.

Müßler hatte einst vor, Opizens Leben zu schreiben, aber er vollendete es nicht. Die Quelle aller nachfolgenden Nachrichten von Opiz ist die laudatio Opitii, eine Rede, die sein Freund Christoph Coler, Rektor zu Breslau 1665 hielt, die man bey der Breslauer Ausgabe von Opizens Werken 1690 findet, und die Weise Leipzig 1693 besonders abdrucken ließ. Theils als ein Mann, der Opizen selbst so genau gekannt hatte, theils, weil er sie hielt, wie Opizens Verdienste noch im frischen Andenken waren, hat Coler uns ein getreues Bild von ihm geben können. Beiträge zu Opizens Leben enthalten die Epistolae magnorum quorundam et eruditorum virorum ad Opitium, die Andreas Jasky zu Danzig 1670 herausgab. Opiz hatte eine sehr ausgebreitete Korrespondenz, allein, als er sein Ende nahe sah, verbrannte er seine meisten Briefe. Nur siebzig fand man noch unter seinem Kopfküssen, und die gab Jasky heraus. Sehr summarisch und unzulänglich ist dasjenige, was man in

Gottscheds Lob = und Gedächtnißschrift auf den Vater der teutschen Dichtkunst Martin Opitz 1739 findet. Im 25sten Stücke von Gottscheds Beiträgen zur kritischen Historie der teutschen Sprache steht ein Schreiben von einem Pfarrer Ezechiel aus Schlesien, das einige Beiträge zu Opitzens Leben liefert. Von Gottsched ermuntert, schrieb Doctor Kaspar Gottlieb Lindner, ein Arzt zu Liegnitz, eine Lebensbeschreibung des Dichters, oder schleppte eigentlich, ohne allen Geschmack und Beurtheilungskraft Materialien dazu zusammen, unter dem Titel: Umständliche Nachricht von des weltberühmten Schlesiers Martin Opitz von Boberfeld Leben, Tode, und Schriften, nebst einigen alten und neuern Lobgedichten auf ihn. Man findet hier folgendes. Abhandlung von den Schriften, die Opitzens erwähnen, Coler's Lobrede im Original, dieselbe übersetzt mit Anmerkungen, Notiz von Opitzens Schriften, Nachricht von seiner Dacia antiqua, von seiner Krankheit und Tode, Lobgedichte auf ihn von seinen Zeitgenossen, neuere Lobgedichte, ein Lobgedicht aus Lindners Feder.

VI.

VI.
Paul Flemming.

Paul Flemming war der Sohn eines Geistlichen, der erst zu Hartenstein, dann zu Wechselburg in der Grafschaft Schönburg stand. Zu Hartenstein im Voigtlande ward er am 17ten Jänner 1609 gebohren. Seine Eltern waren wohlhabend, und konnten also alles an seine Erziehung wenden. Er kam auf die Fürstenschule zu Meißen, wo er sich frühzeitig gelehrte Kenntnisse, und eine vertraute Bekanntschaft mit den Alten erwarb, wovon seine lateinischen Gedichte zeugen, deren er einige schon 1631 herausgab. Er studierte zu Leipzig die Arzneikunst, verfertigte aber dabey öfters teutsche Gedichte, die ihm, wie es scheint, frühzeitig den poetischen Lorbeerkranz erworben. Aus der Magisterwürde, die er zu Leipzig annahm, läßt sich schließen, daß er eine Stelle in der medizinischen Fakultät und ein akademisches Lehramt in Sinne hatte, aber die Kriegsunru-

hen, wovon Sachsen nach der Schlacht bey Luͤz⸗
zen ein Hauptschauplatz war, noͤthigten ihn, sich
wegzubegeben. Er wandte sich im Jahre 1633
nach Holstein. Hier kam er gerade zu der Zeit
an, als der damalige Herzog von Holstein Fried⸗
rich im Begrif war, eine feierliche Gesandschaft
an seinen Schwager den russischen Zaar Michael
Fedeorowitz zu schicken. Bey der geringen Aus⸗
sicht, sein Gluͤck in Teutschland zu machen, muste
Flemming, als er dies hoͤrte, natuͤrlich Lust be⸗
kommen, sich von seinem Vaterlande, so lang
es noch nicht beruhigt war, so weit als moͤglich
zu entfernen. Einem jungen Mann von seiner
Wißbegierde muste auch die Gelegenheit er⸗
wuͤnscht seyn, fremde Laͤnder zu sehen. Er be⸗
warb sich daher um eine Stelle unter dem Ge⸗
folge der Gesandten, und erhielt sie, vielleicht
durch die Empfehlung des Leibmedikus Groh⸗
mann, der diese Reise mitmachte. Von dieser
Reise aus Rußland kam er 1634 gluͤcklich nach
Holstein zuruͤck. Jetzt beschloß der Herzog von
Holstein, eine noch glaͤnzendere Gesandschaft von
mehr als hundert Personen an den Schach Sefi
in Persien zu schicken, um sich gewisse Hand⸗
lungsvortheile zu erwerben. Dies war Flemmin⸗

gen,

gen, der an Reisen Geschmack gefunden hatte, sehr angenehm, und er machte sich auch bey dieser zweiten Gesandschaft anheischig. In dem Verzeichnisse von dem Gefolge derselben kommt Flemming als Truchseß vor. Diese Gesandschaft gieng den 27 October 1635 zu Travemünde unter Seegel. Ihre Schicksale wissen wir sehr umständlich aus des, auch als Dichter nicht unbekannten, holsteinischen Rathes Adam Olearius Beschreibung der Reise nach Moskau und Persien, so durch Gelegenheit einer Holstein-Gottorpischen Gesandschaft geschehen, Schleswig, 1663, eine Reisebeschreibung, die man immer zu Hülfe nehmen muß, um Flemmingens Gedichte zu verstehen, der die wichtigsten Vorfälle seiner Reise nicht unbesungen gelassen hat, oder doch im Vorbeigehn darauf anspielt.. So strandeten sie z. E. schon am 9. November vor der Insel Hochland, und musten auf Booten nach Liefland übergesetzt werden. Der Weg gieng wieder durch Rußland, wo sie sich drey Monate in Moskau verweilten. In der Kaspischen See, wohin sie im November des Jahres 1636 gelangten, hatten sie nicht allein mit räuberischen Kosacken, sondern auch mit dem Wasser selbst viel

F 3 zu

zu kämpfen, das jetzo von öftern heftigen Stürmen beunruhigt ward. Dieses nahm so zu, daß die Gesandten für ihre Person auf persischen Booten an das Land eilten. Ja der Sturm ward so arg, daß es unmöglich ward, ihr Gefolge nachzuhohlen, das nun drey Tage lang durch das heftigste Ungewitter seinem Untergang nahe gebracht wurde. Der Mast brach, das Schif wurde leck, und man sah den Tod vor Augen. Flemming und Olearius flüchteten sich ganz in die Höhe, und banden sich leere Brandteweinfässer an den Hals, um besser schwimmen zu können. Doch wurden alle noch durch den glücklichen Entschluß gerettet, das Ankerthau abhauen, und das Schif nach dem Strande treiben zu lassen. Ihr Einzug in der Residenzstadt Ispahan erfolgte nach mancher beschwerlichen Landreise erst am 3 August 1637, wo sie sich bis in den Dezember aufhielten. Die vielen fremden Szenen und Gegenstände musten allerdings Flemming's Phantasie befeuern und nähren, und, da er auf dieser Reise viele Gedichte verfertigte, so ist es für die Leser seiner Werke sehr unterhaltend, so manche sonderbare Objekte und Vorfälle vor Augen gestellt zu sehen. Die Rückreise geschah

schah durch einen andern, und zwar den fruchtbarsten Theil von Persien, der den Reisenden die Haiden und Steppen auf russischem Grund und Boden desto unangenehmer machte, wo sie im Junius 1638 fast vor Durst gestorben wären. Erst am 2 Jänner 1639 erreichten sie Moskau wieder, das sie im März verließen. Sie rasteten einige Monate zu Reval, wo Flemming sich in die Tochter eines angesehenen Kaufmanns Niehusen verliebte, und sich mit ihr versprach. Erst im August war die Gesandschaft wieder zu Hause. Diese Reise gab Flemmingen Gelegenheit, mit vielen Personen eine vertraute Freundschaft zu errichten; z. E. mit denen von Uchteritz, von Mandelsloh, von Nostitz, und einem Nürnberger Patrizier Imhof, (welche alle bey der Gesandschaft waren) mit dem einen Gesandten dem Rath Kruse, mit dem Leibmedikus Grohmann, mit dem obgedachten Olearius u. s. w. Sein Plan gieng nun dahin, sich zu Hamburg als praktischer Arzt niederzulassen. Er reiste daher mit dem Anfange des Jahres 1640 nach Leiden, und erwarb sich daselbst die medizinische Doktorwürde. Kaum war er aber nach Hamburg zurückgekommen, als ihn plötzlich eine

Krankheit überfiel, die ihn am 2 April 1640 im
31sten Jahr seines Alters dahinriß. Noch am
28 März, als er keine Hofnung des Lebens mehr
vor sich sah, verfertigte er sich selbst auf dem
Todbette folgende Grabschrift:

Ich war an Kunst und Gut und Stande groß
und reich,
Des Glückes lieber Sohn, von Eltern guter Ehren,
Frey, meine, konnte mich aus meinen Mitteln
nähren.
Mein Schall flog überweit, kein Landsmann sang
mir gleich.
Von Reisen hoch gepreist, vor keiner Mühe bleich,
Jung, wachsam, unbesorgt. Man wird mich
nennen hören,
Bis daß die letzte Glut dies alles wird verstören.
Dies, teutsche Klarien, dies Ganze dank' ich euch!
Verzeiht mir's, bin ich's werth, Gott, Vater,
Liebste, Freunde!
Ich sag' euch gute Nacht, und trete willig ab.
Sonst alles ist gethan bis an das schwarze Grab.
Was frey dem Tode steht, das thu' er seinem
Feinde!
Was bin ich viel besorgt, den Othem aufzugeben?

An

An mir ist minder nichts, das lebet, als mein
Leben!

Zu einem so frühen Tode trug wohl die auf einer so langen Reise geschwächte Leibesbeschaffenheit des Dichters sehr viel bey. So vielerley Beschwerden, so mancherley verschiednes Klima und Nahrung, vielleicht auch ein übermäßiger Genuß starker Getränke hatten seine Gesundheit untergraben. Ueberhaupt waren, wie Olearius klagt, vier Jahre nach jener Gesandschaft von allen seinen Freunden, die dabey gewesen waren, nur noch zwey am Leben.

Flemming war nicht allein der Zeit nach einer der ersten, der in Opitzens Fußstapfen trat, sondern er hat sich auch den nächsten Rang nach ihm erworben. In Reinigkeit der Sprache, und Kraft des Ausdrucks wetteifert er mit Opitz. Er war Nachahmer, insofern er sich nach Opitz bildete, und in seiner Manier dichtete, aber er hat dennoch viel Eigenes. Es fehlt ihm nicht an eignen Bildern, und seine häufigen Anspielungen auf Mythologie und alte Geschichte sind schicklich angebracht. Mahlerische Beschreibungen gelingen ihm vorzüglich. Unter seinen Gedichten sind diejenigen die besten, die er auf seinen Reisen,

und

und die er in Alexandrinern geschrieben hat. Mehr Feinheit und Präzision würden einzle Stellen wohl erhalten haben, wenn er das, was er auf den Reisen eilfertig hinwarf, hätte befeilen können. Gedichte von größerm Umfang, die einen ausgearbeiteten Plan erfordern, unternahm er nie. Nur einmal hat er in einer Art von poetischem Tagebuche seine ganze Reise beschrieben. Viele seiner sogenannten Oden, die man sonst so sehr bewunderte, und die noch Gottsched als Muster empfahl, sind Gelegenheitsgedichte ohne Plan, in denen gute und schlechte Stellen abwechseln, und wo man, auch bey ernsthaften Gegenständen, unwürdige Spielereien, gehäufte und gesuchte Antithesen findet, die man bereits damals für schön zu halten anfieng.

Er hinterließ ein völlig geordnetes Manuskript seiner teutschen Gedichte, die er unter folgende Rubricken gebracht hatte: 1) Poetische Wälder, ein dem Opitz nachgeahmter Titel. Sie sind in fünf Bücher abgetheilt. Das erste begreift geistliche Gedichte z. E. ein Klaggedicht vom unschuldigen Leiden Christi, und einige Psalmen. Das zweite besteht aus Glückwünschungen. Das dritte enthält Leichengedichte, worunter das

auf

auf Gustav Adolfs Tod das merkwürdigste ist. Im vierten stehen Hochzeitgedichte, worunter das, so die liefländische Schneegräfinn über=schrieben ist, den Ton einer komischen Erzählung hat. Im fünften Buch findet man Liebes=und Scherzgedichte. Zachariä folgert aus seinen Liebesgedichten, daß sich Flemming bey Rußin=nen, Zirkassierinnen, Persianerinnen, und teut=schen Schönen auf gleiche Art habe beliebt ma=chen können. Denn, wenn man gleich wisse, was man von den Phillissen der Dichter zu hal=ten habe, so herrsche doch in diesen Gedichten eine gewisse Sprache der Empfindung, und eine gewisse Wahrheit des Ausdruckes, die man nie in Gedichten antreffe, deren Verfasser die Liebe nicht wirklich fühlten. 2) Neues Buch der Wälder, sehr vermischten Innhalts, unter an=dern steht hier die obgedachte poetische Reisebe=schreibung. 3) Absonderliches Buch der poeti=schen Wälder, worinnen seiner Freunde Ehren=gedichte an ihn zu finden. 4) Ein Buch Ueber=schriften, deren nur sechs und vierzig sind, die ersten eilf sind aus dem Lateinischen eines gewis=sen Veresius übersetzt. 5) Fünf Bücher Oden. Im ersten Buche stehn geistliche Lieder, davon

einige

einige in die öffentlichen Gesangbücher aufgenommen worden. Das zweite Buch enthält Leichengesänge, das dritte Hochzeitlieder, das vierte Glückwünschungen, und das fünfte Liebesgesänge. 6) Vier Bücher Sonnette, wovon das erste geistlichen Sachen, das zweite allerhand Glückwünschungen, das dritte Gegenständen der Liebe, und das vierte Begräbnissen gewidmet ist.

Das Manuskript kam in die Hände seines zukünftigen Schwiegervaters Niehusen, der unter dem Titel: Geist- und weltliche *Poemata* Paul Flemming's 1642 eine Ausgabe in Octav davon besorgte. Der Verleger war zu Naumburg, und der Druckort Jena, daher man die Ausgabe bald nach jenem, bald nach diesem Orte benennet. Niehusen war zu entfernt, um die Aufsicht beim Druck selbst zu führen, und so schlichen sich viele Druckfehler ein. Ob man gleich in den neuen Auflagen von 1651, 1660, 1666, 1685 einige davon verbesserte, so sind ihrer doch genug zurückgeblieben. Gleich bey der ersten Edition hängte man am Ende ein Verzeichniß von Gedichten an, die dem Verfasser, theils auf der Reise weggekommen, theils in seiner Freunde Hände geblieben wären,

und

und bat, solche dem Verleger mitzutheilen, aber die Bitte ward auch bey den nachfolgenden Ausgaben vergebens wiederhohlt, und diesem Verzeichniß nach sind viele und interessante Gedichte vom Flemming ganz verloren gegangen. Das in der Vorrede geschehene Versprechen, auch Flemming's lateinische Poesien zu sammeln, ist unerfüllt geblieben.

Schon zu Leipzig 1631; wie ich oben gedacht, gab Flemming lateinische Gedichte heraus, die sich durch Zierlichkeit des Ausdrucks, und fließende Versifikation empfahlen. Im Jahr 1637 erschienen von ihm lateinische Liebesgedichte unter dem Titel: Rubella, seu suauiorum liber. In eben dem Jahre ward von ihm ein langes Gedicht auf die Geburt des Erlösers gedruckt, das er bey seiner Magisterpromotion abgelesen hatte. Ausser einigen Gelegenheitsgedichten wurde sonst von seiner lateinischen Poesie nichts gedruckt, aber in der Wolfenbüttler Bibliothek ist von Flemming's eigner Hand ein starker Quartband lateinischer Gedichte, wobey sich auch eine ziemliche Anzahl von lateinischen Briefen befindet, die er geschrieben, und empfangen hat.

Einen

Einen großen Theil von dem zweiten Theile der auserlesenen Stücke der besten teutschen Dichter von Zachariä nimmt das Vorzüglichste aus Flemming's Werken ein, wo dann auch eine ausführliche Lebensbeschreibung von ihm vorangeschickt ist.

VII.
Andreas Tscherning.

Andreas Tscherning war ein doppelter Landsmann von Opitz, nicht blos ein Schlesier, sondern auch aus Opitzens Vaterstadt gebürtig. Er ward gebohren zu Bunzlau den 18. November 1611. Sein Vater war ein angesehener Bürger dieser Stadt, der ihm eine gute Erziehung gab, und ihn in der Schule des Orts unterrichten ließ. Aber die Unruhen des dreißigjährigen Krieges, und die Verfolgungen der Katholicken nöthigten ihn, schon im neunzehnten Jahre seines Alters seine Vaterstadt zu verlassen,

sen, und sich von seinen Eltern zu entfernen. Zwar wurden dadurch seine Schulstudien unterbrochen, und seine Eltern waren nicht reich genug, ihn in der Fremde zu unterhalten, aber er wollte lieber alles ertragen, als sich mit Gewalt zum Katholicken machen lassen. Er kam im Jahr 1630 zuerst nach Görlitz, und, da er hier zu seinem Unterhalt informiren muste, so fand er eine gute Kondition bey dem dortigen Stadtrichter, der ihm die Erziehung seiner Kinder anvertraute. Einen sehr nützlichen Freund erwarb er sich an dem Rektor der Görlitzer Schule, Küchler, der ihn zu weiterer Ausbildung seiner Fähigkeiten ermunterte, und ihm dazu behülflich war. Ob ihn nun gleich seine Eltern nach entfernter Gefahr bald wieder nach Hause kommen ließen, so sahen sie doch ein, daß er in Bunzlau keine Gelegenheit habe, so viel zu erlernen, als seine Wißbegierde wünschte. Sie erlaubten ihm also, sich nach der Hauptstadt Schlesiens, nach Breslau zu begeben, wo er bald in allen Arten von humanistischen Kenntnissen die größten Fortschritte machte, und dabey so viel wohlthätige Gönner fand, daß er Ursache hatte, Breslau seine zweite Vaterstadt zu nennen. Im Jahr 1635 sah er sich

im

im Stande, eine Universität zu besuchen. Er wählte Rostock, theils wegen des Rufes, in welchem damals diese Akademie stand, theils, weil sie gerade in jenem Jahre von dem Getümmel des Krieges am entferntesten war. Auch erhielt er dahin eine wichtige Empfehlung von Opitz, der seine ersten poetischen Versuche gelesen hatte, und patriotisch sich seines aufkeimenden Genies annahm. Dieser empfahl den jungen Tscherning an den dortigen Lehrer der Dichtkunst Laurenberg, der sich durch lateinische und plattteutsche Gedichte einen Namen erworben hatte, und auf jene Empfehlung alles anwendete, Tscherningen zu unterstützen, und auszubilden. Der Unterricht, und der Umgang solcher Männer trug viel dazu bey, sein poetisches Genie ganz zu entwickeln. Er verabsäumte auch nichts, um seinen dortigen Aufenthalt recht zu benutzen, und er erlernte sogar von einem dortigen Professor Fabrizius die arabische Sprache. Doch zu Rostock konnte er nicht so lange bleiben, als er gewünscht hätte, weil ihn seine geringen Vermögensumstände davon abhielten; und schon zu Anfang des Jahres 1637 muste er Bunzlau noch in eben diesem Jahre wieder verlassen,

weil

weil die vorigen Religionsbedrückungen wieder ihren Anfang nahmen. Er nahm also seine Zuflucht abermals nach Breslau, wo er ehedem so viel Gutes genossen hatte, und wo es ihm auch jetzo wieder nach Wunsch ergieng, da ihm die angesehensten Personen den Unterricht ihrer Kinder übertrugen. Sein vornehmster Gönner daselbst war der kaiserliche Rath von Löwenstern der als Verfasser einiger geistlicher Lieder, so unter dem Titel der Frühlings-Mayen gedruckt wurden, unter die Dichter jener Zeiten gehörte, und den der dankbare Tscherning in seinen Gedichten sehr oft besungen hat. So viel Unterstützung indessen Tscherning zu Breslau fand, so lag es ihm doch immer in dem Sinn, daß er nicht hatte ausstudieren können, und er suchte daher, seine Breslauer Gönner dazu zu benutzen, daß sie ihm zur Rückkehr nach Rostock behülflich wären. Er wagte es sogar, bey der Stadt selbst um ein Stipendium anzusuchen; allein, so sehr der Rath seine Verdienste erkannte, so muste er ihm dennoch seine Bitte abschlagen, weil kein Fond zu Stipendien da war. Doch jener Rath Löwenstern, und andre Gönner, z. E. ein Stadtvoigt Neander, ein Rathsherr Götze, schossen so viel

G aus

aus ihrem Privatvermögen zusammen, daß er
zum zweitenmale nach Rostock gehen, und seine
Studien fortsetzen konnte. Dieser zweyte Auf=
enthalt in Rostock ward auch der Grund seines
Glückes. Er beschloß, sich dem akademischen Le=
ben zu widmen, und ward zu dem Ende Magi=
ster. Schon 1644 starb der Professor Lauren=
berg, und Tscherning ward zu seinem Nachfol=
ger ernannt. Nun war er auf einmal versorgt,
und so, daß sein Lieblingsstudium, die Dicht=
kunst, auch sein Beruf ward. In eben dem Jahre
verheirathete er sich mit der Wittwe eines Lübek=
ker Advokaten Hinze, deren Vater Marsilius
Kanonikus zu Lübeck gewesen war. In seinem
Lehramte, das er funfzehn Jahr bekleidete, war
er unermüdet, und allgemein geehrt. Sein lie=
benswürdiger Karakter erwarb ihm täglich mehr
Freunde. Schon im Jahre 1655 ward seine Ge=
sundheit durch Engbrüstigkeit, und eine gänzliche
Verderbniß der Säfte unterbrochen. Dies Uebel
nahm mit jedem Jahre zu, und Geschwulst mach=
te überdies den Körper aller Bewegung unfähig,
bis er ganz entkräftet den 27 September 1659 im
acht und vierzigsten Jahre seines Alters starb.

Wie

Wie fähig er zu seinem Amte gewesen, bezeugt die Promulsis programmatum academicorum poeticorum, ingleichen die zierlichen lateinischen Abhandlungen, die er gelegentlich drucken ließ, und die unter dem Titel Semi-Centuria Schediasmatum Rostock 1643 gesammelt wurden. Auch hat man von ihm eine Uebersetzung des Anakreon in lateinischer Sprache.

Der studierenden Jugend die Poetick zu erleichtern, schrieb er folgendes theoretische Werk: Unvorgreifliches Bedenken über etliche Misbräuche in der teutschen Schreib- und Sprachkunst, insonderheit der edlen Poeterey, wie auch kurzer Entwurf, oder Abriß einer teutschen Schatzkammer, das noch kurz vor seinem Tode zu Lübeck 1659 herauskam. Die Schatzkammer enthält poetische Redensarten, Beschreibungen, und Umschreibungen unter gewissen Rubriken. Die Beispiele sind aus Opitzens, Flemmingens, und Tschernings eigenen Gedichten genommen.

Seine ersten Versuche in der Dichtkunst waren Gelegenheitsgedichte, und wurden also einzeln bey diesen Gelegenheiten gedruckt. Während seines zweiten Aufenthalts in Breslau im Jahre 1642 unternahm er daselbst die erste

Sammlung seiner Gedichte unter dem Titel: Teutscher Gedichte Frühling, die 1649 neu aufgelegt ward. Er erklärte den Titel in der Zuschrift an den Rath Löwenstern dahin, daß dies nur die ersten Blüthen seines Genies wären, und daß er im Sommer seiner Jahre etwas reiferes zu liefern gedenke. Ein Sommer selbst ist nicht darauf gefolgt, sondern nur ein Vortrab des Sommers, so nannte er die zweite Sammlung, die er zu Rostock 1655 herausgab. Sie enthält Poesien, die jenen am Werthe nicht gleich kommen, weil er sie meistens schon bey kränklichen Leibesumständen verfertigt hatte. Auch klagt er hier, er habe öfters dichten müssen, nicht wozu ihn eigne Lust getrieben, sondern, was ihm sey vorgeschrieben worden. Ausser den Gelegenheitsgedichten findet man in beiden Sammlungen Lieder, didactische Stücke, Sonnette, Sinngedichte, Rachel's Klage über den Kindermord Herodis, ein Lob der Buchdruckerey, und ein Lob des Weingottes. Im Jahr 1642 gab Tscherning diejenigen hundert Sprichwörter des Araber Ali, die Golius 1629 arabisch bekannt gemacht hatte, in einer doppelten, prosaischen und poetischen Uebersetzung heraus. Diese

Speich=

Sprichwörter sind auch nebst dem arabischen Original der zweiten Auflage des Frühlings 1649 als ein Anhang beigefügt. Das Programm, das die Universität Rostock auf seinen Tod schreiben ließ, gedenkt auch eines Schauspiels Judith, und einer Rede für Teutschland.

Tscherning verdient den dritten Platz nach Opiz, den er in Gedanken, Bildern, Wendungen, und Ausdrücken sichtlich nachahmt, ja von dem er zuweilen ganze Verse entlehnt. Doch hat er auch hier und da eigne Bilder, und überhaupt eine körnichte Sprache. Das Beste aus seinen Werken hat Herr Eschenburg in dem dritten Bande zu des Zachariä auserlesenen Stücken der besten teutschen Dichter ausgezeichnet.

VIII.

Friedrich von Logau.

Friedrich von Logau, aus einem sehr alten schlesischen Geschlechte, das mehrere merkwürdige und angesehene Männer hervorgebracht| hat, wurde im Monat Junius des Jahres 1604 gebohren. Er war in Diensten des Herzogs von Liegnitz und Brieg, Ludwig des Vierten, der anfangs das Herzogthum Brieg mit seinen Brüdern gemeinschaftlich regierte, doch so, daß jeder von ihnen seine eigne Räthe hatte. Als sich nachgehends die Brüder abtheilten, bekam Herzog Ludwig Liegnitz, wohin er nun seine Residenz verlegte, und den von Logau als Kanzleirath mit sich nahm. Logau besaß ein Landgut, das in der Liste der fruchtbringenden Gesellschaft Brockgut heißt. In seiner Jugend schrieb er mehrere verliebte Gedichte, die ihm in dem damaligen Kriegsgetümmel von Händen kamen. Denn so sagt er selbst in seinen Sinngedichten:

  Was in meiner Jugend Mayen
  Von der Venus Kindeleien
  Ich gezeichnet aufs Papier,
  Dieses auch entführt er (Mars) mir.

Er nennt diese Versuche in der Folge selbst Lappereien, und bedauert ihren Verlust so sehr eben nicht:

Hat

Hat dir Mars nun was geweist,
Venus, wie ich dich gepreist,
So behalt's, kann dich's vergnügen,
Aber mir will's nimmer tügen.

Vermuthlich waren diese jugendlichen Versuche sehr frey, da man auch noch in seinen Sinngedichten viel katullische lusciuiam findet. Größere und längere Gedichte zu verfertigen, erlaubten ihm in der Folge, wie es scheint, seine Geschäfte nicht, und er muste sich daher auf Epigramme einschränken. Dennoch gab es Leute, die es ihm verargten, daß er bey seinem Amte sich überhaupt mit Poesie abgab. Denn so sagt er:

Man hält mir nicht für gut, die Poesie zu üben,
Das Buch, das große Buch, darinnen aufgeschrieben
Der Römer langes Recht, sollt' eher meine Hand
Durchsuchen, daß darauf sich gründe mein Verstand.

Die erste Sammlung von Sinngedichten, die er, man weiß nicht, in welchem Jahre, herausgab, begrif nur zweihundert Epigramme, und ward, wie er selbst sagt, wohl aufgenommen. Hierauf folgte eine stärkere Sammlung unter dem

dem Titel: Salomons von Golau teutscher Sinngedichte drey Tausend, Breslau, zwey Alphabet sechszehn Bogen in Octav. Daß er sich hier einen falschen Namen gegeben, geschahe wohl, theils, weil die satirischen Epigramme mancher persöhnlichen Deutung unterworfen waren, theils, weil man ihm, wie ich schon oben gedacht, das Versmachen verargte; daher er auch dem zweiten Tausend allerley Mottos vom Nutzen der Poesie, unter andern folgendes vorgesetzt: „Die Poesie hat eine große Verwand=„schaft mit andern Wissenschaften und Künsten, „auch mit der Rechtslehre." Jedes Tausend Sinngedichte ist in seine Hunderte abgetheilt; jedes Tausend hat aber auch noch eine Zugabe, ja am Ende stehen noch Sinngedichte, die wäh=rend dem Druck eingelaufen waren, und alle diese Nachträge zusammen enthalten noch 553 Epi=gramme. In den Vorreden zu den beiden ersten Tausenden trägt der Verfasser einige Be=merkungen über die Versifikation, in der Vor=rede zum dritten Tausend einige Gedanken von der Orthographie vor. Das Jahr des Druks ist nirgends angezeigt, doch läßt sich aus ver=schiednen Sinngedichten muthmaßen, daß es

das

das Jahr 1654 gewesen seyn möge, und so giebt auch König in den Anmerkungen zu Kanitzens Gedichten S. 267 das Jahr an. Da indessen Johann Sinapius (in der ersten Vorstellung schlesischer Kuriositäten, oder von den ansehnlichen Geschlechtern des schlesischen Adels, Leipzig, 1720) versichert, Logau habe seine Sinngedichte im Jahr 1638 herausgegeben, so ist dieses vermuthlich von der ersten kleinen Sammlung derselben zu verstehen. Das älteste Sinngedicht unter denen, bey denen das Jahr angegeben steht, ist von 1637. Im Jahr 1648 ward Logau unter dem Namen des Verkleinernden in die fruchtbringende Gesellschaft aufgenommen. Er war zweimal verheirathet, und hinterließ aus der zweiten Ehe einen Sohn Balthasar Friedrich von Logau, dessen Gunst und Freundschaft Lohenstein und der jüngere Gryph in ihren Gedichten rühmen. Er starb zu Liegnitz den 5 Junius 1655.

Unter den Dichtern, die in Opitzens Fußstapfen traten, ist Logau keiner der geringsten, und man findet öfters Opitzens Energie und körnichten Ausdruck. Wer, gleich dem Martial, ein ganzes Buch Epigramme schreibt, muß gleich ihm, auch gestehen, daß nicht alles darinnen gleich scharfsinnig und witzig seyn könne. Wer sie gar zu Tausenden schreibt, wie Logau, bey dem muß manches Mittelmäßige mit unter laufen. Aber wirklich sind der ganz schlechten bey Logau so viele, daß man alle Beispiele des Fehlerhaften aus ihm entlehnen könnte. Stumpfer Witz, platte Einfälle, matte Gedanken, schmutzige Bilder, Wortspiele, versetzte Namen, und andre Albernheiten, die schon damals Mode zu werden anfiengen, kann man bey ihm in Menge finden. Es muste ihm an Muße, oder an einem kritischen Freunde fehlen, daß er solche Sachen stehen ließ:

Teutschland soll jetzund purgieren,
Und des Krieges Wut abführen u. s. w.

Uebrigens weiß man wohl, daß auch Opitz manches ein Sinngedicht nannte, was nur ein gut gesagter moralischer Gedanke war. Und so muß man auch im Logau nicht immer scharfe Pointen, und eigentliche epigrammatische Wendungen erwarten. Eine nachdrücklich und rund vorgetragene Sentenz, ein neues Bild ist hinreichend, um manchen Versen eine Stelle in dieser Sammlung zu verschaffen. Viele Epigramme haben neue, originelle, und sehr glückliche Erfindun=

findungen und Wendungen, und sind eben so
schön gesagt, als gedacht. Etwa drei und zwan=
zig größere Gedichte habe ich mitten unter den
Sinngedichten gefunden, die mit einem Epi=
gramm gar nichts gemein haben, sondern mora=
lische, oder Gelegenheits=Gedichte sind. Zur Pro=
be diene folgendes Lob eines guten Gewissens:

Ohne Leben lebt der Welt,
Wer nicht gut Gewissen hält.
Gut Gewissen in der Zeit
Hält schon an die Ewigkeit.

Gut Gewissen traut auf Gott,
Tritt vor Augen aller Noth,
Ist verschildwacht allezeit
Mit der freien Freudigkeit.

Gut Gewissen wird nicht blaß
Vor Verhöhnung, Schmach, und Haß,
Steht in Bündniß allezeit
Mit der weißen Redlichkeit.

Gut Gewissen achtet nicht,
Was Verläumdung spricht und dicht,
Wahrheit steht ihm an der Hand,
Macht sein Unschuld noch bekannt.

Gut

Gut Gewissen wanket nie,
Beuget auch kein knechtisch Knie
Vor der runden Menschengunst,
Die man kauft durch Schmeichelgunst.

Gut Gewissen seegelt fort
Immer auf den rechten Port,
Ob ihm gleich partheiisch sind
Welle, Klippen, Strudel, Wind,

Drum, wer stets vergnügt will seyn,
Lab' ihm gut Gewissen ein!
Welt hat keine beßre Lust,
Als den reinen Wohlbewußt.

Einige der längern Gedichte sind satirischen Innhalts, und da hat Logau selbst einmal (in des zweiten Tausends zweiten Hundert N. 59) in einer Note die Ursache, warum sie unter den Sinngedichten stehen, also angegeben: Epigramma est breuis satira, satira est longum epigramma Uebrigens sind diese Stücke in der Geschichte unsrer nur sparsam bearbeiteten satirischen Poesie sehr merkwürdig.

Vielleicht war die Menge des Schlechten, wodurch das Gute verdunkelt ward, Ursache,

daß

daß Logau's Gedichte bald in unverdiente Vergessenheit geriethen. Schon Neumark in seinem neusprossenden Palmbaum, oder seiner Geschichte der fruchtbringenden Gesellschaft 1663, wo er doch diejenigen Mitglieder derselben auszeichnet, die sich durch Schriften hervorgethan, führt vom Logau nichts, als den Namen, an. Morhof in seiner Geschichte der deutschen Sprache und Poesie, wenn er beweisen will, daß es schwer sey, ganze Bücher Epigramme zu machen, führt ihn so an, daß es scheint, er habe seinen wahren Namen nicht gekannt. Denn er sagt S. 691: „Salomo von Golau, ein Schlesier, „hat drei tausend teutsche Epigrammata geschrie„ben, denen an Scharfsinnigkeit nichts fehlt, nur ist „der Numerus bisweilen hart." (Doch widerlegt diese Stelle das, was Ramler und Lessing behauptet, daß Morhof des Logau gar nicht gedacht habe.) Wernicke weiß keinen zu nennen, der es vor ihm gewagt habe, in einer von den lebendigen Sprachen ein ganzes Buch voll Sinngedichte zu schreiben. Ein Ungenannter gab zu Frankfurth 1702 S. v. G. (Salomons von Golau) auferweckte Gedichte, ein Alphabet, ein Bogen heraus, welcher Titel voraussetzt, daß

sie

sie bisher gleichsam begraben lagen. Allein auch diese Erweckung konnte nichts dazu beitragen, Logau's Ruhm zu erneuern. Der Ungenannte hatte zwar nicht alle seine Gedichte, aber doch immer noch viel schlechte hervorgesucht, er mischte elende Stücke von andern Verfassern ein, ja er ging mit Logau's Poesien so unverschämt um, verlängerte, verkürzte, und veränderte sie so, daß Nachdruck, Feinheit, Witz, Sprachrichtigkeit, ja oft der gesunde Menschenverstand verloren giengen. Logau's Name blieb also unbekannt, bis im Jahre 1759 die Herrn Ramler und Lessing sich seiner Ehre annahmen. Denn in diesem Jahre erschien sehr nett gedruckt: Friedrichs von Logau Sinngedichte zwölf Bücher mit Anmerkungen über die Sprache des Dichters herausgegeben von Ramler und Lessing, Leipzig, 1759, 8°. Die Herausgeber musterten alles Elende aus, und behielten von 3553 Sinngedichten nur 1284, also fast nur den dritten Theil bey. Sie behaupteten deswegen nicht, daß alles, was sie beibehalten, Meisterstücke seyen, aber man findet doch hier auch in dem unbeträchtlichsten Epigramm noch etwas, warum es die Erhaltung verdiente. Ist es nicht allezeit Witz, so ist es doch ein guter und großer Sinn, ein poetisches Bild, ein starker Ausdruck, eine naive Wendung, und dergleichen. Vielleicht ließe sich aus denen, die jene Herausgeber verworfen haben, noch eines und das andre auszeichnen, das so gut, als die aufgenommenen, dem Dichter Ehre macht; z. E. im zweiten Tausend S. 18:

Gute und Böse.

Die Bösen haben Himmel, die Guten hier die
Hölle,
Gut, warte bis dort oben, dort wechselt man die
Stelle!

und S. 25:

Schädliche Ehe.

Wenn sich mit Gewalt Unverstand verfreit,
Wird gebohren draus tolle Wütigkeit.

Die Herausgeber hatten ein Exemplar, das sich aus der Stollischen Bibliothek herschrieb, und in welchem hin und wieder eine unnatürliche harte Wortfügung mit der Feder geändert war. Der Zug der Hand schien ihnen alt genug, um es für die eigne Hand des Dichters zu halten.

Ob

Ob sie nun gleich dies ohne weitre Beweise zu behaupten Bedenken trugen, so nahmen sie doch einige von jenen Aenderungen auf, und wagten nach Analogie derselben selbst einige, weil sie glaubten, daß der Leser in einem so kleinen Gedichte, wie das Epigramm ist, sich auch an Kleinigkeiten ärgere. Doch hüteten sie sich wohl, den Dichter zu modernisiren, sie kamen ihm nur ein wenig zu Hülfe, wo sie fanden, daß er von seiner eignen reinen Leichtigkeit abgewichen war, und dann thaten sie es in dem Geist seiner eignen Sprache. Ein großer Vorzug ihrer Ausgabe ist das angehängte Wörterbuch über einige veraltete, und dem Dichter, oder doch der Opitzischen Schule eigne Ausdrücke, ein vortreflicher Beitrag zur Geschichte unsrer Sprache! Sie geben in dem Vorberichte zu demselben dem Dichter folgendes Zeugniß: „Das Sinngedicht „konnte ihm die beste Gelegenheit geben, die „Schicklichkeit zu zeigen, welche die teutsche „Sprache zu allen Gattungen von Materie un„ter der Bearbeitung eines Kopfes erhält, der „sich selbst in alle Gattungen von Materie zu fin„den weiß. Seine Worte sind überall der Spra„che angemessen, nachdrücklich, und körnicht,

wenn

„wenn er lehrt, pathetisch und vollklingend,
„wenn er straft, sanft, einschmeichelnd, ange=
„nehm tändelnd, wenn er von Liebe spricht, ko=
„misch und naiv, wenn er spottet, poßierlich und
„launisch, wenn er blos Lachen zu erregen sucht."

IX.
Andreas Gryph.

Andreas Gryph ward gebohren zu Großglogau den 11 October 1616. Sein Vater Paul Gryph war ein angesehener Geistlicher daselbst, der aber schon 1621 starb, da unser Gryph erst fünf Jahre alt war. Auch seine Mutter Anna Eberhardina starb schon 1628. Der Bruder unsres Dichters hieß auch Paul, war Superintendent zu Croßen, und starb noch jung. Nach vollendeten akademischen Jahren, in denen sich Andreas eine gründliche Gelehrsamkeit erwarb, hielt er eine Disputation de igne non elemento. Ueber ein Gedicht, worinnen er das damalige Elend seines Vater=

Vaterlands schilderte, kam er in große Gefahr, und dies bewog ihn, sich zu entfernen. Wegen der Unruhen des dreißigjährigen Krieges unternahm er fast zehn Jahr lang Reisen in fremde Länder; z. E. 1638 nach Italien und Holland, in welchem letztern Lande er mit Heinsius Freundschaft errichtete, 1646 durch Teutschland und Frankreich, wo er sich auch wieder die Bekanntschaft der berühmtesten Gelehrten, z. E. eines Salmasius erwarb. Der Briefwechsel, den er mit den größten Gelehrten seiner Zeit unterhielt, verschafte ihm mehrere Anträge von akademischen Lehrstellen, die er aber ablehnte, theils, weil er keine Neigung zu diesem Berufe hatte, theils, weil er am liebsten seinem Vaterlande zu dienen wünschte. Hier ward er auch wirklich Syndikus des Fürstenthums Glogau. Er verheirathete sich im Jahr 1649, und zeugte vier Söhne, und zwey Töchter. *) Christian Gryph, sein ältester

*) Christian Gryph ward zu Fraustabt in Pohlen, wo sich seine Eltern damals aufhielten, gebohren, von seinem Vater selbst unterrichtet, und starb als Rektor, Professor, und Bibliothekar am Magdalenen Gymnasium zu Breslau 1706.

E

ster Sohn, that sich in der Folge auch als Dichter hervor. Er war ein Mitglied der fruchtbrin-

Er gab Frankfurt 1656, 1698 poetische Wälder (neue Ausgabe 1707, 1717, Th. II.) heraus, die meistens sehr mittelmäßige Gedichte enthalten. Es sind vier Bücher, wovon das erste geistliche, das zweite Leichengedichte, das dritte vermischte Gedichte, und das vierte Sonnette enthält, eine Zugabe, die dabey ist, besteht in Sprichwörtern aus italienischen Schauspielen. Einige Epigramme von ihm stehn in Ramlers Sammlung von Sinngedichten der besten teutschen Dichter, 1766. Man hat sonst viele gelehrte litterarische Werke von ihm, z. E. Gedächtnißschriften, das ist, Lebensbeschreibungen, Leipzig, 1701, Vitae selectorum quorundam illustrium virorum, Breslau, 1703, Apparatus, seu, Dissertatio isagogica de scriptoribus historiam saeculi XVII illustrantibus, die erst nach seinem Tode 1710 erschien, Lusuum ingenii expræstantissimorum poetarum recentiorum rarioribus scriptis excerptorum fasciculi duo, Breslau 1699. Am berühmtesten ist folgendes Werk von ihm: Kurzer Entwurf der geistlichen und weltlichen Ritterorden, Leipzig, 1697, welches Stief 1709 vermehrt herausgab.

bringenden Gesellschaft, bey der er der Unsterb=
liche hieß. Ein kaiserlicher Pfalzgraf ertheilte
ihm einst auf seinen Reisen den Adelsbrief, von
dem aber weder er, noch seine Familie jemals
Gebrauch gemacht hat. Er starb 1664 mitten in
einer Versammlung der Landstände am Schlag=
fluß.

Ausser seiner Disputation kenne ich nur noch
eine gelehrte Schrift von ihm, nämlich die Be=
schreibung von den Mumiis Vratislaviensibus, die
er 1662 auf fünf Bogen mit Kupfern herausgab.
Doch hier kömmt es auf seine Gedichte an, unter
denen keines vor dem Jahre 1636 datirt ist.
(Wenn über dem Sonnet B. I. N. 28 1627 steht,
so ist dies wohl ein Druckfehler, indem er da erst
eilf Jahre alt gewesen wäre.) Nachdem er meh=
rere davon hatte einzeln drucken lassen, so gab er
zuerst eine Sammlung davon 1639 zu Leiden bey
den Elzoviren heraus. Als er 1646 zu Stras=
burg war, ward er mit einem dortigen Buchhänd=
ler Diezel über eine neue vermehrte Auflage sei=
ner Gedichte einig, und hinterließ ihm das dazu
nöthige Manuscript. Da aber Diezel durch
allerhand Unfälle und Prozesse verhindert wurde,
den Druck zu vollenden, so fielen die gedruck=
ten

ten Bogen einem Frankfurter Buchhändler Hüttner in die Hände, der, ohne Gryphen darum zu fragen, noch einige Sonnete von einer andern Feder hinzu that, und den Titel vorsetzte: Trauerspiele, Oden, und Sonnette. Diese unächte Ausgabe erschien 1650. Diese zu verdrängen, besorgte Gryph nun selbst zu Breslau 1663 eine ächte und vollständige unter dem Titel: Freuden- und Trauerspiele, auch Oden, und Sonnette, der Breslauer Verleger heißt Trescher, und der Leipziger Drucker Hahn. In eben dem Jahre ließ Trescher bey einem Jenaer Buchdrucker von ihm abdrucken: *Epigrammata*, oder Beischriften. Endlich sammelte man alles nach seinem Tode 1698 zu Breslau unter dem Titel: Vermehrte teutsche Gedichte.

Man findet in seinen Werken folgendes: 1) Leo Armenius, oder, Fürstenmord, sein bestes Trauerspiel, verfertigt 1646, umgearbeitet 1651, und aus der byzantinischen Geschichte entlehnt. Kaiser Leo wird von dem General Balbus, dem er das Leben gefristet, ermordet. In der Vorrede sagt Gryph: „Diejenigen, welche in die Ketze-„rey gerathen, als könnte kein Trauerspiel son-„der Liebe und Buhlerey vollkommen seyn, wer-„den

„den erinnert, daß wir diese den Alten unbekannte Meinung noch nicht zu glauben gesonnen sind." Ein Gespenst, und ein höllischer Geist erscheinen in diesem Stücke. Die Acte heissen Abhandlungen, die Szenen Eingänge, und die Chöre, die hier, wie in Gryph's übrigen Trauerspielen angebracht sind, Reihen. Uebrigens bemerkt Gryph, die Eintheilung in Szenen sey den Alten unbekannt gewesen, und er habe sie nur dem Leser zu Gefallen beibehalten. 2) Katharina von Georgien, oder, bewährte Beständigkeit, ein Trauerspiel, das er lang im Pulte gehabt hatte. Denn er sagt 1657, daß es schon oft von ihm sey begehrt worden. Katharina, Königinn von Georgien in Armenien, wird von den Persern gefangen, der König der Perser verliebt sich in sie, aber als Christinn widersetzt sie sich der Liebe eines Ungläubigen, und kömmt dadurch auf den Scheiterhaufen, doch wird ihr Tod nicht auf der Bühne vollzogen. Dieses Stück hat viele, und schnelle Veränderungen des Schauplatzes. Die Ewigkeit, und die Eitelkeit spielen als Personen mit, und die Tugenden machen den Chor. 3) Die beständige Mutter, oder, die heilige Felicitas, ein Trauerspiel, aus dem
Latei-

nischen des Nic. Causinus (des gelehrten Franzosen, der durch seine eloquentiam sacram et profanam bekannt ist) übersetzt. Felicitas, die im Jahr 175 gestorben seyn soll, sieht standhaft ihre sieben Söhne den Märtyrertod sterben. 4) Kardenio und Celinde, oder, unglücklich Verliebte, ein Trauerspiel, nach seiner Rückkunft aus Holland verfertigt. Kardenio, in Olympien verliebt, nimmt sich vor, Lysandern, der durch List die Verheirathung mit ihr erlangt hat, zu ermorden, Bononien zu verlassen, und sich nach Toledo in sein Vaterland zu begeben. Celinde, vom Kardenio verlassen, und von seiner vorhabenden Abreise benachrichtigt, sucht allerhand Mittel, sogar Zaubereien, hervor, um ihn fest zu halten. Beide aber werden durch ein fürchterliches Gesicht von ihrem Vorhaben abgeschreckt, und bekehrt. Dem Dichter war dies in Italien als eine wahre Geschichte erzählt worden. Einigen Freunden, denen er sie auf seinen Reisen erzählte, gefiel sie so, daß sie sie von ihm niedergeschrieben zu sehen wünschten. An dessen Statt machte er ein Trauerspiel daraus, doch so, daß er, wie er sagt, der Geschichte völlig treu blieb. Da die Personen in diesem Trauerspiel nur bürgerlichen

Stan=

Standes sind, so entschuldigt er sich deswegen in der Vorrede. Es erscheinen hier wieder zwey Geister. Das Trauerspiel beginnt kurz vor Abends, währt durch die ganze Nacht, und endet sich mit dem Anfang des folgenden Tages. 5) Ermordete Majestät, oder, Karl Stuart von Großbritannien, ein Trauerspiel, vollendet 1663. Das Stück hat eine Menge von Personen, unter den stummen auch Krieg, Ketzerey, Pest, Tod, Hunger, Zwietracht, Furcht, Selbstmord, und Rache. Der König wird auf der Bühne hingerichtet. 6) Piastus, ein Trauerspiel, erschien erst nach seinen Tode 1665. 7) Der großmüthige Rechtsgelehrte, oder, sterbender Aemilius Paulus Papinianus, ein Trauerspiel, verfertigt 1659. 8) Die sieben Brüder, oder, die Gibeoniter, ein Trauerspiel, erschien erst nach dem Tode des Dichters 1665. 9) Majuma, ein Freudenspiel, denn so nannte man damals die Komödie nach Zesens Verteutschung. Dies ist das einzige Stück von Gryph, das wirklich auf die Bühne kam. Denn er sagt uns, es sey im May 1653 vorgestellt worden, zu Ehren Ferdinand IV. der damals römischer König ward. Es ist eigentlich ein Singspiel,

spiel, oder, wie Gryph sich ausdrückt, es ward Gesangsweise vorgestellt. Wirklich fiengen Singspiele an, damals Mode zu werden. Unter Majuma ist das bekannte römische Blumenfest zu verstehn. Die Haupthandlung des Stücks besteht darinne, daß Mars auf Verlangen der Chloris entwafnet wird. 10) Das verliebte Gespenst, ein Gesangspiel. 11) Die verliebte Donrose, ein Scherzspiel mit Gesängen, worinnen Bauern auftreten. 12) Die Säugamme, oder, untreues Hausgesinde, ein Lustspiel, das Gryph in seiner Jugend aus dem Italienischen des Hieronymus Razzi übersetzte. 13) Der schwärmende Schäfer, ein satirisches Lustspiel in Versen aus des jüngern Korneille Berges extravagant auf Verlangen einer fürstlichen Person übersetzt. Da Gryph sagt, seine Uebersetzung wäre schon einmal zu Brieg, aber nicht vollständig gedruckt gewesen, so ist diese erste Ausgabe wohl bald nach Erscheinung des Originals gemacht worden, das 1653 herauskam. Gryph versichert, daß er ungern übersetze, indem ihm dergleichen Uebersetzungen nicht minder Zeit und Mühe kosteten, als wenn er etwas eignes aufsetzte. Die Satire dieses Stücks betrift übrigens

die=

diejenigen, welchen die Ideen von einer Schäferwelt den Kopf verrückt haben. 14) *Horribilicribrifax*, ein Scherzspiel in der Manier des Plautus. Es hat seinen Namen von der Hauptperson, einem großsprecherischen Pedanten, dessen Karakter freilich hier bis zum Possenhaften übertrieben worden. Neben ihm figuriren ein alter verdorbner Dorfschulmeister, ein Jude, eine alte Kupplerinn, und ein hochmüthiges, und doch dabey armes Fräulein. 15) *Absurda comica*, oder, Herr Peter Squenz, ein Schimpf=(oder Scherz=) Spiel, eigentlich nur eine Umarbeitung eines ursprünglich von dem Nürnberger Mathematiker Daniel Schwenter, der 1628 starb, verfertigten Possenspiels. Die Erfindung ist aus Shakespear's Johannisnachtstraum, oder vielmehr aus einer aus dem Französischen übersetzten Novelle von Pyramus und Thisbe. Peter Squenz ist ein Schulmeister, seine Mitspieler sind ein Schmied, ein Blasebalgmacher, ein Tischler, ein Leinweber, und ein Spulenmacher. Der lustige Rath des Königs heißt Pickelhäring. 16) *Kirchhofsgedanken*, oder Todesbetrachtungen, aufgesetzt 1656, sie bestehen aus einem Liede von funfzig Strophen,

phen, dem zwey Oden aus dem Lateinischen des Balde beigefügt sind. 17) Begräbnißgedichte. 18) Hochzeitgedichte, worunter auch ein Hirtengespräch, wo jeder Hirte nur einen Vers sagt, überhaupt sind viele Spielereien darunter. 19) Vermischte Gedichte, Das Merkwürdigste darunter sind zwey Strafgedichte, oder poetische Satiren, die viele gute Züge haben, und die es wohl verdienten in irgend, einer Blumenlese wieder ins Publikum gebracht zu werden. Mannigfaltigkeit der Wendungen, und Energie der Sprache erregen den Wunsch, daß Gryph diese Gattung noch mehr möchte bearbeitet haben. Als eine dritte Satire kann man den Heldenbrief betrachten, den der Dichter einen großsprecherischen Hauptmann an seine Geliebte schreiben läßt. 20) Oden, drey Bücher, größtentheils geistlichen Innhalts. Viele haben Satz, Gegensatz, und Zusatz gleich den pindarischen. Das erste Buch ward 1643, das zweite 1646, das dritte 1655 gesammelt. 21) Thränen über die Leiden Christi, oder, der Oden viertes Buch, herausgegeben 1652. Die einzeln Szenen der Paßionsgeschichte werden durchgegangen, und, so viel möglich, mit den Worten der

Bibel

Bibel selbst erzählt. Dabey wählte der Verfasser immer bekannte Melodien. 22) Uebersetzte Lobgesänge, oder Kirchenlieder 1660. 23) Geistliche Lieder, die viele gute Stellen enthalten. 24) Sonnette, fünf Bücher, das erste Buch ward 1643, das zweite 1646, das dritte und vierte 1649 gesammelt. Ein Paar Hochzeitgedichte ausgenommen, enthalten die zwei ersten Bücher lauter ernsthafte Gedichte, das dritte Buch ist vermischten Innhalts, das vierte ist auf die Sonntage im Jahre, und das fünfte auf die Festtage gemacht. Am Ende steht ein Sonnett, woraus man sieht, daß er seine Sonnette selbst nur als eine Jugendarbeit betrachtete, und eigentlich aus seinen Trauerspielen beurtheilt seyn wöllte. Man wird daraus zugleich die Ursache sehen, warum sie mehr ernste, als fröliche Gegenstände betreffen:

In meiner ersten Blüth', ach unter grimmen
Schmerzen,
Bestürzt durchs scharfe Schwerd, und ungeheuren Brand,
Durch liebster Freunde Tod und Elend, als das Land,
In dem ich aufgieng, fiel, als toller Feinde
Scherzen,

Als

Als Lästerzungen Spott mir rasend drang zu
Herzen,
Schrieb ich das, was du siehst, mit noch zu zar-
ter Hand,
Zwar Kindern als ein Kind, doch reiner An-
dacht Pfand.
Tritt, Leser, nicht zu hart auf Blumen erstes
Märzen!
Hier donnert, ich bekenn, mein rauher Abos
nicht,
Nicht Leo, der die Seel' auf dem Altar aus-
bricht,
Der Märt'rer Heldenmuth ist anders wo zu lesen.
Ihr, die ihr nichts mit Lust, als fremde Fehler,
zählt,
Bemüht euch ferner nicht! Ich sag es, was mir
fehlt,
Daß meine Kindheit nicht gelehrt, doch fromm
gewesen.

25) *Epigrammata*, oder Beischriften, drey Bücher, wovon jedes hundert Epigramme enthält,
und das erste fast ganz geistlichen Innhalts ist.
26) Der Weicherstein, eine Zugabe der Epigrammen, man findet hier ein Gedicht von
Gryph,

Gryph, und zwei von zweien seiner Freunde, zum Andenken eines Steines auf einer Wiese, worauf sie zusammen gespielt hatten.

Das Vornehmste und Wichtigste unter seinen poetischen Werken sind unstreitig seine Schauspiele, deren er unter den schlesischen Dichtern vor Lohensteinen die meisten geschrieben hat, und durch die er der Urvater unsrer dramatischen Dichter geworden ist. Nachdem die Fastnachtsspiele und die Stücke der Meistersänger aus der Mode gekommen waren, bestand, ausser Opißens Versuchen, alles, was bey uns im edlern und regelmäßigen Schauspiel war geleistet worden in Johann Klaj geistlichen Trauerspielen (zu deren einem Harsdörfer eine Vorrede machte, worinnen er sagte, hiermit habe das Trauerspiel in unsrer Sprache einen Anfang erlangt) und in der Dido eines Ungenannten. Gryph muste sich also die Bahn hierinnen so gut als selbst brechen. Wenn man bey der Sprache seiner Trauerspiele vergißt, daß es Dialog seyn soll, so findet man darinnen einige starke Stellen, aber eben so viel schwülstige, schwache, und niedrige. Wir lachen freilich jetzt über solche Ausdrücke, wie der Seufzer Wind, und das Leben in die

Rap=

Kappuse geben. Doch eine Probe von Gry=
phens tragischer Spräche mag folgende Rede
des Kaiser Michael bey seinem Scheiterhaufen
seyn:

Ihr Geister, die die Rach' ihr hat zum Dienst
erkiest,
Wofern durch lezten Wunsch was zu erhalten ist,
Wo einer, der jetzt stirbt, so fern euch kann be=
wegen,
Wofern ihr mächtig, Angst und Schrecken zu er=
regen,
So tag' ich euch hervor aus eurer Marterhöhl',
Wo nichts, dann Brand! Und, ach, gönnt der
betrübten Seel',
Was nicht zu weigern ist. Es muste meine
Schmerzen
Betrauren, der sie schaft, und mit erschreckten
Herzen
Den suchen, den er brennt! Es muste meine
Glut
Entzünden seine Burg. (Es muß) aus meinem
Blut,
Aus dieser Glieder Asch', aus den verbrannten
Beinen

Ein

Ein Rächer auferstehn, und eine Seel' erscheinen,
Die voll von meinem Muth, bewehrt mit meiner
Hand,
Gestärkt mit meiner Kraft, in den noch lichten
Brand,
Der mich verzehren muß, mit steifen Backen
blase,
Die mit der Flamme tob', und mit den Fun=
ken rase,
Nicht anders, als dafern die schwefelichte Macht
Durch Wölk, und Schlösser bricht, der schweren
Donner Kraft,
Die mir mit Fürstenblut so eine Grabschrift setze,
Die auch die Ewigkeit inskünftge nicht verletze!

Die Versifikation Gryph's ist oft rauh und unharmonisch. In den Planen sieht man nichts, als den guten Willen, Situationen anzulegen, übrigens ist der Zusammenhang der Szenen schlecht, und das Interesse schwach. Man wun= dert sich daher heutzutage, wie Joh. Elias Schlegel (S. Werke Th. III.) auf die Gedanken kommen können, eine Vergleichung Shakespears und Gryph's zu schreiben, und jenes Cäsar ge= gen dieses Leo zu halten. Aber man muß be=
den=

denken, daß dies zu einer Zeit geschah, wo Gottsched unsre poetischen Alterthümer nicht anders zu loben verstand, als wenn er damit den Ausländern Hohn sprach. Damals, sagt Schlegel's Bruder, würden die meisten Liebhaber der teutschen Poesie Gryphen nicht sonderlich geehrt gefunden haben, wenn man ihn nicht über einen so unregelmäßigen und seltsamen Schriftsteller erhöht hätte, als ihnen Shakespear von Gottscheden abgemahlt ward. Der profaische Dialog in Gryph's Komödien, die eine rohe Anlage zum Niedrigkomischen verrathen, ist sehr ungeschmeidig, und dem Witze fehlt die nöthige Politur. In seinen lyrischen Gedichten sind einige Opitzische Stellen, und unter seinen Epigrammen findet man einige gute Einfälle, die auch in der Sammlung der besten Sinngedichte der teutschen Poeten, Riga 1766, ausgehoben worden sind.

J X.

X.
Joachim Rachel.

Joachim Rachel ward im Jahre 1618 zu Lund in Dithmarsen gebohren. Er studierte zu Rostock, wo er Laurenberg's Schüler war, und durch ihn vermuthlich zur Dichtkunst ermuntert wurde. Nachdem er auf verschiedenen Schulen in Niedersachsen, z. E. zu Nörden in Ostfriesland, zu Schleswig Rektor gewesen war, starb er als Pastor zu Wesselberg in Dithmarsen 1669 im ein und funfzigsten Jahre seines Alters. Seine gelehrten Kenntnisse beweisen seine lateinischen Gedichte, nämlich: Panegyris Menippea ad rationes Apophoretorum Martialis instituta, Centuria epigrammatum, Epigrammata, euangelica. Auch hat er aus dem Lateinischen des Grotius einen christlichen Glaubensunterricht, oder ein Gespräch zwischen Vater und Sohn übersetzt.

Bey Gelegenheit einiger Hochzeiten verfertigte er drey satirische Gedichte, und, als er sah,

sah, daß diese Beifall fanden, widmete er sich
dieser Gattung ganz. Im Jahr 1664 gab er zu=
erst folgende Sammlung davon heraus: *Joach.
Rachelii, Londinensis,* teutsche satirische Gedichte,
Frankfurt, bey Vogel, klein Octav. Diese
Sammlung enthält nur sechs Satiren. Sie ist
dem königlich dänischen Kriegsrath und General=
auditeur Paul Tscherning gewidmet, den Ra=
chel nicht nur als seinen Mäzen, sondern auch
selbst als einen guten Dichter rühmt. Worin=
nen die Gedichte desselben bestanden, und ob er
ein Sohn, oder sonst ein Verwandter des bekann=
ten Dichters Tscherning gewesen, kann ich nicht
bestimmen. Rachel setzte kurz vor seinem Tode
noch vier Satiren hinzu, und gab sie unter fol=
gendem Titel heraus: *Rachelii* neue verbesserte
teutsche satirische Gedichte 1668. Wie gern sie
gelesen wurden, beweisen die wiederhohlten Auf=
lagen derselben, die nach seinem Tode herauska=
men, und wovon mir folgende bekannt sind:
Frankfurt 1677, 1686, Bremen 1700 (hier wur=
den das erstemal Laurenberg's vier plattteutsche
Gedichte angehängt, die man bey allen folgen=
den Ausgaben findet) Hamburg 1742, Freyburg
(das ist, Berlin) ohne Anzeige des Jahres (es

J 2 war

war 1743) von Wippel herausgegeben, der seine Ausgabe die fünfte nennt, womit er wohl auf die Zahl der Ausgaben nach des Dichters Tode zielen mag.

Die Gegenstände dieser zehn Satiren sind folgende: 1) Das poetische Frauenzimmer, oder böse Sieben. Es werden sieben böse Karaktere von Frauenzimmern gezeichnet, deren Ursprung aus der Art, wie sie Jupiter geschaffen, hergeleitet wird. Die erste sey aus Koth geschafen worden, die andre sey von der Sau, die dritte vom Fuchs, die vierte vom Hunde, die fünfte aus dem Meere, die sechste von der Gans, die siebente vom Pfau entsprossen, und wegen dieser poetischen Ableitung ihrer Entstehung nennt der Verfasser das Frauenzimmer, von dem er redet, das poetische. Nach den bösen Sieben wird zum Gegenbild am Ende das Gemälde einer vollkommnen Hausfrau aufgestellt, und ihre Abstammung von der Biene abgeleitet. Der Dichter giebt denen, die freien wollen, den Rath, behutsam in ihrer Wahl zu seyn, weil der äußre Schein sehr betrüge, sey man aber einmal getäuscht, so solle man sein Leid niemanden klagen;

Schweis

Schweig lieber, bist du klug, und glaube fest dabey,
Daß deine Gans ein Schwan, die Sau ein Bienlein sey?

2) Der vortheilige Mangel. Gleich wie kein Unglück so groß sey, das nicht auch etwas Gutes stifte, so sey kein Fehler einer Person so groß, der nicht auch seine gute Seite habe. Dieser Satz wird wieder mit lauter Beispielen erläutert, die vom weiblichen Geschlechte entlehnt sind. Ist die Frau nicht schön, so läuft man auch nicht Gefahr, daß sie entführt wird. Ist sie arm, so ist sie desto demüthiger und bescheidener. Ist sie nicht ängstlich gewissenhaft, so wird sie auch nicht zu strenge gegen den Mann seyn. Sieht man ihr kleine Scherze nach, so wird sie auch nicht die Eifersucht mit Hörnern vergelten. Ist sie nicht gar zu reinlich, so ist sie doch keine Putznärrinn. So philosophisch sollen sich die Ehemänner trösten:

Wie seelig ist der Mann, der seinen Sinn kann lenken,
Wie es die Noth begehrt; kein Unfall kann ihn kränken!

Ueberhaupt sollte man die beiderseitigen Fehler gegen einander aufheben, so würde es lauter zufriedne Ehen geben:

O, wie du dir verzeihst, verzeih auch deinem Weibe!

3) Die gewünschte Hausmutter, ein Ideal einer vollkommnen Frau, deren Eigenschaften einzeln durchgegangen werden, so daß die ganze Satire fast nur ein Periode ist. Der Eingang handelt von der Nothwendigkeit, im acht und zwanzigsten Jahre zu heirathen. Bey den Vollkommenheiten, die eine Frau besitzen soll, sind immer auch die Untugenden satirisch geschildert, von denen sie frey seyn muß, und dann ist der Schluß ganz Satire:

Glückselig ist der Mensch, dem solcher Schatz bescheeret,
Und wo dir, o mein Freund, dies Muster ist gewähret,
Das eben auf ein Haar in allem hält den Stich,
So hast du besser Glück, als Peter Filz, und
— ich!

4) Die Kinderzucht, eine der besten Satiren des Verfassers, aus der vierzehnten Satire des
Juve

Juvenal frey nachgeahmt, mit solcher Freiheit nachgeahmt, sagt Rachel, daß ich sie wohl zum Theil kann meine nennen. Daß bey der Kinderzucht alles auf das Beispiel ankomme, womit man ihnen vorgehe, ist der Hauptsatz des Gedichts. Besonders wird es gerügt, daß man den Keim des Geitzes in die jugendlichen Herzen lege. 5) Vom Gebet, eine Nachahmung von der vierten Satire des Persius über den Misbrauch, der von dem Gebete gemacht wird, indem man der Gottheit zumuthet, unsre thörichte, oder gar strafbare Wünsche zu befriedigen. 6) Gut und Böse, hier ist die zehnte Satire des Juvenal zum Grund gelegt. Es werden die falschen Vorstellungen gerügt, die sich die Menschen von dem Guten und Bösen zu machen pflegen. Die einen suchen das Gute in Ueppigkeit, die andern in Geitz, andre in der Gunst der Fürsten, andre in eitler Wissenschaft:

Dafern du Rath begehrst, so bitte das allein,
Was er, der höchste Gott, vermeinet gut zu seyn.

7) Der Freund, oder über die Seltenheit eines ächten Freundes. Besonders eifert der Verfasser gegen die Freundschaft, die beim Trunk errichtet

richtet wird. So nimmt auch, wie er zeigt, die Freundschaft der Verliebten nicht das beste Ende. 8) Der Poet. Der Verfasser beweist, daß mehr zu einem Dichter gehöre, als diejenigen glauben, die diese Kunst verachten. Reimer gebe es genug, aber wahre Dichter seyen selten. Von Dichterinnen hält Rachel nicht viel:

Noch sag' ich, ein Poet muß seyn von solchen Gaben,
Die nicht ein jeder Mann, geschweig' ein Weib,
kann haben.

Gegen die Vermengung des Teutschen mit ausländischen Sprachen eifert er sehr, und macht sie durch Parodie lächerlich. 9) Jungfern-Anatomie, die einzeln Kleidungsstücke der damaligen Modetrachten, die Schminke, der Gebrauch des Spiegels, der Gang, die Blicke, die Reden, Raisonnements, die Prätensionen der Jungfern werden zergliedert. Da Feinheit des Verfassers Sache nicht ist, so hat hier die Satire die Delikatesse nicht, die man jetzt bey einem solchen Gegenstande erwartet, und der Unterschied der Moden macht auch, daß diese Satire bey einem jetzigen Leser sehr viel verlieren muß. 10) Jungfernlob, ein ironischer Wiederruf der

vor-

vorhergehenden Satire, auch hier wird der Spaas oft zu grob. Als einen Anhang findet man zwey größere, und zwey kleinere Gedichte unter folgenden Aufschriften: Probe einer bösen Sieben, woran weder Schroot, noch Korn, das ist, weder Gemüthe, noch Geblüte gut; eine Frau ein nothwendig Uebel; Weiberzank; Weiberzorn.

Rachel ist unser Lucil, oder Regnier, der zuerst den Willen hatte, die Alten in der poetischen Satire nachzuahmen. Einzle Wendungen, und Einkleidungen, Dialogismus, und Lebhaftigkeit hatte er ihnen abgelernt. Da Juvenal insbesondre sein Muster war, so eiferte er mehr, als daß er lächelte, wollte mehr verwunden, als durch Witz necken. Von seiner Plumpheit muß man viel auf Rechnung der damaligen Sitten schreiben. Unverfeinerter Geschmack, und rauhe Sprache, viele niedrige, und prosaische Stellen schrecken heutige Leser zu sehr ab. Wer kann jetzt solche Ausdrücke ausstehn, wie folgende: Er strecket alle Vier hin auf die Luderbank; Anstatt des Kompliments läßt man wohl einen streichen, der nicht nach Biesam reucht; daß

dieser

dieser Ruhm nur stinkt, als wie ein Schneiderbraten u. s. w.

XI.
Daniel Kaspar von Lohenstein.

Daniel Kaspar von Lohenstein ward zu Nimptsch in Schlesien gebohren 1635. Er studierte die Rechte zu Leipzig und zu Tübingen, und, da seine Eltern sehr reich waren, konnte er große Reisen durch Teutschland, Holland, die Schweitz, und Ungern unternehmen, wobey ihm seine Kenntniß von mancherley ausländischen Sprachen sehr zu statten kam. Nach seiner Zurückkunft ward er Stadtsyndikus in Breslau, und hatte als solcher den Titel eines kaiserlichen Rathes. Außer diesem einträglichen Amte besaß er noch drey Rittergüter Namens Kitlau, Reisau, und Raschkowitz. Er starb an einem Schlagflusse 1683 im funfzigsten Jahre seines Alters.

Die

Die Trauerspiele sind unter seinen poetischen Schriften das erheblichste. Zwey davon, Agrippine und Epicharis, schrieb er schon im funfzehnten Jahre, ob sie gleich später gedruckt worden, noch auf der Schule. Ueberhaupt hat man von ihm folgende fünf Stücke: 1) Epicharis, im Grunde die Geschichte von der Verschwörung des Piso gegen den Kaiser Nero, und von Seneka's Tode. Epicharis, eine Freigelassene, und eine Haupttriebfeder der Verschwörung bekennt auch auf der Folter auf niemand, sondern erwürgt sich mit einer Binde. 2) Agrippine, oder der Tod der berühmten Mutter des Kaisers Nero. Der Dichter läßt Agrippinen sogar auf dem Theater ihren Sohn zur Wollust reizen, und da findet man solche empörende Reden der Mutter, wie folgende:

Mein Kind, mein süßes Licht, was hältst du länger mir
Der halb geschmeckten Lust mehr reife Früchte für?
Die Liebe, die sich noch läßt in den Augen wiegen,
Läßt sich mit lauter Milch der Küsse zwar vergnügen:
Wenn aber schon dies Kind bis zu der Seele wächst,

So

So sieht man, daß sein Durst nach stärkern Nek-
tar lechzt.
Mein Schatz, es sättigt nicht des Küssens rei-
zend Kosen.
Die Purpurlippen sind die rechten Zuckerrosen,
Darunter stets die Zung, als eine Natter wacht,
Bis uns ihr züngelnd Stich hat Brand und Gift
beibracht,
Den nur der glatte Schnee der Schoos weiß ab-
zufühlen.
Warum denn liessest du mich deinen Liebreitz fühlen,
Wenn du dein Labsal mir ziehst vor dem Mun-
de weg?
Ach, so erquick' uns doch der Liebe letzter Zweck!
Die Anmuth ladet uns selbst auf dies Purpurbette.

4) Ibrahim Sultan, ein Trauerspiel von mehr
als dreißig Personen. Es ist aus der türkischen
Geschichte entlehnt, und enthält die Liebe des Sultan zur Tochter des Mufti, die ihm aber wider-
strebt, theils, weil sie einen andern liebt, theils,
weil er ein wollüstiger Tyrann ist, der schon seines Bruders Wittwe nothzüchtigen wollen. Auch
der Tochter des Mufti wird von ihm Gewalt
angethan, worauf sie sich ersticht. Diese That
erregt

erregt einen Aufruhr, in welchem Ibrahim abgesetzt, und ins Gefängniß geworfen wird, wo er sich aus Verzweiflung den Kopf zerstößt. Dies Stück ward 1673 bey der Vermählung des Kaiser Leopold mit der Erzherzoginn Felicitas verfertigt. Daher tritt im Prolog der thrazische Bosporus auf, und weissagt den Türken den Untergang, und Oesterreich Heil. 4) Sophonisbe. Da dieses Trauerspiel ein so berühmtes Sujet betrifft, das die tragischen Dichter aller Nationen bearbeitet haben, so will ich hier die richtige Beurtheilung einschalten, die man von dem Lohensteinischen Stücke in der Abhandlung über die mancherley Schauspiele, die den Titel Sophonisbe führen, findet, die Johann Heinrich Schlegel seiner Uebersetzung von Thomson's Sophonisbe beigefügt hat. — Anstatt einer livianischen Sophonisbe sieht man hier die wollüstigste, und die grausamste, die albernste, ja die niedrigste Person aus dem menschlichen Geschlechte, oder vielmehr ein solches Gemisch von Thorheiten und Lastern, dergleichen niemals in einem menschlichen Herzen gewesen seyn kann, und doch wird unaufhörlich mit ihrem felsenharten Herz geprahlt, das des Glückes Schläge kaum als ein

Ambos

Ambos fühlt. Im Anfange z. E. will Sophonisbe durchaus, daß man den Römern gutwillig die Thore öfnen soll. Ihre Ursache ist die Furcht, wie es sonst dem gefangnen Syphax gehen möchte: Soll'n wir durch Trotz das Beil selbst auf den Ehschatz wetzen? Sobald sie aber hört, daß Syphax nichts darnach fragt, seinen blutigen Kopf auf den Pfahl gedeihen zu lassen, so fällt sie auf einen andern Entschluß:

Weil Athem meine Brust, und Blut die Adern
schwellet,
Woll'n wir den Degen führ'n, wenn Syphax
zwölfmal fället!

Sie läßt sich das Schwerd und den Harnisch anlegen, sie will, daß man ihr das Haar abschneiden solle, um es in Bogensehnen zu verwandeln, und, um ihre Leute recht zu überzeugen,

Mit was für Liebesmilch sie ihre Länder säuge,

so gebietet sie, ihre Kinder herbeizubringen, deren sie eine gute Anzahl hat, weil sie bey dieser Gefahr eines davon mit eigner Hand dem Monde opfern will. Es geschehen alle Zubereitun-

tungen zum Opfer, als jählings Syphax herein=
tritt, der sich durch Bestechung aus der römi=
schen Gefangenschaft losgemacht hat. Er ver=
ändert das Schlachtopfer, und auf seinen Be=
fehl zergliedern sie auf der Bühne anstatt des
Kindes einen gefangenen Römer. Alles dies
nützt dem Syphax nichts. Cirta wird bald her=
nach durch Verrätherey überrumpelt, und, sobald
Sophonisbe den Masinissa sieht, legt sie sich
aufs Bitten. Unter andern sagt sie:

Wo ein gefangen Weib darf Sieger etwas bitten,
Ich Mohrinn auf dein Knie darf reine Thränen
schütten,

imgleichen:

Mich stinkt die Aloe des sauren Lebens an,
Das das Verhängniß selbst mir nicht verzuckern kann,
Weil ja kein Kürb'skern mag Granatenäpfel zeugen.

Diese Worte zielen darauf, daß sie gern
von der Hand des Masinissa sterben will. Er
aber, der mit den grimmigen Worten hereinge=
treten war:

Sucht, nebst Verminen, auf die stolze Königinn,
Die diesen Brand gebohr'n! Die schleppt in Ker=
ker hin!

wird

wird durch diese Rede so erweicht, daß er dar=
auf versetzt:

>Durchlauch'ste Sophonisb', ich fühle deine
>Schmerzen,
>Das Gift fleußt dir im Mund, und wirkt in
>meinem Herzen.
>Jedoch sie schöpfe Luft, und gebe sich zur Ruh!
>Oft wirft der Sturm in Port! Mein Licht,
>ich sag ihr zu,
>Hier hat sie Treu und Hand, ihr billiges Be=
>gehren.

Den Syphax hingegen läßt er in einen fin=
stern Kerker werfen. Aber Sophonisbe schleicht
sich zu ihrem Gemahl, hilft ihm heraus, und
legt sich die Ketten an. Sobald Syphax weg ist,
kommt Masinissa in den Kerker, weil er vorhat,
ihn darinn mit eigner Hand zu tödten. Als er
an seiner Statt Sophonisben sieht, gewinnt er
sie desto lieber, weil sie dem, auf den sie so er=
bittert war, durchgeholfen hat, und sie werden
bald gute Freunde. Sophonisbe, nachdem sie
sich ein wenig spröde gestellt, und gegen den
Vorschlag des Masinissa zur Vermählung einge=
wendet:

Ich

Ich sorge, daß mir dies den Sterbekittel webt, bittet ihn hernach selbst:

Laß Labsal saugen mich aus deinen Mundkorallen!

Sie gehen mit einander heraus, und nun folgen Zubereitungen zur Hochzeit unter einer Menge heidnischer Ceremonien und Gebeter. Aber zum Unglück kömmt Lälius dazu, der sich erschrecklich mit dem Masinissa zankt:

Lälius: Reißt Sophonisben stracks ihm von der Seiten hin!
Mas. Der erste, der sie rührt, soll Tod und Säbel küssen!
Läl. Vollstrecket den Befehl an ihr, trotz Masinissen!

Unversehens erscheint auch Syphax wieder, den man anfangs für einen gemeinen Numidier gehalten, und auf seiner Flucht aufgefangen hatte. Sophonisbe ist eben im Begrif, ihn zu schlachten, welches sie sich vom Lälius als eine besondre Gnade ausbittet, der durchaus ein Schlachtopfer haben will, um sich wegen der vorhin geopferten Römer zu rächen, als sie den Syphax erkennt. Dieser hat aber so wenig Lust, sich schlachten zu lassen, daß er vielmehr mit aller Ge-

walt

walt Sophonisben selbst das Messer in Leib stoſ=
sen will. Der Grund dieser Wut wird so angegeben:

>Es ist besser,
>Daß dieses Messer ihr der Adern Brunn durchgräbt,
>Als geiler Wollust Koth auf Li'pp und Brüsten klebt!

Sie aber sucht ihre Sache auf folgende Art gut
zu machen:

>Was bringt dir's für Vergnügen,
>Wenn diese, die du liebst, und nicht kannst wie=
>   der kriegen,
>Nebst dir durch Sturm verdirbt, und nicht ent=
>   schwimmen darf,
>Da ihr das Glücke gleich ein Stückchen Bret
>   zuwarf.

In solchen seltsamen Abwechselungen geht die
Tragödie bis ans Ende fort. Einige Zeilen sind
zuweilen Lohensteinen geglückt, z. E.:

>Willkommen, süßer Trank, ich nehm ihn freudig an,
>Weil Masinissa mir nichts bessers schenken kann!
>Erwünschter Freiheitssaft! Verlangte Morgengabe!

5) Kleopatra, die Art, wie Anton und Kleopa=
tra mit einander sprechen, ist ungefehr folgende:

>Kl. Mein Fürst, mein Haupt, mein Herz!
>Ant. Mein Schatz, mein süßes Licht! —

Wie daß das Thränensalz ihr aus den Augen
bricht!

Daß sich ihr Herze muß mit hohlen Seufzern kühlen?
Wie, daß die Brüste so mit kurzem Athem spielen?
Was wird durch diese Wolk, uns für ein Blitz gebracht?
Wenn Kleopatrens und Octaviens Reize vergli=
chen werden, so geschieht es mit folgenden, da=
mals Mode werdenden, Bildern:

Ant. Rubin deckt ihren Mund.   Proc. Octavi=
ens Korallen.

Ant. Die Glieder sind aus Schnee.   Proc. Dort
gar aus Helfenbein.

Ant. Die Brüst' aus Alabast.   Proc. Und dort
aus Marmelstein.

Ant. Ihr Sternen des Gesichts!   Proc. Dort
sind die Augen Sonnen!

Ant. Hier hat die Hold den Sitz.   Proc. Und
dort den Thron gewonnen.

Dem Anton erscheinen Geister von Königen,
die er ermordet hat. Kleopatra trägt dem August
ihre Liebe auf eine ziemlich plumpe Art an, in=
dem sie sagt:

Weil so viel Thränensalz ist durch dies Quell
geronnen.

Sehn jetzt was wäßricht aus der Augen schwarze
Sonnen,
Doch sind noch unversehrt die Brunnen ihres Lichts.
Die Angst hat uns versengt die Rosen des Gesichts.
Der Seufzer dürrer Wind hat unsre Mundkorallen
Entfärbt, und blaß gemacht. Die Brüste sind
verfallen,
Weil das ohnmächtge Herz die Bälge nicht bewegt,
Nicht ihre Milch beseelt, nicht an ihr Marmel
schlägt.
Doch läßt uns nur August ein Anmuthszeichen
fühlen,
Schau, mit was Blitzen nicht der Augen Nacht
wird spielen!
Schau, wie die Lippen sich bepurpern mit Rubin!
Schau, wie das Schneckenblut die Wangen an
sich ziehn,
Wie alle Glieder sich in Perlenschnee verstellen!
Schau, wie die Brüste sich von schnellem Othem
schwellen!

Lohenstein sammlete seine Trauerspiele und andre Gedichte (Begräbniß= und andre Gelegenheitsgedichte, Oden, Sonnette u. s. w.) unter dem Titel: Trauer=und Lustgedichte, die Breslau 1680 herauskamen, und 1689, und öfter wie=

wieder aufgelegt wurden. Unter Lustgedichten
sind Liebesgedichte gemeint, in denen oft eine
süßliche Galanterie, und fade Tändeley herrscht.
Ein langes, überlanges Lobgedicht auf die Ve=
nus verfertigte er in der Jugnd. Die Sprache
in diesen Gedichten ist, wie in folgender Stelle!

O Venus, leihe mir den Zierrath deiner Waare!
Vergiß ja keine Schmink', umzirke doch die Haare
Der schönsten Tharactinn! Nimm Diamantenstein,
Und, was noch köstlicher, als alles dies kann seyn,
Das leg ihr um das Haupt! Vergiß auch nicht
    der Ohren!
Laß deinen kleinen Sohn bald laufen zu den
    Mohren,
Und bringen Perlen her, die jener gänzlich gleich,
So die Kleopatra, da sie ihr schönes Reich
Zu zeigen emsig war, in einer Nacht verschwendet;
Damit das schöne Haupt, dem wir so hoch ver=
    pfändet,
Noch schöner möge seyn! Und, dessen Wundermacht
Zu zeigen, wie ein Stern, der bey gewölbter Nacht
Den weiten Himmel ziert, komm, Flora, binde
    Kränze!
Ihr Nymphen, säumt euch nicht, und heget eure
    Tänze

Um eure Königinn! Bekennet auch dabey,
Das ihr berühmter Leib der Schatz der Schön-
heit sey!
Ach, könnt' ich Paris seyn, sollt' ich ein Urtheil
fällen,
Wem doch mit Würden sey der Apfel zuzustellen,
Den Venus überkam, ich nähme deine Hand,
Ich gäb ihr einen Kuß, und dieses Schönheits-
pfand!

Lohenstein's Leben, und einige posthume Gedichte von ihm findet man in folgender Sammlung: Dan. Casp. v. Lohenstein Ibrahim Sultan, Agrippine, und Epicharis, und andre poetische Gedichte, so noch mit Bewilligung des seeligen *Autoris* gedruckt worden, nebst dessen Lebenslauf und *Epicediis*, Breslau, 1707.

Man hat auch verschiedne prosaische Schriften von ihm z. E. eine Rede auf des Hofmannswaldau's Absterben, worinnen die Sonne Gottes Almosenmeister heißt, der staatskluge Ferdinand eine Uebersetzung aus dem schwülstigen Spanier Gracian, der unter Lohenstein's Lieblingsschriftsteller gehörte u. s. w. In den letzten Tagen seines Lebens schrieb er, um sich die Gicht-
schmer-

schmerzen, mit denen er oft geplagt war, zu lin=
dern, einen Heldenroman in Prosa, den erst
nach seinem Tode Neukirch, Leipzig 1689, 1690
in zweien Quartbänden herausgab, eine Geschich=
te des Arminius und der Thusnelda. Die
Teutschen waren damals im Geschmack der Hel=
denromane, wie die Aramena, und Octavia des
Herzogs Anton Ulrich von Braunschweig, der
Herkuliskus von Buchholz, und andre Werke be=
weisen. Hier gieng die Prosa eben so auf Stel=
zen, wie die Poesie in den damaligen Trauer=
spielen, und die Karaktere waren eben so gigan=
tisch. Um Wahrheit war es Lohensteinen nicht
zu thun, sondern, wie sich Bodmer ausdrückt,
Hermann, Inguiomar, Marbod, und alle Hel=
den Teutschlands reden in seinem Buche eben so
gelehrt, als wenn sie bey Lohensteinen in die
Schule gegangen wären. Lohenstein mischte in
seinem Roman, gleich seinen Vorgängern, auch
öfters kleine Gedichte ein. Obgleich übrigens
Arminius die Fehler aller seiner übrigen Schrif=
ten hat, obgleich der Tod ihn verhinderte, die
letzte Hand daran zu legen, so sind doch einige
kraftvolle Stellen darinnen, wo nämlich der
Verfasser wirklich große Gedanken in gedrängter

Kürze

gesagt hat. Daher legt ihm Moses Mendelssohn in den Litteraturbriefen B. XXI. S. 140 mit Recht kernhafte Ausdrücke, und eine Beredsamkeit bey, die an das Erhabene gränzt. Männling gab einen Auszug aus dem Arminius unter dem Titel: Arminius enucleatus, Stuttgardt, 1708 heraus.

Lohenstein war überhaupt ein guter Kopf, dem es nicht so sehr an Genie, als an Geschmack, fehlte. Weil er sich aber von der Natur entfernte, und hierinnen bald Nachahmer fand, die seine Uebertreibungen noch mehr übertrieben, so ward er, ohne es zu wollen, der Stifter einer Secte, die man (obgleich Hofmannswaldau noch eher auf diese Abwege verfiel) nach ihm Lohensteinianer nannte, und die unsre Dichtkunst wieder viele Stufen zurückwarfen, indem sie sie ganz vom guten Geschmack trennten. So muste unsre kaum etwas gebildete Poesie in eben dem Lande wieder verdorben werden, in welchem sie war verbessert worden. In allen Gedichten des Lohenstein kommt viel Bombast und Unsinn vor, ein falsches Pathos, und unnatürliche Bilder. Von diesen Fehlern läßt sich mehr als eine Ursache angeben. Bey der großen Kenntniß der

aus=

ausländischen Sprachen las Lohenstein viele italienische Dichter, besonders die aus der neuern verderbten Epoche, z. E. den Marino, und gewann ihre Fehler lieb. Unter den alten Schriftstellern las er den Seneka am liebsten. Er las die bessern alten Schriftsteller, nicht, um sich nach ihnen zu bilden, sondern, um auf sie anzuspielen, und in den Erklärungen dieser Anspielungen seine Gelehrsamkeit zu zeigen. Neuerungssucht, oder Begierde, seine Vorgänger zu verdunkeln, führte ihn irre, auch einiges trug vielleicht das ungestüme Jugendfeuer bey, das er bey seinen ersten Versuchen nicht mäßigen konnte, und hernach, da er sah, daß seine neue Manier gefiel, nicht mäßigen wollte. In den Trauerspielen fällt seine unnatürliche Sprache doppelt auf, zumal, da das erhaben seyn sollende oft mit den niedrigsten Ausdrücken abwechselt. Solche Verse, wie folgende, sind bey ihm nicht selten:

Wir schweben, Sosias, recht zwischen Thür und
Angel.

Seine Bilder sind seltsam gruppirt, z. E.

Ein abgemergelt Schif,
Auf welches Wind und Meer die Donnerkeile schlif,

oder

oder poßerlich ausgedehnt, z. E.:

Schaut, auf was Gründe nun die Liebesanker stehn,
Die durch Verläumdungs-Wind schon auf den
Triebsand kamen.

Nicht zu rühren, ist sein Bestreben, sondern seine Personen spruchreich reden zu lassen, und, wenn sie auch zuweilen noch so scharfsinnige Gedanken haben, so passen sie doch nicht zu ihrer Lage, Empfindung, oder Karakter. „Es reden „bey ihm," sagt Bodmer in der Abhandlung von den Gleichnissen mit Recht, „nicht Anton und „Kleopatra u. s. w. sondern immer nur Lohen„stein. Wie könnte man auch wohl glauben, „daß ein vernünftiger Mensch so spräche, wie „hier, wo der Dichter bald in Gleichnissen mit „sich selbst zankt, bald um eine Schöne von sei„ner eignen Schöpfung in Schwulst und Wahn„witz buhlt, bald die Wunder der Natur mit „doktormäßigen Ernst erklärt, ausser sich geräth, „über die Wolken fliegt, und im Augenblick wie„der eben so tief fällt!" Seine meisten Trauerspiele haben Geschichten zum Grund, die die besten Köpfe des Alterthums bearbeitet haben,
aber

aber er benutzte sie nicht, um die Karaktere nach
der Wahrheit zu schildern, sondern, um antiqua=
rische Gebräuche anzubringen. Auch er hat Chö=
re, oder Reyhen, meistens allegorischen Innhalts,
die zwischen den Acten ein Intermezzo machen.

XII.
Friedrich Rudolph Ludwig Freiherr von Caniz.

Friedrich Rudolph Ludwig Freiherr von Ca=
niz stammte aus einem alten Geschlechte, wovon
ein Zweig schon im Jahr 1415 in Preußen blüh=
te. Sein Vater Ludwig von Caniz, Erbherr
auf Mehdenecken, und Domelkan, war bran=
denburgischer Hof=und Kammergerichtsrath, auch
Landrath, und Hauptmann zu Bolge, einem
Amt und Schloß in Preußen. Seine Mutter
Anna Elisabeth war eine Tochter des Konrad
von Burgsdorf, Oberkammerherrn, geheimen
Raths, Obristen, und Kommendanten aller märki=
schen

schen Festungen, der in den damaligen Zeiten zu den wichtigsten Staatsgeschäften gebraucht wurde. Unser Caniz ward den 27 November 1654 zu Berlin gebohren, der erste und einzige Sohn seines Vaters. Denn dieser war einige Monate vorher in seinen besten Jahren an einem hitzigen Fieber gestorben. Caniz wuchs also vaterlos auf, aber auch seine Mutter ward ihm bald entzogen, zwar nicht durch den Tod, aber doch dadurch, daß sie sich von neuem vermählte. Nun nahm ihn seine Großmutter, die Oberkammerherrinn von Burgsdorf, zu sich ins Haus, und sorgte nebst den Vormündern für seine Erziehung. Man hielt ihm die nöthigen Lehrer, unter denen sich seine Fähigkeiten frühzeitig entwickelten, so daß er schon im siebzehnten Jahre im Stande war, auf Universitäten zu gehn. Seine Wißbegierde betrieb dies selbst mehr, als es der Zärtlichkeit der Seinigen angenehm war, und so mußten sie ihm im Jahr 1671 die Erlaubniß ertheilen, auf die hohe Schule nach Leiden zu gehen. Weil dieser Ort aber den Seinigen gar zu entfernt war, so beriefen sie ihn nach einem Jahre wieder zurück, und schickten ihn auf das näher gelegene Leipzig. Schon hier entwickelte sich seine

Liebe

Liebe zur Poesie, und eine gemeinschaftliche Neigung zu dieser schönen Kunst stiftete eine vertraute Freundschaft zwischen ihm, und einem gewissen Hofmeister eines Herrn von Bose, Namens Niklas Zapfe, der in der Folge Gothaischer Hofrath zu Altenburg ward. Canitz und Zapfe lasen sich wechselsweise ihre Gedichte und Uebersetzungen vor, und theilten sich einander ihre Kriticken mit. Uebrigens legte sich Canitz auch mit dem grösten Eifer auf die ernstern Wissenschaften, so daß er schon im Jahre 1674 im Stande war, unter dem Professor Jakob Thomasius eine Dissertation de cautelis principum circa colloquia et congressus mutuos mit Beifall zu vertheidigen. In diesem Jahre muste er sich von seinem vertrauten Zapfe trennen, der mit seinem Eleven eine Reise nach Wien antrat, und nicht eher zurückkam, als bis Canitz Leipzig verlassen muste. Denn im Jahre 1675 gieng er nach Berlin zurück. Jetzo lag ihm nichts mehr am Herzen, als eine Reise in fremde Länder zu unternehmen, wozu ihn die erlangte Wissenschaft mehrerer Sprachen, und andre erworbne Kenntnisse allerdings tüchtig machten. Seine Vormünder bewilligten es ihm sogleich, aber seine

Groß=

Großmutter konnte sich lange nicht dazu entschließen, so daß die Reise nicht eher, als im October dieses Jahres zur Wirklichkeit kam. Zur Begleitung gab man ihm einen einsichtsvollen Mann, einen Sekretair Weiß mit, der schon verschiedne Reisen gethan hatte. Die Reise ward über Leipzig unternommen, in der Hofnung, den Zapfe da zu finden.. Da dieser aber schon nach Jena gegangen war, folgte ihm Caniz dahin, doch zum Unglück war Zapfe verreist. Ueber Augsburg gieng es dann nach Venedig, und noch vor Ende des Jahres kam er in Rom an. Im Jahr 1676 besah er die Gegenden und Alterthümer von Neapel. Durch den Muthwillen seines Miethkutschers, der den Cicerone schlug, gerieth er in Gefahr, von dem Pöbel gesteinigt zu werden. Er hatte sich schon gerettet, als er aber sah, daß sein Hofmeister noch zurück war, kehrte er nochmals um, um sich desselben anzunehmen. Als er nach Rom zurückkam, lernte er einen gelehrten Teutschen kennen, der der italienischen Sprache sehr mächtig war, von diesem ließ er sich sowohl in der italienischen Sprache, als in der Statistick unterweisen. Er erlangte die Bekanntschaft des berühmten Jesuiten Kircher,

cher, der ihn von allen Merkwürdigkeiten unterrichtete, und ihm selbst Anweisung in der Tonsetzung gab, wie dann Canitz die Musick überaus liebte. Nachdem er Rom verlassen, eilte er nach Florenz, den dortigen Hof kennen zu lernen, und, weil er mit guten Addressen versehen war, erlangte er den Zutritt bey dem Großherzog selbst. Ueber Padua, Mayland, und Turin, wo er immer die berühmtesten Gelehrten aufsuchte, gieng er im Junius nach Lion, Marseille, Bourdeaux, und endlich nach Paris. Ausserdem, daß er hier den Hof oft besuchte, wendete er seine Zeit an, die französische, spanische, und englische Sprache vollkommen zu erlernen, sich in der Fortifikation unterrichten zu lassen, und sich auf der Reitbahn zu üben. Im Jahr 1677 muste er daselbst eine hartnäckige Krankheit ausstehn. Weil ihm nun die Luft zu Paris nicht zuträglich zu seyn schien, gab er seinen Vorsatz, anderthalb Jahr in Paris zu bleiben, auf, und gieng nach England. Allein auch hier konnte er sich nicht lange aufhalten, weil Familienangelegenheiten ihn nöthigten, nach Hause zu eilen. Denn seine Mutter hatte sich von ihrem zweiten Gemahl scheiden lassen, und sich zum drittenmal vermählt. Er
gieng

gieng also über Holland nach Hause, und stiftete zu Haag, wo damals gerade ein Friedenskongreß war, viel wichtige Bekanntschaften. Insbesondre erlangte er hier die Freundschaft des brandenburgischen Gesandschaftsmarschalls von Brand, den er in seinen Gedichten öfters verewigt hat. Kaum war er nach Berlin zurückgekommen, so ward er wegen der vorzüglichen Kultur, die er auf Reisen erhalten hatte, zum Hofleben bestimmt, und zum Kammerjunker ernannt. Als solcher muste er noch in demselben Jahre dem Kurfürsten ins Lager vor Stettin folgen, das er aber Krankheit halber noch vor der Uebergabe der Stadt wieder verließ. Dem großmütterlichen Hause gegen über, worinnen Canitz sich aufhielt, wohnte ein Fräulein Dorothea von Arnimb bey ihrem Stiefvater dem Geheimderath Freiherrn von Canstein, eine der liebenswürdigsten Personen in Berlin, sowohl wegen ihrer körperlichen Reitze, als wegen ihres Karakters. Zu dieser gewann Canitz frühzeitig eine heftige Neigung. Doch, um ihre Denkungsart ganz kennen zu lernen, pflog er mehrere Jahre Umgang mit ihr, und vermählte sich erst mit ihr im Jahr 1681. In den Jahren 1678 und 1679

1679 muste er abermals mit ins Feld gehn, allein eben dieser Feldzüge wegen, die ihm unangenehm waren, verkaufte er noch 1679 seine Kammerjunkerstelle. Dagegen trat ihm sein gewesener Stiefvater, ein Freiherr von der Golze eine Amtshauptmannschaft von zwey Aemtern in der Mark ab. Ausserdem überließ ihm seine Großmutter auch eines ihrer einträglichsten Güter Blumberg, wo er immer den Sommer zuzubringen pflegte. Allein bald nach seiner Vermählung erhielt er Befehl, sich öfter bey Hofe einzufinden, weil man ihn für tüchtig erkannte, ihn in Staatsangelegenheiten zu verschicken. Zu dem Ende erhielt er das Prädikat eines Hof= und Legationsrathes. Nachdem er zu Anfange des Jahres 1682 einige Güter in der Niederlausitz übernommen, die ihm seine Großmutter abermals abgetreten hatte, (so daß er nun bey 2500 Thaler Einkünfte hatte) muste er sich entschliessen, die Stelle eines Kurfürstlichen Gesandten bey dem Oberrheinischen Kreise zu übernehmen. Dieser Posten war damals von Wichtigkeit, weil zu Frankfurt am Mayn ein Kongreß mit den Franzosen wegen der, nach dem Nimweger Frieden von ihnen vorgenommenen Reunionen gehalten ward.

ward. Canitz betrug sich hier so vorsichtig, und so zur Zufriedenheit seines Hofes, daß, als sich der Kongreß durch die Abreise der französischen Gesandten zerschlug, und er nach Berlin zurückkam, der Kurfürst ihm 1683 statt der bisherigen Amtshauptmannschaft eine viel einträglichere zur Belohnung gab. Weil man ihn nun so brauchbar fand, so muste er 1684 abermals nach Kölln gehn, um das Bündniß mit diesem Hofe zu unterhalten, und es zu verhindern, daß er sich nicht mit Frankreich einließe. Auch dieses Geschäft führte er rühmlich aus. Im Jahr 1685 ward er nach Niedersachsen verschickt, um die Irrungen zwischen dem Herzog von Zelle und der Stadt Hamburg beizulegen. Er that deswegen wiederhohlte Reisen, und arbeitete mit Eifer daran, die Unruhen in Hamburg zu stillen, und dem Herzog friedliche Gesinnungen beizubringen, aber umsonst. Daher muste er 1686 nach Wien gehn, und daselbst für Hamburgs Beste arbeiten, wo auch wirklich durch seine Vermittlung alles glücklich geendigt wurde. Von Wien aus muste er eine Exkursion nach Ungarn zu den brandenburgischen Hilfstruppen machen, die dort gegen die Türken fochten. Als nach seiner Rückkehr nach

Wien

Wien der dortige preußische Resident starb, muste er die Geschäfte desselben bis in den May 1687 fortführen, welches damals bey der genauen Verbindung zwischen dem kaiserlichen und brandenburgischen Hofe, und wegen der damaligen Angelegenheiten mit Frankreich keine leichte Sache war. Einige andre Gesandschaften nach Regensburg und Altona lehnte er ab. Nach dem 1688 erfolgten Tode des Kurfürst Friedrich Wilhelm ernannte ihn sein Nachfolger zum Geheimenrathe, und brauchte ihn wieder in wichtigen Angelegenheiten, wie er z. E. fünf Monate lang die Stelle eines brandenburgischen Gesandten zu Wien versehen muste. Noch interessanter war die Gesandschaft, die ihm 1689 übertragen wurde, wo er einen Vergleich zwischen dem dänischen Hofe und dem Herzog von Holstein vermitteln half. Jetzt hofte Canitz einmal wieder, wie er sich selbst ausdrückt, seinen Kohl auf seinen Gütern eine Zeitlang in Ruhe zu pflanzen, allein die Streitigkeiten über die Lauenburgische Succession, wo Brandenburg die anhältischen Ansprüche unterstützte, waren Ursache, daß er von neuem im Jahr 1689 nach Niedersachsen gehen muste. Da aber diese Rechtssache an den kaiserlichen Hof gezogen wurde, so gieng Canitz im December wieder nach Berlin, wo er zum Johanniterritter geschlagen wurde, womit die Anwartschaft auf eine schöne Komthurey verbunden war. Das Jahr 1690 war das erste, das er von Geschäften frey, und vom Getümmel des Hofs entfernt auf seinem Landgut zubringen konnte. Er schätzte sich deswegen vorzüglich glücklich. Denn so schrieb er an einen Freund: „Der Hof hat keine Reitze für mich, ich betrachte „die Bedienungen, die man da mit solchem Ei„fer sucht, als Ketten, die uns hindern, unsre „Freiheit zu genießen, die doch alle Reichthümer „der Welt übertrift, und davon kleine Seelen den „wahren Werth nicht kennen." Bey aller dieser Liebe zur Freiheit weigerte er sich aber doch nicht, sich bald hernach wieder zu auswärtigen Gesandschaften brauchen zu lassen, sobald es Fürst und Vaterland foderten. So ward er 1691 nach Zeitz, 1692 und 1693 nach Niedersachsen wegen entstandner Mishelligkeiten unter den mecklenburgischen Häusern geschickt. Das Jahr 1695 war für Canitz eines der schrecklichsten. Fürs erste brannte ihm sein geliebtes Landgut Blumberg ab. Er erhielt die Nachricht davon, als er

mit

mit einer Gesellschaft von Freunden an der Tafel saß, und er verlor dabey nichts von seiner natürlichen Gelassenheit und Heiterkeit. Allein der zweite Unfall war härter; denn er verlor jetzt seine zärtlich geliebte Gattinn, deren Gesundheit durch Todesfälle der Jhrigen, und durch Gram über ihres Gemahls öftere Abwesenheit zu sehr war erschüttert worden. Von sieben Kindern, die sie mit ihm erzeugt hatte, lebte damals nur noch ein Sohn von neun Jahren, der von dem nachmals berühmten Gottesgelehrten Lange unterwiesen ward. Kaum war Caniz von seinem Schmerz etwas wieder zu sich selbst gekommen, so erhuben sich im Meklenburgischen Erbfolgstreitigkeiten, für die sich der Kurfürst von Brandenburg als Vormund des Herzogs von Meklenburg-Strelitz interessiren muste. Diese zu schlichten ward Caniz abgeschickt, ja er muste zu gleicher Zeit Streitigkeiten zwischen dem König von Dänemark, und dem Herzog von Holstein beizulegen suchen. Beide Angelegenheiten endigte er mit vielem Ruhme. Seine Gattinn hatte ihn selbst auf ihrem Todbette gebeten, sich wieder zu verheirathen, weil sein Sohn eine Mutter nöthig habe, und seine Haushaltung bey seinen vielen

Ret-

Reisen sonst nicht bestehen könnte. Wirklich ward auch sein Hauswesen bald nach ihrem Tode äusserst zerrüttet. Dies bewog ihn, sich den 29 December 1695 zum zweitenmal, und zwar mit der Person zu vermählen, die ihm seine sterbende Gattinn vorgeschlagen hatte, mit Dorotheen Marien, Freyinn von Schwerin, Tochter eines brandenburgischen geheimen Staatsrathes. Der Kurfürst war selbst bey der Trauung zugegen, und that ihm bey der Gelegenheit die Zusage, ihn ehestens zum wirklichen Geheimenrath zu ernennen. Dies gieng im Jahr 1697 in Erfüllung. Im Jahr 1698 erhub ihn der Kaiser aus eigner Bewegung in den Reichsfreiherrlichen Stand. In eben diesem Jahre ward er nach Haag geschickt, wo der Mittelpunkt der Unterhandlungen wegen der spanischen Thronfolge war. Allein Kränklichkeit, und vornämlich ein gefährliches Brustgeschwür nöthigten ihn, im Frühling des Jahres 1699 um seine Zurückberufung anzuhalten. Seit seinem dreissigsten Jahre hatten ihn Kolick, Stein, und Podagra schon oft heimgesucht, doch mit so leidlichen Anfällen, daß sie seine Geschäfte nie ganz unterbrachen. Aber jetzt raubten ihm Schwindel und Engbrüstigkeit ftigkeit täglich mehr die Kräfte. Doch ertrug er alle Leiden so gelassen, daß er so heiter blieb, als in gesunden Tagen, und selbst seine Freunde zu trösten suchte. Der Kurfürst besuchte ihn selbst auf seinem Krankenlager, und versprach ihm, für die Seinigen zu sorgen. Als ihm die Aerzte endlich ankündigten, daß eine Brustwassersucht da sey, erschrack er gar nicht, sondern unterredete sich ruhig und standhaft mit ihnen von der Eitelkeit der Welt, und vom Tode. Am 11ten August bat er mit anbrechendem Tage seine Wärterinn, ihn anzuziehn, und ans Fenster zu führen, damit er frische Luft schöpfen könne. Als er das Fenster öfnete, vergnügte er sich an dem Anblick der aufgehenden Sonne. Ey, sagte er, wenn das Anschauen dieses irrdischen Geschöpfes so schön und erquickend ist, wie vielmehr wird mich der Anblick der unaussprechlichen Herrlichkeit des Schöpfers selbst erquicken! Nach diesen Worten überfiel ihn ein Steckfluß, und so endigte er sein thätiges Leben schon im fünf und vierzigsten Jahre. Der Kurfürst verwilligte seinem hinterlaßnen Sohne einen Gnadengehalt, indem Caniz, bey den häufigen Gesandschaften viel von seinem Vermögen hatte zusetzen müssen.

Aber

Aber sein Sohn folgte ihm schon im September an den Pocken im Tode nach.

Caniz war von mittlerer Statur, aber wohlgewachsen, zuletzt etwas untersetzt, sein Gesicht voll, offen, wohlgebildet, und geistreich, sein Gang munter, sein Ansehn männlich. Bey seiner freien Stirne hatte er einen sehr freundlichen Mund, der doch zuweilen die angebohrne Neigung zur Satire nicht ganz verbergen konnte. Seine Gestalt, sein Sprechen, sein Scherz, seine Gesellschaft war überaus angenehm, jedermann liebte seinen Umgang. Er war gegen jedermann gefällig, und hütete sich, jemanden auch in Kleinigkeiten zu misfallen. Sein guter Geschmack zeigte sich in seiner Wohnung, in seinen Gastmahlen, und in allem Aeusserlichen. Er besaß das glücklichste Gedächtniß, so, daß er, was er einmal gelesen, nach vielen Jahren noch wörtlich wiederhohlen konnte. Er besaß eine tiefe Einsicht in Staatsangelegenheiten, und eine große Fähigkeit, Unterhandlungen zu beendigen. Sein Herz war empfindlich gegen die Leiden seiner Mitmenschen, und dies bewog ihn zu der Wohlthätigkeit, die seinen Tod für eine Menge Arme schrecklich machte. Ein vornehmer Bedienter am Berliner

Hof

Hof hatte einige ihm anvertraute Kostbarkeiten in der Noth versetzt, in Hofnung, sie in kurzem wieder einlösen zu können. Als man sie ihm aber früher abfoderte, als er sie herbeischaffen konnte, lief er Gefahr, beschimpft, und seines Amts entsetzt zu werden. Als dies an Canitzens Tafel erzählt wurde, rief er ungeduldig aus: „Mein Gott, ich kenne ihn zwar nicht weiter, „als von Ansehn, aber hat er denn nicht zu mir „kommen, und mir im Vertrauen sein Anliegen „eröfnen können?" Nicht wahr, sagte er drauf zu seiner (ersten) Gemahlinn, du hättest, falls wir nicht gleich baares Geld genug bey der Hand gehabt, deine Perlen hergegeben, um den ehrlichen Namen dieses unglücklichen Edelmanns zu retten? Von Herzen gern, antwortete sie, und, indem sie ihre Perlenschnur abband, hier sind sie, fuhr sie fort, wenn es noch Zeit ist, das Verderben abzuwenden. Aber die Hülfe kam zu spät. Als ihm die Nachricht gebracht wurde, daß sein Gut Blumberg abgebrannt sey, war sein erstes Wort: Ich will den armen Leuten ihre Häuser wieder aufbauen lassen, und das that er auch. Seine Großmutter hatte im Testamente seiner Mutter ein Gut vermacht, das nach ihrem Tode an ihn fallen sollte. Dennoch gab er seine Einwilligung zu dessen Verkauf, unterstützte sie bis an ihren Tod, ja erzeigte noch nachher seinem zweiten Stiefvater, einem Stiefvater, vor dem ihm seine Großmutter gewarnt hatte, von dem er selbst einst argwohnte, daß er ihm nach dem Leben getrachtet habe, wovon er jedoch seiner Großmutter nichts entdeckte, diesem, sage ich, erzeigte er Wohlthaten. Dem Hofmeister seines Sohnes gab er noch einmal so viel, als er ihm anfangs hatte versprechen lassen. Um die Haushaltung bekümmerte er sich wenig, und überließ hierinnen alles seinen Gemahlinnen.

Er selbst gab bey seinem Leben nichts von seinen Gedichten heraus. Seine jugendlichen Arbeiten durchzugehn hinderten ihn die wichtigen Geschäfte seines männlichen Alters, und hier war die Poesie nur ein Zeitvertreib seiner wenigen Nebenstunden. Er dichtete im Auf= und Niedergehn, oder am Kamin bey einer Pfeife Toback, und strich fast nie wieder aus, was er geschrieben hatte. Er beschwerte sich über seine Freunde, wenn sie etwas von seinen gelegentlichen Gedichten durch Abschriften ausbreiteten. Erst nach seinem Tode sammelte einiges von seinen

nen poetischen Arbeiten der (nachmalige Doctor) Lange, der seinen Sohn unterrichtet hatte, und gab es mit Bewilligung des Freiherrn von Canstein, des Schwagers von Canitz, zu Berlin 1700 unter dem Titel heraus: Nebenstunden unterschiedner Gedichte, 6¼ Bogen 8°. Der Verfasser ward dabey nicht genannt, dennoch fand diese Sammlung viel Beifall. Schon 1702 ward daselbst die zweite Auflage davon gemacht, und ohne Langens Vorwissen ein Anhang einiger Gedichte von ganz andern Verfassern beigefügt. Im Jahr 1703 folgte die dritte Ausgabe, wo man eine prosaische Rede des Freiherrn von Canitz hinzuthat. Bey der vierten Auflage 1708 geschah gar keine Veränderung. Bey der fünften aber 1712 blieb der Anhang fremder Gedichte weg, und so wurden Canitzens Gedichte auch 1714 zum sechstenmal aufgelegt. Obgleich die siebente Auflage 1715 einen andern Verleger zu Berlin erhielt, so gieng doch sonst keine Veränderung dabey vor, so wenig, als bey der achten, die 1718 erschien. Erst bey der neunten 1719 kam Canitzens Name, und eine Vorrede des Freiherrn von Canstein hinzu, worinnen er über den ehmaligen fremden Anhang klagte: die

prosai=

prosaische Rede ward weggelassen. Endlich besorgte der, durch eigne Gedichte bekannte, Dresdnische Hof = und Ceremonienrath Johann Ulrich König 1727 eine neue Ausgabe zu Berlin unter dem Titel: Des Freiherrn von Caniz Gedichte, mehrentheils aus seinen eigenhändigen Schriften verbessert, und vermehrt, mit Kupfern, und Anmerkungen, nebst dessen Leben, und einer Untersuchung von dem guten Geschmack. Ausser dem bessern Druck, waren die Gedichte von Druckfehlern gereinigt, ergänzt, in eine gewisse Ordnung gebracht, mit vielen ungedruckten vermehrt, und in den Anmerkungen die nöthigsten Erläuterungen beigebracht worden, die König mit vieler Mühe durch Erkundigung bey solchen Leuten erlangte, die Canizen selbst gekannt hatten. Die Lebensbeschreibung ist durch die authentische Nachrichten, die sie enthält, schätzbar, sonst aber mit ermüdender Weitläufigkeit, mit Einmischung unnöthiger Dinge, und mit pedantischer Beredsamkeit erzählt. König's Ausgabe ist 1750 und 1765 wiederhohlt worden. Bodmer besorgte zu Zürch folgende Ausgabe: Des Freiherrn von Caniz satirische und sämmtliche übrige Gedichte. Es soll Caniz noch mehr gedich=

gedichtet haben, als hier von ihm gedruckt ist, allein, da der Freiherr von Canstein alles, was sonst von poetischen Handschriften von ihm da war, ins Feuer geworfen, so muste er das Uebrige Canitzens unwürdig gehalten haben.

In Königs Ausgabe sind die Gedichte unter folgende Klassen gebracht: 1) Geistliche Gedichte, Sonnette, Lieder, paraphrasirte Psalmen. Ein Abendlied darunter ist in der letzten Krankheit des Verfassers verfertigt. 2) Vermischte Gedichte, Glückwünschungen, poetische Sendschreiben an abwesende Freunde, eine Beschreibung oder kurze Karakterisirung der römischen Kaiser, Sinngedichte auf einige teutsche Kaiser, ein Lob des Tabacks u. s. w. 3) Satiren und Uebersetzungen. Der Satiren sind zwölf, neun Originale, die andern drey Uebersetzungen, denen noch Uebersetzungen von zwey französischen Gedichten über den Taback, und über die Regeln, ohne Verdruß zu lieben, beigefügt sind. Die eignen Satiren des Dichters haben folgende Gegenstände. Die erste handelt von dem Tode eines ungerechten Geizhalses, die andre von der Freiheit, die alle wünschen, und doch wenige genießen,

die

die dritte von dem Verderben der Poesie, wo es unter andern heißt:

>Wer jetzt aus Pfützen trinkt, tritt in Poetenorden,
>So daß der Helikon ein Blocksberg ist geworden,
>Auf welchem das Geheul des wilden Pans ertönt,
>Der seiner Sänger Zunft mit Hasenpappeln krönt.

Die vierte von dem Hof=Stadt=und Land= leben, die fünfte von der Großmuth in Glück und Unglück, die sechste von den Vorzügen des Land= lebens, die siebente von der Einladung eines Freundes auf das Land, die achte von dem Hof, die neunte von der Tadelsucht der Welt. Die achte und neunte Satire sind sehr kurz. Ueber= setzt sind, oder vielmehr frey nachgeahmt die fünfte Satire des Boileau vom wahren Adel, die siebzehnte Epistel des ersten Buchs vom Ho= raz von einer weisen Aufführung, und die zwölf= te Satire des Juvenal von der Unbeständigkeit des Hofglücks. 4) Trauergedichte, worunter die Klagode über den Tod seiner ersten Gattinn, die also anfängt: Soll ich meine Doris missen, zuerst steht. 5) Galante und Scherzgedichte, Einfälle über Maskeraden, Knittelverse, Schrei= ben eines Kammermädchens. — Die erste und

ben

zweite Satire von Caniz habe ich in den ersten Theil der Anthologie der Teutschen eingerückt. Ein Paar Satiren von ihm übersetzte Herr Huber in der Choix des Poesies Allemandes in das Französische. Zwar erschien zu Florenz 1757 eine italienische Uebersetzung aller Canizischen Gedichte unter dem Titel: Componimenti poetici del Libero Signor de Canitz volgarittati da un Academico della Crusca, allein der Uebersetzer, ein Senator zu Florenz, Leonardo Riccio verstand zu wenig Teutsch, um richtig zu übersetzen.

Ueberhaupt fängt sich mit Caniz eine neue Epoche unsrer Dichtkunst an. Nachdem Lohensteins Nachahmer den poetischen Ausdruck immer unnatürlicher, und schwülstiger gemacht hatten, gab Caniz zuerst wieder das Beispiel eines bessern Geschmacks. Doch legt er noch in seinen Satiren Lohensteinen große Lobsprüche bey, und setzt ihn Opiz an die Seite:

Wo sieht man Hofmanns Brunn und Loh'steins Ströme fliessen?

Canizens Witz ist natürlich und ungezwungen, seine Bilder passend, und wie sie sich von selbst anbieten. Hätte er seinen fließenden Versen durch eine genaue Revision

sion auch noch dem Vorzug des Korrekten gegeben, so hätte die poetische Sprache durch ihn noch mehr gewonnen. So aber verleiteten die prosaischen und matterern Ausdrücke seiner Gedichte seine Nachfolger, noch wäßrichter zu schreiben. Zu höhern Gattungen der Poesie fehlten ihm die nöthigen Talente, und, wenn man zu seinen Zeiten die Klagode auf die Doris für ein Meisterstück hielt, so geschah es, weil man nicht wuste, was zu einer Ode erfordert werde. Der leichte scherzende Ton der Boileauischen Satire gelang ihm am besten, zwar erreichte er die Feinheit, Zierlichkeit, und den Wohlklang des Boileau nicht immer, aber seine Sprache war doch reiner und züchtiger, als die von Rachel.

XIII.

Christian Wernicke.

Christian Wernicke (auch Wernigk, Warneck) ward, wie er in seinen Gedichten S. 31. sagt,

sagt, in Preußen gebohren. Sein Vater war
ein Sachse, und seine Mutter aus England ge=
bürtig. Im Jahr 1685 gieng er auf die Univer=
sität Kiel, wo er dem daselbst mit Ruhm lehren=
den Morhof zu besondrer Aufsicht empfohlen
wurde, dessen Unterricht er dann auch vorzüglich
benutzte. Er vertheidigte unter seinem Vorsitz
eine lateinische Dissertation von der kleinen und
großen Welt. Zur Dichtkunst, und insbesondre
zum Epigramm, von Morhof ermuntert, machte
er noch in den Universitätsjahren Versuche darin=
nen. Denn Morhof stellte ihm vor, wie wenig
Dichter sich dieser Gattung allein gewidmet hät=
ten. Weil ihm dieser vornemlich die Schwierig=
keit bemerkte, daß man sich im Teutschen nicht
so kurz, als im Lateinischer, ausdrücken könnte,
so bestand sein erster Versuch darinnen, daß er
einige der bekanntesten lateinischen Epigramme
eben so kurz, als sie im Original sind, zu über=
setzen suchte. Er selbst führt folgendes Beispiel
einer Uebersetzung von Sannazar's Sinngedichte
auf die Stadt Venedig an:

Neptun sah in der Flut der adriatschen See
Die Stadt Venedig stehn, und ihr Gesetze geben.

Jetzt, sagt er, Jupiter, magst du Tarpejens Höh,
Und beines Mavors Maur, so hoch du willst, erheben.
Schau beide Städt, hälst du die See der Ti-
ber für?
Die Menschen legten dort den Grund, die Götter hier.

Einige seiner ältern Sinngedichte findet man z. E. S. 6. S. 12, doch das älteste ist wohl folgendes über einen Predigtstuhl vom Jahr 1687, das S. 98 steht:

Hier wird durchs Lehrers Wort entfernt der Welt
Getümmel,
Und in des Hörers Herz ein Zion aufgebaut,
Gott offenbart sich hier der auserwählten Braut,
Der Himmel ist sein Stuhl, und dieser Stuhl
sein Himmel.

Nachdem Wernicke ausstudiert hatte, suchte er sein Glück an einem teutschen Hofe zu machen. Ob ihm dies nun gleich fehlschlug, so erwarb er sich doch bey der Gelegenheit die Gunst einer angesehenen Dame, die eine Freundinn der Dichtkunst war, und die einige seiner Sinngedichte gelesen hatte. Während der drey Jahre,

re, die er sich in ihrer Gegend aufhielt, muste
er sie stets im Sommer auf ihr Landhaus beglei=
ten, und hier entwickelte sich vollends sein Génie,
indem sie ihm mancherley Themata aufgab, wor=
über er seine Gedanken in Sinngedichten sagen
muste. Ihr selbst zu Ehren machte er Gedichte,
worinnen er sie mit dem Namen Amaryllis be=
zeichnete. So sagt er z. E. einmal von ihr:

Schön, keusch, verständig, fromm, reich, von
gutem Blut,
Demüthig ohne Absehn, und ohne Zeugen gut,
Wie groß ist Amarill, wenn die entzückte Welt
Von ihren Tugenden ein freudig Urtheil fällt,
Und wie gering, wenn sie ihr eigen Urtheil spricht!
Wer Amber um sich trägt, der riecht ihn sel=
ber nicht!

In der Folge unternahm er eine Reise nach
Frankreich, und den damit benachbarten Län=
dern. Nach Verfließung einiger Jahre wandte
er sich an den englischen Hof, weil ihm hier Aus=
sichten von einer glänzenden Versorgung waren
gemacht worden, die aber vereitelt wurden, als
er sie schon erreicht zu haben glaubte. Er hatte
seine Hofnung auf eine Menge geleisteter Dienste
gegrün=

gegründet, nicht seine eigne Schuld, sondern die
List heimlicher Feinde zernichtete sie. In Eng=
land erwarb er sich die große Kenntniß der eng=
lischen Sprache, die aus vielen Noten zu seinen
Sinngedichten hervorleuchtet, und die, wie er
S. 71 sagt, damals in Teutschland noch sehr sel=
ten war. Wie stark er in ausländischen Spra=
chen überhaupt gewesen, beweist theils der Ver=
such, das dreißigste Epigramm des dritten Buchs
selbst in mehrere Sprachen zu übersetzen, theils
die Reflexions d'un Allemand sur les defauts de la
versification Françoise, die er geschrieben haben
soll. Daß er die französische Versifikation als
Kenner beurtheilen konnte, sieht man aus der
Anmerkung zu seinen Gedichten S. 70. Nach=
dem er einige Zeit wieder bey jener Dame sich
aufgehalten hatte, wählte er Hamburg, um da=
selbst zu privatisiren. Endlich erkannte man doch
seine Fähigkeit zu öffentlichen Geschäften. Der
König von Dännemark ernannte ihn zum Staats=
rath und zum Residenten am französischen Hofe,
und in dieser Station starb er zu Paris im
Jahr 1710.

Vor seinen Reisen in fremde Länder hatte
er schon so viel Sinngedichte vollendet, daß er
sie

sie in sechs Bücher eintheilen konnte. Diese ließ er bey einem Freunde zurück, wo er sie bey der Muße des Privatlebens wieder hervorsuchte, und unter folgendem Titel herausgab: Ueberschriften oder *Epigrammata* in kurzen Satiren, kurzen Lobreden, und kurzen Sittenreden bestehend, Amsterdam (welches wohl statt des wahren Druckorts angegeben worden) 1697. Eine vermehrte Auflage besorgte er davon zu Hamburg 1701. Hier kamen zu den ersten sechs Büchern Epigramme zwey neue hinzu, auch wurden vier Schäfergedichte beigefügt, eigentlich Gelegenheitsgedichte, die er zwischen 1697 und 1701 bey zweien Todesfällen, einer Geburt, und einem Beilager in zwey hohen Häusern, in deren Diensten er gestanden hatte, verfertigte.

Im Jahr 1703 gab er zu Altona heraus: Ein Heldengedicht, Hans Sachs genannt, mit Anmerkungen, wovon die Veranlassung folgende war. Wernicke hatte in seinen Sinngedichten öfters gegen den verderbten Geschmack der Lohensteinianer geeifert. Nun lebte damals zu Hamburg ein Lizentiat Christian Heinrich Postel, der in seinen Schriften z. E. in einem Heldengedicht Wittekind, wovon er die erstern Bücher

1698

1698 herausgab, alle Fehler von Lohensteinen kopirte, ohne sein Genie zu besitzen, der auf die zusammengeraffte Gelehrsamkeit in seinen Schriften stolz war, und dessen Opern viel Beifall, aber blos um der guten Tonkünstler willen fanden, die sie in Musick gesetzt hatten. Dieser Postel nun zog alle jene Stellen in Wernickens Epigrammen auf sich, und, stolz auf den Beifall des Publikums, glaubte er Wernicken bald mit poetischen Waffen überwältigen zu können. Er machte ein kleines Sonnett, worinnen er Lohensteinen mit einem Löwen, Wernicken aber mit einem Hasen verglich, der auf dem todten Löwen herumspringt. Persönlich angegriffen, nahm nun auch Wernicke persönliche Rache, und ließ Posteln seine satirische Geißel in obigem Heldengedichte fühlen. Nicht Hans Sachse, sondern Postel, dessen Namen in Stelpo verändert ist, ist der Held davon, und wird feierlich als Hans Sachsens Nachfolger gekrönt. Denn Hans Sachs und ein elender Reimer hießen in jenen Zeiten, da man die elenden Nachfolger dieses Meistersängers nicht von ihm selbst unterschied, einerley. Die Idee ist von Dryden entlehnt, der einen elenden Dichter seiner Zeiten

Mac-

Mac-Flecnoe auf dieselbe Art gezüchtigt hat.
Postel selbst schwieg. Vielleicht aber geschah es
auf sein Anstiften, daß ein andrer einen Ausritt
gegen Wernicke wagte. Nämlich ein Advokat
zu Hamburg Georg Siegmund Hunold, der
aus Hunger unter dem Namen Menantes galante (unzüchtige) Gedichte, Romane, und Uebersetzungen schrieb, ließ erst verschiedne satirische Briefe auf Wernicke drucken. Endlich gab
er ein Pasquill in Gestalt eines Schauspiels unter dem Titel heraus: Der thörichte Pritschmeister, oder ein schwärmender Poet, Kölln,
bey Marteau dem jüngern, 1704. Wernicke
muß hier unter dem Namen Wecknarr die Rolle
eines wahnwitzigen (thörichten, schwärmenden)
Pritschmeisters spielen. Pritschmeister nennte
man Leute, die zur Belustigung des Pöbels bey
öffentlichen Gelegenheiten Verse extemporirten.
So hatte Wernicke selbst den Hans Sachs genennt, und in der Note davon folgenden Grund
angegeben: „Ob man unsre alten Meistersänger
„deswegen Pritschmeister genennt, weil sie, wie
„die heutigen Harlekine, eine Pritsche an der
„Seite getragen, und diese also vielleicht jenen
„den viel bedeutenden Zierath abgeborgt, oder,

M 4 „ob

„ob es darum geschehen sey, weil ihre Verse,
„wie die Pritsche, geklappert, und, wenn sie
„Leute damit satirischer Weise angegriffen,
„mehr Gepolter, als Schmerzen, verursacht,
„solches stellen wir den Gelehrten anheim."
Auch der lustige Bediente des Hunoldischen
Stücks heißt Narrweck. Hans Sachsens Geist,
und ein Pegnitzschäfer sind unter andern auch
mitspielende Personen. Der Spaas des Stücks
besteht in ungereimten Anwendungen der Wernickschen Sinngedichte, und das Lächerliche, das
Wernicke darinnen darstellen wollen, wird ihm
selbst aufgebürdet. Der Ton des Ganzen ist pöbelhaft, und den Personen einer Schustermagd,
Trödelfrau u. s. w. die darinnen auftreten, nur
zu sehr angemessen. Zum Ueberfluß fügte Menantes noch Anmerkungen hinzu, worinnen er
anzeigte, auf welche Epigramme von Wernicke
gezielt sey, über sie raisonnirte, und sie zu widerlegen suchte. Wernicke hatte anfangs Willens, dies mit einem zweiten Theil von Hans
Sachs zu vergelten, allein nachgehends glaubte
er, dies sey für Hunolden zu viel Ehre. Er
rächte sich daher an demselben nur in Sinngedichten S. 222, 232, 274, wo er ihm den Namen Mävius giebt.

Das

Das Heldengedicht Hans Sachs ward der Sammlung von Gedichten einverleibt, die Wernicke Hamburg 1704 unter dem Titel herausgab: Poetischer Versuch in einem Heldengedichte, etlichen Schäfergedichten, und Ueberschriften. Der Beifall des Publikums, und eines königlichen (vermuthlich dänischen) Hofes hatte den Verfasser ermuntert, seine Sinngedichte nochmals durchzugehn, und, weil er unter dieser Arbeit manchen neuen Einfall hatte, so wurde die Zahl der Epigramme in jedem Buche vermehrt, ja es kam noch ein neuntes und zehntes Buch hinzu. Das zehnte Buch besteht in kleinen witzigen Anekdoten, die hier in Versen nacherzählt werden, oder, wie sich Wernicke selbst ausdrückt, in sinnlichen und lustigen Begebenheiten,

Wo er mit eigner Kürz' entlehnten Witz vermählet,
Und das, was andre wohl erfunden, wohl erzählet.

In den übrigen Büchern sind alle Einfälle dem Dichter eigen, ist keine Nachahmung, keine Uebersetzung aus andern Epigrammatisten zu finden. Oefters hat er den Heldenbrief in ein Epigramm

gramm gedrängt, und z. E. die Sophonisbe den Syphax anreden laßen. Alsdann folgt auf die ernsthafte Anrede meistens dasselbe komisch in Knittelversen ausgedruckt. Die Sinngedichte der ersten Bücher sind, sagt er selbst, mit mehr Hitze, die neuern mit mehr Ueberlegung, jene mit mehr Witz, diese mit mehr Verstand und Absicht geschrieben worden. Die historischen Epigramme stammen meistens aus des Verfassers erster Jugend, die satirischen meistens aus den reifern Jahren. In der Jugend verfolgte er die Laster eifrig, und gleichsam mit der Pritsche in der Hand, im reifern Alter spottete er der Thorheit der Welt mit lächelndem Munde. Denn, sagt er, eine gute Erziehung reicht schon hin, dasjenige zu erkennen, was man hassen, aber, was man verspotten soll, lehrt nur vieljährige Erfahrung. Er betheuert, daß er in den satirischen Epigrammen selten eine eigentliche Person, und wenigstens niemanden von Wichtigkeit (denn schlechte Dichter sind doch so wichtig nicht) vor Augen gehabt habe. Scharfsinnig, gedankenreich, und nachdrücklich sind seine Epigramme, wenn sie auch nicht immer so fein gewendet, und zugespitzt sind, als wir sie jetzt von unsern Dichtern

erwar=

ten, wenn wir auch gleich in einigen seiner Sinn=
gedichte mehrere Zeilen hindurch auf die Pointe
warten müssen. Er eifert in einer Anmerkung
S. 39 gegen die, die von jedem Epigramme
Kürze verlangen. Er beweist sich in seinen Sinn=
gedichten als einen Kenner der Welt, und als ei=
nen Mann von vortreflichen moralischen Grund=
sätzen. Schon einige seiner Zeitgenossen warfen
ihm Härte der Sprache, Provinzialunrichtigkei=
ten, und Mangel an Wohllaut vor. Er gab sich
in den neuern Ausgaben viele Mühe, diesen Feh=
lern abzuhelfen, doch er hatte zuviel wichtigere Sa=
chen zu verbessern, oder manche dieser Fehler
waren ihm durch das gemeine Leben so geläufig
geworden, daß er sie selbst nicht bemerkte. Zu=
dem sah er, daß viele seiner Zeitgenossen in die=
selben Fehler verfallen waren, ohne den Leser
durch höhere Vorzüge zu entschädigen. Hage=
dorn hat vollkommen Recht, wenn er von ihm
sagt:

Wer hat nachdenklicher den schweren Witz erreicht,
 Und früher aufgehört, durch Wortspiel uns zu
äffen?
An Sprach' und Wohllaut ist er leicht,
 An Geist sehr schwer zu übertreffen.

Ja

In den neuern Auflagen bekennt er offenherzig die Mängel seiner jugendlichen Versuche, die oft Spuren des damaligen falschen Geschmacks gehabt hatten. Dergleichen Geständnisse findet man z. E. S. 6, 86, 103, 114, 169, 194. So macht er sich selbst über folgendes Epigramm lustig:

Auf den jungen Manlius.

Rom sahe Manlius den kühnen Entschluß fassen,
Sein Haupt eh', als den Feind unabgestraft, zu
            lassen.
Denn bey der Nachwelt hat viel einen hellern
            Glanz
Ein Haupt ohn' einen Leib, als ohne Siegeskranz.

und sagt, man könne davon die Worte brauchen: In nugas quandoque, quæ grandia sunt, euadunt. Ein einzigmal mischt er ein Anagramm mit ein, aber er sagt gleich in der Note, daß er selbst nichts davon halte, und, daß dergleichen zu machen eine Kunst der Dudenköpfe sey. In seiner ersten Jugend war er sogar ein Bewunderer von Lohenstein. Denn so sagt er in einer Anmerkung S. 171: „Der große Ruhm, den man all„hier den schlesischen Poeten beilegt, stimmt mit
            eini=

„einigen andern meiner Ueberschriften nicht über=
„ein, und dieser Unterschied in Urtheilen rührt
„von dem großen Unterschied in den Jahren des
„Verfassers her. Man hatte, als man diese
„Ueberschriften schrieb, nicht allein keine engli=
„schen und französischen Poeten, sondern sogar
„auch die besten lateinischen nicht anders, als
„der Sprache halber gelesen, dahero es kein
„Wunder, daß man sich damals in seinem Ur=
„theil etwas verstiegen." Zum großen Ruhm
gereicht es ihm, daß er Muth genug hatte, ge=
gen den unnatürlichen Schwulst, und den Flit=
terputz der Lohensteinianer in seinen neuern
Sinngedichten mit Hohn und Spott zu Felde zu
ziehen, und in untergesetzten Anmerkungen die
Thorheit jenes Geschmacks mit Gründen zu be=
weisen. Man sehe S. 33. 49. 52. 129. 148. 228.
233. 236. In seinem Eifer geht er einmal S. 148 so
weit, daß er ausruft: „Ein Hans Sachs ist mehr
„dann zehen Lohensteine, und Hofmannswal=
„daus werth!" Indessen betheuert er bey jeder
Gelegenheit, daß er an Lohensteinen seine Ta=
lente nicht verkenne, sondern nur den Misbrauch,
den er davon gemacht, rüge. So tadelt er
S. 101 die Pegnitzschäfer, läugnet aber nicht,
daß

daß sich geschickte Leute darunter befunden haben.
Eben so billig drückte er sich von Weise (S. 115.)
aus, er hätte wegen seines geschickten Kopfs,
und seiner artigen Einfälle viel Gutes in der
teutschen Sprache leisten können, wenn er sich
auf gewisses gelegt, und dasselbe auszuarbeiten
sich Zeit genommen habe. Die übertriebne Be=
wundrung und Nachahmung neuerer italienischer
Dichter tadelt er bey aller Gelegenheit. Die
allzuhäufige Einmischung französischer Wörter,
die damals Mode war, hat er durch Sinnge=
dichte und Anmerkungen S. 63. 141 in ihrer Ab=
geschmacktheit dargestellt. Patriotisch zieht er
einigemal gegen den Pater Bouhours los, der
den Teutschen alles Genie abgesprochen hatte.
Dies alles beweist, daß Wernicke unter die be=
sten Kunstrichter seiner Zeit gehörte, und seinem
Zeitalter viel hätte nutzen können, wenn es ihm
Gehör gegeben hätte. — Nächst seinen Sinn=
gedichten ist Hans Sachs das vorzüglichste sei=
ner Werke, und hat schöne satirische Stellen. —
Vom Geschmack allegorischer Schäfergedichte
sind wir zurückgekommen, und wir haben über=
haupt in dieser Gattung bessere neuere Dichter.
Wernickens Verdienste wurden zuerst wieder

von

von Bodmer in den geistvollen Schriften in Erinnerung gebracht. Ja Bodmer ließ seine Werke unter dem Titel: Poetische Versuche in Ueberschriften, wie auch in Helden= und Schäfergedichten, Zürch 1750 und 1763 neu drucken. Endlich gab Herr Ramler Leipzig 1780 Wernickens Ueberschriften wieder heraus, wo er die schlechtern Epigramme verwarf, hier und da in der Harmonie nachhalf, die Schäfer= gedichte ganz wegließ, aus Hans Sachs nur die beste Stelle mittheilte, in der Vorrede das Leben des Dichters erzählte, und Sinngedichte älterer teutschen Poeten beifügte.

XIV.
Christian Friedrich Zernitz.

Christian Friedrich Zernitz ward den 11 Jen= ner 1717 zu Tangermünde gebohren. Sein Va= ter war ein wohlhabender Kaufmann in dieser Stadt, den er aber schon im neunten Jahre sei=
nes

nes Alters durch den Tod verlor, nachdem ihm bereits im zweiten Jahre seine Mutter entrissen worden. Indessen ward doch dafür gesorgt, daß er frühzeitig Unterricht in den Wissenschaften erhielt. Die Schule in Tangermünde, in die er geschickt ward, hatte damals geschickte Lehrer, besonders einen gelehrten Rektor Andreas Coler unter deren Anführung Zernitz frühzeitig große Fortschritte machte. Ungefehr 1734 oder 1735 gieng er auf die Universität Leipzig, um dort die Rechte zu studieren, auf die er sich aber nicht allein einschränkte. Er verband damit Philosophie und Mathematick. Alle seine müßige Stunden aber widmete er der Dichtkunst, zu der er durch den damals in Teutschland Mode gewordnen Eifer für vaterländische Poesie ermuntert ward. Im Jahr 1738 bekam er die Stelle eines preußischen Gerichtshalters zu Klosterneuendorf, einem weitläuftigen Amte, das ein und zwanzig Dörfer unter seinem Gerichtssprengel begreift. Er erfüllte die Pflichten dieses Berufes mit so viel Treue und Fleiß, daß er sich dadurch nicht allein die Gewogenheit seiner Obern, sondern auch eine allgemeine Liebe der Unterthanen erwarb. Ueberhaupt war sein ganzes Leben

der

der Tugend gewidmet, und sein Umgang so edel, als sein Herz. Eine eingewurzelte Hypochondrie, die seine Arbeitsamkeit vermehrte, kürzte sein Leben ab. Schon seit 1740, seit seinem drey und zwanzigsten Jahre muste er die heftigsten Leiden von diesem Uebel erdulden. Nachdem er sich vier Jahr lang so durchgeschleppt hatte, war er zuletzt an Händen und Füßen gelähmt, und die beklemmende Bangigkeit ward so arg, daß er sich selbst nach dem Tode sehnte, der auch am 7ten October 1744 im sieben und zwanzigsten Jahr seines Alters erfolgte.

Die ersten poetischen Versuche, die im Druck von ihm bekannt wurden, erschienen 1742 in den Belustigungen des Verstandes und Wizzes. Selbst eine Sammlung seiner Gedichte zu machen, ward er durch den frühen Tod eben so sehr gehindert, als seinen Poesien die nöthige Feile zu geben. Ein Freund des Dichters hatte vor, sie nach seinem Tode herauszugeben, als dieser aber durch Geschäfte daran verhindert ward, erhielt A. G. U. (vermuthlich Adam Gottfried Uhlich, ein bekannter Polygraph, der sich, wenn es mit Agiren, oder Advociren nicht gehen wollte, mit Büchermachen nährte,

und

und der 1748 die Zeitungen zu Hamburg schrieb) durch Vermittlung einer Dame alle noch vorhandne Manuscripte von Zernitz, und gab alles unter folgendem Titel heraus: Christian Friedrich Zernitz Versuch in moralischen und Schäfergedichten, nebst dessen Gedanken von der Natur und Kunst in dieser Art von Poesie, Hamburg und Leipzig, 1748, 8°. Das Papier ist schlecht, und der Druck entweder höchst unkorrekt, oder doch aus einer Handschrift gemacht, die nicht zum Druck bestimmt war. Auf den Vorbericht des Herausgebers, aus dem ich obige Lebensumstände gezogen, folgen zuerst vernünftige Gedanken von der Natur und Kunst in Schäfergedichten, als eine Einleitung zu des Verfassers eignen Jdyllen. Es ist eine Art von Theorie dieser Gedichte in Versen; besonders wird gezeigt, was die Dichter zu dieser Gattung bewogen habe, was ihr Endzweck sey, und vornemlich, wie man nur dann vollkommne Schäfergedichte mache, wenn man Natur und Kunst darinnen vereinige. Bey jeder Gelegenheit werden moralische Digressionen gemacht, so, daß die Betrachtungen über die Denkungsart und Karaktere der jetzigen Menschen

schen fast mehr Platz einnehmen, als die Regeln, die dem Dichter gegeben werden. Die Gesinnnungen des Verfassers sind immer sehr richtig, und edel. So sagt er z. E. wenn er die Leidenschaften durchgeht, die von dem Schäfer fern bleiben sollen:

Nun aber nagt kein Neid zufriedner Schäfer Brust,
Nicht eitler Ruhm, und Gold, und Pracht sind
ihre Lust,
Der Stolz, der kaum ein Ziel für seinen Werth
erblicket,
Durch Blut zu Ehren steigt, und Tausend unterdrücket,
Die Mordlust, die zum Kampf der Balger Herz
entflammt,
Ist aus der Schäferwelt zu unsrer Welt verdammt.
Die Falschheit, die um Geld das Vaterland verhandelt,
Der Wahn, der Ketzer macht, wenn Tugend
weislich wandelt,
Der Bannspruch, der zu leicht von frommen
Lippen eilt,
Ward manchem Bösewicht und Pfaffen zugetheilt.

Von der Versetzung in ein goldnes Zeitalter ist der Dichter kein Freund:

Der Mensch von dieser Art ist viel zu unbestimmt,
Als nicht indem zu irr'n, was man ihm giebt
und nimmt,
Zum wenigsten zu fern vom Schäfer neurer Zeiten,
Könnt' Mangel selbst am Stof des Dichters Lied
bestreiten.

So sehr übrigens der Verfasser die Schäfergedichte aus dem moralischen Gesichtspunkte betrachtet, so ist er doch so billig, daß er der Schäferpoesie auch Scherz erlaubt. Ja er lobt sogar Rostens Gedichte:

O Muse, die du mir oft wählst der Weisheit
Lehren,
Sollst auch den schlauen Witz in Rostens Liedern
ehren.

Hierauf findet man eilf Schäferlieder. Denn auch das, was Erzählung darunter ist, wird in lyrischen Strophen vorgetragen. Liebe ist das Thema der meisten; z. E. der ungeliebte Schäfer, die günstige Nacht, der ungegründete Verdacht, die belohnte Untreue, ein gefundner Schatz, welcher der geliebten Schäferinn zu Füssen gelegt wird. Nur einmal findet man ein Schäfergespräch. Ein Stück darunter ist eine

Nach=

Nachahmung von der fünften Idylle des Mo-
schus. Die Schäfer haben alle nur eine plato-
nische Liebe, auch in der Nacht, und im Walde
bleiben sie in den gehörigen Schranken:

>Die Luft, die mit den Blättern spielt,
>Rauscht sanft, und ist mit Thau gekühlt,
>Die Eule selbst läßt sich nicht hören,
>Mit Schreien den Mirtill zu stören,
>Und Phillis sitzt bey ihm auf welchem Moos,
>Die selbst nur schwach dem Schäfer widerstünde!
>Doch, wer beim Reitz sein Herz besiegt, ist groß!
>Wer hält nicht oft Gelegenheit für Gründe?

Nach den Schäfergedichten folgen drey Lieder über Einsamkeit, Kuß, und Liebe. Sodann
kommen einige didactische Gedichte, nämlich:
Der Mensch in Absicht auf die Selbsterkenntniß, philosophische Gedanken über die göttliche
Weisheit bey dem Sterben der Menschen, das
Gewissen (obgleich diese Betrachtungen acht
Seiten lang sind, so hat sie der Verfasser doch in
folgendem Sylbenmaaß vorgetragen:

>Richter im Herzen, auf Vernunft gegründet:
>Welchem kein Vortheil innre Lippen bindet,

Welchen die Sinne mit geschmückten Lügen
Nimmer betrügen!)

Fehler einiger Rechtsgelehrten (diese sind Gewinnsucht, falscher Ruhm, und Unwissenheit) — Nun erscheinen wieder einige Lieder über eine Dorfgesellschaft, über die Einsamkeit, über das Landleben, über den Kleiderschmuck der Geliebten, an Phillis, Lob= und Trauerode auf einen verstorbnen Mopshund, und zwey anakreontische Oden. Den Beschluß macht ein längeres didactisches Gedicht von den Endzwecken der Welt. — Dieser Dichter war ganz in Vergessenheit gekommen, als Herr Dusch 1767 im dritten Theil seiner Briefe zur Bildung des Geschmacks ihn wieder empfahl, und Stellen aus ihm auszeichnete. Drey von seinen Gedichten nahm ich 1770 in die Anthologie der Teutschen auf.

Zernizens Schäfergedichte haben weder Affect, noch Naivetät, noch mahlerische Züge, und zu viel Stellen, die um des Reims willen da stehen. Auch seine Lieder haben weder Feuer, noch sonderliche Gedanken. Desto merkwürdiger sind seine didactischen Versuche. Nicht Lehrgedichte von großem Plan und Umfange unternahm
er,

er, also muß man auch nicht große Episoden, großen Schmuck des Ausdrucks, neue und kühne Metaphern erwarten, sondern nur eine Reihe philosophischer Gedanken dichterisch verbunden, und mit Nachdruck in einer lehrreichen Kürze vorgetragen. Mit einem Wort Zernitz widmete sich vornehmlich dem lukrezischen Lehrgedichte. Sinkt der Ausdruck zuweilen zur Prosa herab, so bedenke man, daß er aus Gottsched's Schule kam, und daß es unter diesen Umständen schon viel von ihm war, daß er sich Hallern zum Muster wählte. Findet man Sprachfehler, Versehen in dem Mechanischen der Poesie, unkorrekte und rauhe Stellen bey ihm, so vergesse man nicht, daß ihm der Tod die Feile aus der Hand nahm. Das vornehmste unter seinen Lehrgedichten sind die Gedanken von den Endzwecken der Welt, das die meiste Anlage zu philosophischen Raisonnements verräth. Und die philosophischen Kenntnisse, die man hier und in andern Gedichten findet, machen ihm desto mehr Ehre, da sie damals noch nicht so ausgebreitet waren, als jetzt. Zur Probe von Zernitzens Sprache in den Lehrgedichten will ich noch folgende Stelle beifügen:

Wohin

Wohin ist der Verstand des Menschen nicht ge-
dhrungen?
Der fernen Welten Bau ist seiner Hand gelungen.
Von der Planeten Lauf bestimmt er jeden Grad,
Und beugt mit weiser Müh die Himmelssphär
aus Drat.
Er ahmt dem Schöpfer nach, des Bogen bunten
Schimmer,
Den der in Wolken zeugt, macht er im dunkeln
Zimmer,
Und, wie des Körpers Last nach Regeln sich be-
wegt,
Hat sein Versuch vorlängst ihm gründlich dar-
gelegt.
Sein Witz und Zirkel mißt Zeit, Größen, Raum,
und Flächen.
Ihm stärkt ein Glas den Strahl, den Luft und
Ferne schwächen.
Er untersucht voll Fleiß der Wesen innre Kraft,
Und bringt, was er entdeckt, in Lehr und Wiß-
senschaft.
Luft, Feuer, Erd, und Meer, Metall, und Thier,
und Pflanze,
Und, wo es möglich wär', durchforscht er gar das
Ganze.

XV.

XV.
Jakob Immanuel Pyra.

Jakob Immanuel Pyra ward im Jahre 1715 zu Kotbus in der preussischen Lausitz gebohren. In seiner Familie war die sonderbare Tradition, daß sie von dem unglücklichen Marschall von Biron in Frankreich abstamme, und daß seine Vorfahren sich nach dem Falle dieses großen Mannes nach Teutschland begeben hätten. Pyra's Vater war Advokat, und hatte das Unglück, bey einer allgemeinen Reduktion, die der vorige König von Preußen mit den Advokaten in allen seinen Landen wegen ihrer zu sehr angewachsnen Menge vornahm, kaßirt zu werden. Da er für sich kein Vermögen hatte, so kam er so weit herunter, daß er sich mit seiner Frau und mit zwey Söhnen sehr kümmerlich durchs Schreiben ernähren muste. Indessen hatte die Natur unserm Pyra das gegeben, was ihm sein Vater nicht durch Erziehung geben konnte, einen Trieb zu

den

den Wissenschaften, und einen lebhaften Geist, der sich frühzeitig bey ihm äusserte. Lohenstein's Werke geriethen ihm in die Hände, und diese erweckten früh in ihm die Lust, Verse zu machen. Pyra's Lebhaftigkeit und Fleiß erwarben ihm Gönner, die ihn unterstützten, und zum Studieren ermunterten. Auf ihren Antrieb gieng er 1735 nach Halle auf die Universität, wo er aber, ausser einem kleinen Stipendio, wenig Unterstützung fand. Von seinen Eltern konnte er nichts erwarten, da sie selbst in der äussersten Dürftigkeit lebten. Seine edle Denkungsart kann man daraus beurtheilen, daß er sogar sein kleines Stipendium seinen Eltern schickte, und von dem Extrotische des Waisenhauses zu leben suchte, wobey es ihm dann so kümmerlich gieng, daß er oft an den nöthigsten Bedürfnissen des Lebens Mangel leiden muste. Dazu kam, daß er ausser der Armuth oft mit schweren Krankheiten zu kämpfen hatte. Ein vielfaches Glück war es für ihn, daß er zu Halle in die Bekanntschaft von Samuel Gotthold Langen gerieth, der hernach Prediger zu Laublingen ward, und als Verfasser der horazischen Oden niemanden unbekannt ist. Die gemeinschaftliche Liebe zur Dichtkunst stiftete
unter

unter ihnen nach und nach eine Freundschaft, dergleichen nur selten unter zwey Dichtern Statt gefunden hat. Mit Lange übte er sich gemeinschaftlich in poetischen und prosaischen Ausarbeitungen in einer Gesellschaft, die Lange nach Art der Leipziger teutschen errichtet hatte, nur mit dem Unterschied, daß sie nicht, wie die Leipziger, alle ihre unreifen Arbeiten drucken ließ, sondern im Ernst auf die Verbesserung des Geschmacks bedacht war. So wie Pyra den Lohenstein liebte, so waren Langens damalige Versuche noch ziemlich gottschedisch. Ihr Umgang war also ihnen beiden wechselsweise nützlich, sie halfen einander auf den mittlern, oder bessern Weg. Pyra verlor die Neigung zum Schwülstigen, und theilte seinem Freunde etwas von seinem Feuer mit. Acht Tage hatte einst Lange seinen Pyra nicht gesehn, als er ihn von ohngefehr an einem öffentlichen Orte erblickte. Er erschrack über ihn, so elend sah er aus. Pyra that ausserordentlich schüchtern, und gestand erst nach langem liebreichen Zureden seinem Freunde, daß er seiner armen Mutter sein Stipendium geschickt, und nun seit drey Tagen nichts genossen habe. Er habe, sagte er, in diesen Umständen unmöglich

lich jemanden besuchen können, weil es ihm uns
möglich gewesen sey, jemanden seinen Mangel zu
entdecken. Lange n durch so schöne Gesinnun=
gen innigst gerührt, und nahm sich von nun an seiner
häuslichen Umstände eben so sehr, als der Ausbil=
dung seines Genies, an. Noch zu Halle arbei=
tete Pyra an einer reimlosen Uebersetzung von
Virgil's Aeneide, wovon aber nur das erste Buch
fertig ward, das Herr Gleim noch im Manu=
script besitzt. Daß der Verfasser in dieser Arbeit
nicht weiter fortfuhr war folgendes, Ursache. Er
schickte der Leipziger Gesellschaft Proben davon,
die das unverdiente Schicksal hatten, in den kri=
tischen Beiträgen derselben der Schwarzischen
Uebersetzung durchgehends, und sehr weit nach=
gesetzt zu werden. Zu Halle verfertigte Pyra
auch ein Trauerspiel Jepthah, und fieng ein an=
ders Agag an. In beiden hatte er versucht, die
Chöre der Alten wiederherzustellen, aber von bei=
den ist die Handschrift nachher in die Hände sei=
nes Bruders gerathen, und bey diesem verloren
gegangen. Als Lange 1737 zu Laublingen als
Prediger versorgt wurde, nahm er seinen Freund
mit dahin. Hier im Schoose der Freundschaft,
und von der dortigen schönen Gegend begeistert,

sang

sang Pyra seine meisten Lieder. Lange behielt ihn so lange bey sich, bis er ihm eine Hofmeisterstelle bey einem Edelmann zu Popliz verschaffen konnte, die er in der Folge mit der Aufsicht über einen jungen Herrn von Bonnefoie zu Heiligenthal in der Grafschaft Mansfeld vertauschte. Beide Stellen verwaltete er mit großer Treue, und die Art, wie er die letztere verlor, war ihm sehr rühmlich. Seine Unerbittlichkeit gegen das Laster beraubte ihn derselben. Seine Feinde hatten in Abwesenheit seines Prinzipals schon alle Anstalten getroffen, um seinen Abzug so demüthigend, als möglich zu machen. Aber Pyra wendete sich an Langen, dieser kam seinen Feinden zuvor, und holte ihn ab. Dieser Freundschaftsdienst rührte Pyra's Herz so stark, daß er ihn nie vergessen konnte. Im Jahre 1741 hielt sich also Pyra wieder einige Zeit in Laublingen auf, und schrieb hier eine moralische Wochenschrift unter dem Titel: Gedanken der unsichtbaren Gesellschaft, die zu Halle herauskam, und mit dem neunten Stücke aufhörte. Im siebenten Stück ist der erste Gesang von einem scherzhaften Heldengedichte, Bibliotartarus betitelt, enthalten. Im achten Stücke wird dargethan, daß der Ge=
schmack

schmack die Fähigkeit zur Empfindung des Schönen sey. Im Jahr 1742 ward Pyra endlich als Konrektor am Köllnischen Gymnasium zu Berlin angestellt. Da damals der teutsche Parnaß in die beiden Partheien der Schweitzer und Gottschedianer getheilt war, so ergrif Pyra die Parthey der erstern, und war mit einer der ersten auffer der Schweitz, der gegen Gottsched zu Felde zog. Er gab nämlich 1743 zu Berlin eine Schrift heraus, zu der damals in der That kein geringer Muth erfodert ward, einen Erweis, daß die Gottschedianische Secte den Geschmack verderbe. Was man bisher Gottscheden nur von Zürch aus zu verstehen gegeben hatte, wollte in Teutschland selbst noch niemand laut zu sagen sich erkühnen. Pyra brach die Bahn, und stürzte den Götzen des falschen Geschmacks. Nicht die Liebe zu Streitigkeiten, die in jener Zeit der kritischen Kriege so manche Schrift erzeugte, sondern wahrer patriotischer Eifer veranlaßte diese Abhandlung von Pyra. Unter Gottsched's Anhängern muste er unter andern auch die Verfasser einer Monatsschrift züchtigen, die damals zu Halle unter dem Titel Bemühungen zur Beförderung der Kritick und des guten Geschmacks erschien,

erschien, weil die Verfasser sich zwar die Mine gaben, als ob sie keiner Parthey zugethan wären, aber sich doch so deutlich für Gottsched erklärten, daß sie ihm zu Gefallen selbst einen Haller und einen Milton unvernünftig tadelten. Pyra deckte ihnen ihre Blöße sehr freimüthig auf, und brauchte, wie es sein Motto anzeigte, sermonem non publici saporis. Dies brachte die Verfasser jenes Journals auf, und im dritten Stück desselben suchten sie ihm auf alle Art weh zu thun. In einem eignen Schreiben an Herrn Pyra rächten sie sich mit plumpen Witze, und mit unanständigen Anspielungen auf sein Amt. Da sie sogar die falsche Nachricht verbreiteten, als ob er keinen Verleger zur Streitschrift finden könnte, so war er genöthigt, wirklich eine Fortsetzung des Erweises, daß die Gottschedianische Secte den Geschmack verderbe, herauszugeben. Mitten in diesem Streite ward Pyra von einem hitzigen Fieber überfallen, das ihn nach einer Niederlage von drey Tagen 1744 den 14ten Julius in einem Alter von neun und zwanzig Jahren hinrafte.

Gleim und Kleist waren eben nach Berlin gereist, um das Trauerspiel des Dichters Jephthah

rhah zu sehen, das er von seinen Schülern auf=
führen lassen wollte. Als sie ankamen, ward
ihnen Pyra's Sarg entgegen getragen. Viele
von Gottsched's Anhängern waren boshaft ge=
nug, die Erdichtung auszusprengen, als ob der
Verdruß über die Streitigkeiten mit den Bemü=
hern die eigentliche Ursache seines Todes sey.
Diese Lästerung ward in einem Pasquill, das
Tintefässel betitelt, so nach seinem Tode erschien,
recht triumphirend wiederhohlt, gleich als ob es
den Gottschedianern eine Ehre gewesen wäre,
wenn sie wirklich seinen Tod befödert hätten.
Der Name des eigentlichen Verfassers von die=
sem Pasquill ist niemals bekannt geworden.
Vielleicht rührte es von Dreyer her, wenigstens
drückte sich dieser in seinem kritischen Kalender
so von Pyra aus, daß man dies gar wohl ver=
muthen konnte. Er sagte nämlich von ihm:

Aber zu Berlin hübsch und fein
Meister Pyra das Konrektorlein
Für die Herrn Zürch'r, ein ehrlich Haut,
Kämpft mit ihnen ganz einlein, schaut,
Die Gall' läuft üb'r dem ehrlich'n Mann,
Er sich web'r rath'n, noch helfen kann.
Schreibt mit tapferm Herz, Muth, und Sinn

Fünf

Fünf artlich witzige Bogen hin,
Und vergießt den Zürchern zu gut
Viel Schweiß und Gall', voll Grimm und Wut.
Die Herrn Zürcher, die werd'n ihm auch
Schicken viel Käs' nach löblich'n G'brauch,
Weil er g'stritten als wie ein Held,
Der seine Feind' gewaltig fällt.

Weil Mylius an den Bemühungen Antheil hatte, und vornemlich von ihm die unbillige Beurtheilung des Hallerischen Gedichts vom Ursprung des Uebels herrührte, so wollten ihn damals viele auch für den Verfasser des Tintefäßlein halten. Die Verfasser der Bemühungen waren überhaupt deswegen bey Pyra's Freunden in Verdacht, aber sie betheuern in dem letzten Stück ihres Journals S. 721 vor den Augen des allwissenden Richters, daß sie von dem ganzen vernunft= und ehrenvergeßnen Unternehmen nichts gewust hätten. Sie sagen, sie könnten alle Verfasser jenes Pasquills nennen, indem sie ihnen derjenige selbst genannt, der das meiste davon verfertigt, doch würden sie dies nur im äussersten Nothfalle thun. So viel muß man auch gestehn, daß die Verfasser der Bemühungen beständig Pyra's poetischen Verdiensten Gerech=

rechtigkeit widerfahren lassen, und selbst seinen frühen Tod beklagen. Indessen hat sich doch das falsche Gerücht, als wenn Pyra aus Aergerniß gestorben wäre, bis auf unsre Tage fortgepflanzt, indem noch Herr Ebeling in seinem Entwurfe einer Geschichte der teutschen Dichtkunst schrieb: Pyra starb durch die heftigen Anfälle seiner Gegner zu Tode geärgert. Aus andern Ursachen wäre es vielleicht möglich gewesen, daß Verdruß seinen Tod beschleunigt hätte, indem er zu Berlin selbst einen Feind hatte, der jedermann eine schlechte Meinung von ihm beizubringen suchte. Dies war Nathanael Baumgarten, dessen Trauerspiel, der sterbende Sokrates, von Pyra gründlich, doch freundschaftlich war getadelt worden. Dies erweckte Baumgartens Haß, welcher, weil er viel Ansehn hatte, ihm mancherley Verdruß zuzog. — Lange beweinte den Tod seines Freundes in einer Elegie; auch die Frau Langinn, die, wie Lange sagt, Pyra's Schülerinn in der Poesie war, machte eine kleine Ode auf seinen Tod.

Pyra war der zärtlichste Freund, die geringste Gütigkeit, die ihm erzeigt ward, rührte ihn im Innersten der Seele, er war dienstfertig,

treu,

treu, und verschwiegen, im Umgange aufgeweckt, und bescheiden. Erinnerungen konnte er eben so willig annehmen, als freimüthig ertheilen. Seine Seele hatte die Hoheit, welche den Armen vor Niederträchtigkeit und kriechender Schmeicheley bewahrt.

Seine Poesien wurden von Lange gesammelt, und, weil dieser von den seinigen diejenigen hinzuthat, die der freundschaftliche Umgang mit Pyra veranlaßt hatte, freundschaftliche Lieder betitelt. Bodmer, durch dessen Besorgung die erste Ausgabe zu Zürch 1745 herauskam, hielt es für rathsam, auf dem Titel und durchgängig für Pyra und Lange die arkadischen Namen Thirsis und Damon zu setzen, theils, weil sie ihm poetischer klangen, theils, weil er glaubte, daß sie den Vorurtheilen weniger ausgesetzt wären. So heißt auch in den Gedichten Langens Gattinn Doris, und sein Sohn Hylas. Da in dem hamburgischen Korrespondenten eine unglimpfliche Anzeige dieser Lieder erschien, so schrieb Lange 1746 eine Beantwortung der Kritick über Thirsis und Damons freundschaftliche Lieder, welche in dem 200 St. des H. K. vom Jahr 1745 anzutreffen ist. Im Jahr 1749 besorgte Lange selbst zu Halle eine neue Auflage der freundschaftlichen Lieder, wo nicht allein Lange von seinen eignen Gedichten mehrere hinzufügte, sondern auch ungedruckte Aufsätze von Pyra hinzuthat — Gedanken über Langens horazische Oden, Freude über dessen Wiederkunft, Empfindungen bey dessen Hochzeit, Weissagung über dessen neugebohrnen Sohn, Aufmunterung zum Lobe Gottes, Freude, Langen bald wieder besuchen zu können, das Glück, das seine Freundschaft gewährt, Empfindungen, als er ihm entgegen gieng, Angelobung der Treue, das sind die Gegenstände von Pyra's lyrischen Gedichten in jener Sammlung, worauf stets eine Antwort von Lange beigefügt ist. Unerachtet der Schäfernamen findet man doch die wahre ungekünstelte Sprache der Freundschaft darinnen. In Pyra's Gedichten leuchten hier und da Funken eines lyrischen Feuers hervor, das vielleicht, wenn er länger, und in unsern Tagen gelebt hätte, in eine helle Flamme ausgebrochen wäre, da es jetzt nur einem auslöschenden Lichte gleicht, das bald auflodert, bald ganz erstirbt. Es gelingt ihm zuweilen der lyrische Ausdruck, der damals in Teutschland noch

ganz

ganz fremd war; es fehlt ihm nicht an glücklicher
Kühnheit nach Maasgabe seiner Zeiten; er vermeidet das Wäßrichte, Fade, Schleppende,
und strebt dem Erhabenen und Körnichten nach;
er ist frey von dem Unedlen und Pöbelhaften, das
vorher die teutschen Oden verunstaltete, und
folgt den Grundsätzen eines bessern Geschmacks:
er hat einige gute, damals neue, und manche
wirklich horazische Bilder, verschiedne dichterische Züge, und glückliche Beiwörter; er dichtet
endlich in Zeiten, wo man den Reim noch we-
sentlich für die Poesie hielt, meistens ohne Reime. Seine Zeitgenossen übertrieben zwar ihre
Bewunderung, wenn sie ihn den teutschen Pin-
dar nannten, aber immer war er doch über
Pietsch und andre, die Gottsched für Pindare
ausgab, unendlich weit erhaben. Wer da weiß,
wie spät man in Teutschland einen wahren Begrif von der Ode bekommen hat, der wird sich
nicht wundern, daß man Pyra's Gedichte als
Oden pries, ob sie gleich weder den Plan der
Ode haben, noch die Bilder darinnen gehörig
geordnet, sondern vielmehr nur hingeworfen
sind. Man lasse ihn immer geschwätzig, ungleich, oft matt, nachläßig, prosaisch, unedel,

schwerfällig, rauh, unpolirt seyn, und verlange von den damaligen Zeiten nicht die die Korrektheit, Geschmeidigkeit, und Zierlichkeit der jetzigen. Man vergesse nicht, daß der Tod den Verfasser übereilte, und betrachte seine nachgelassenen Gedichte nur als Fragmente. Auf die freundschaftlichen Lieder folgt ein neuer Anhang einiger Gedichte des seeligen Pyra, welcher aus folgenden Stücken besteht: 1) Ode an den König von Preussen bey dem Antritt seiner Regierung, eine Ode von zehn Blättern. 2) Der Tempel der wahren Dichtkunst, in fünf Gesängen, ein Gedicht, das zuerst 1737 als ein Glückwunsch der obgedachten hallischen Gesellschaft zu Langens Beförderung nach Laublingen erschienen war. Wahre Dichtkunst ist dem Verfasser nur diejenige, die sich mit heiligen und ernstern Gegenständen beschäftigt, im Gegensatz derjenigen, die zur Wollust ermuntert, wahre Dichtkunst nur diejenige, die sich nach den guten Mustern des Alterthums bildet, im Gegensatz derjenigen, die sich Lohensteinen, oder andre Geschmacksverderber zu Mustern wählt. Dergleichen epische Allegorien waren damals in unsrer Sprache noch etwas Neues, so daß Lange selbst noch dieses

Gedicht

Gedicht ein Lehrgedicht nannte. Die Dichtkunst führt den Verfasser selbst in ihren Tempel, im Vorhof sind die Künste und Wissenschaften, an den Säulen des Thors sind die Gesetze der Dichter aufgehängt, vier Quellen springen im Eingange, die eine heißt Reinigkeit, die andre Flüßigkeit u. s. w. Die Dichtungsarten stehen alle personifizirt im Tempel, z. E. die Ode:

Die Ode aber steht mit hohen Mienen da,
Ein Lorbeer deckt ihr Haar, den Rücken aber Flügel,
Mit welchen sie sich oft bis zu den Sternen hebt,
Und in der Engel Chor an Gottes Throne singet.
Sie hasset allen Zwang, es fliegt ihr prächtig Kleid
Nachläßig um sie her, doch ziert sie das am meisten.

Im letzten Gesang werden nur diejenigen Dichter gerühmt, die geistliche Gegenstände gewählt. So heißt es von Opitz blos:

Und Opitz folgte ihnen,
Der bey der Krippen dich, du süßes Kind, gepriesen.

Sowohl wegen der Fiction, als wegen der aus epischen Dichtern nachgeahmten Gemählde war dies Gedicht eine merkwürdige Erscheinung in einer Zeit, wo man mit der epischen Sprache noch so unbekannt war. 3) Auf seine vorgehabte Uebersetzung des Virgil. 4) Auf der edlen Chloris

ris Geburtstag an ihren Vater von Krosigk. 5) Ueber der edlen Chloris Schwester Stärke auf dem Klavier. 6) Grundriß eines Gedichts auf die Sündfluth an Amalien, ein Stück eines Briefes an eine Freundinn, die er ermuntern wollte, ein Heldengedicht über diesen Gegenstand zu machen. 7) Das Wort des Höchsten, eine Ode von vierzehn Blättern auf das unter dem Titel Licht und Recht herausgekommene Bibelwerk vom Doctor Lange, dem Vater des Dichters, war vorher einzeln erschienen. Pyra stellt hier ein Chor Engel vor, das in der Höhe das Wort des Höchsten preiset, und den Doctor Lange in einem andern Kreise, der hier auf Erden Gott für seinen Beistand danket. Hierauf erscheint der Tempel Gottes in den Wolken, und es wird eine Stimme gehört, welche den Seegen ausspricht. 8) Der erste Gesang des obgedachten komischen Heldengedichtes Bibliotaxarus, eine Satire auf einen in einen Studenten verwandelten Schüler, die bey ihrem niedrigen Stoffe einige gute Stellen hat. Bodmer gedenkt in einem Briefe an Langen (in S. G. Langens Sammlung gelehrter und freundschaftlicher Briefe Th. L. S. 184) noch zweier Gedichte von

Pyra

Pyra unter dem Titel Adad, und der meſſingne Degen, die aber beide verloren gegangen ſind. In eben jener Sammlung von Briefen Th. II. S. 97. gedenkt Herr Gleim eines Trauerſpiels Saul, das ſich noch unter Pyra's Gedichten ge= funden habe. „Saul, ſchreibt er, iſt ſehr un= „vollkommen. Es fehlet wenigſtens die Hälfte „am Ende, und der Anfang gleichfalls. Es ſind „keine Namen der redenden Perſonen beigeſetzt; „und die Verſe ſind oft nur halb, und oft doppelt. „Dennoch möcht' ich gern etwas davon konſervi= „ren. Ich will daher ſuchen, das Beſte in Ord= „nung zu bringen, und als Fragment etwa ein= „mal herauszugeben." In den Beſchäftigungen auf dem Lande, die Lange 1777 herausgab, ſteht eine Nachleſe zu Pyra's Gedichten.

XVI.
Karl Friedrich Drollinger.

Karl Friedrich Drollinger ward zu Durlach den 26 December 1688 gebohren, in einem für sein Vaterland, und besonders für seine Eltern traurigen Zeitpunkte, indem bald nach seiner Geburt Durlach von den Franzosen verherrt ward. Die Beängstigungen seiner Mutter, die ihn selbst säugte, legte vielleicht den Grund zu der schwächlichen Konstitution, die ihm hernach in seinem ganzen Leben beschwerlich war. Sein Vater war Martin Drollinger, damaliger Marggräflich Badenscher Rechnungsrath, nachher Burgvoigt in der Herrschaft Badenweiler, der 1718 starb, ein Mann, der wegen seines Diensteifers in Ansehn stand, und der unermüdet für eine gute moralische Erziehung seiner beiden Söhne sorgte. Seine Mutter hieß Katharina Sibylle, gebohrne Müllerinn. Seine Eltern scheuten keine Kosten bey seiner Erziehung, hielten ihm besondere Privatlehrer, die ihn in Sprachen unterwiesen, und ließen ihn durch die Prediger zu Mühlheim in der Religion unterrichten. Schon im siebzehnten Jahre war er tüchtig, nach Basel auf die Universität zu gehen, wo er sich den Rechten widmete, aber damit das Studium neuerer Sprachen, der Geschichte, Physick, Philosophie, und Mathematick um so mehr verbinden konnte, da er sieben Jahre zu seinen akademischen Studien

dien anwenden durfte. Muse, Gelegenheit, und Talente setzten ihn zu gleicher Zeit in den Stand, sich die ausgebreitesten Kenntnisse zu erwerben. Im Jahr 1710 ward er Doctor der Rechte, und schrieb eine Disputation de præscriptionibus intergentes, die nur eigentlich die Skizze eines ausführlichen Werks über diesen Gegenstand seyn sollte, das er auch geliefert haben würde, wenn ihn nicht andre Geschäfte davon abgehalten hätten. Denn noch in demselben Jahre ward er Registrator des geheimen Archivs in Durlach, das in seinem damaligen zerrütteten Zustande einen geschickten und arbeitsamen Mann erfoderte. Der Fleiß, den er auf die Anordnung desselben verwandte, brachte ihm auch schon nach zwey Jahren den Rang und Gehalt eines Sekretairs zuwege. Da der Hof seine Einsichten schätzte, so ward ihm auf die Anordnung der Bibliotheck, des Münzkabinetes, der Gemähldesammlung, und des Kunstkabinetes im Schlosse übertragen. Im Jahre 1722 ernannte ihn der Marggraf zum Hofrath und legte ihm die damit verbundene Besoldung bey. Vier Jahre nachher ward er nach Abgang des Archivars dem Archive mit dem Prädikate eines geheimen Ar-

chiv=

chidhalters vorgesetzt. Zu dieser Stelle war er, wie gebohren. Denn er gab dem Archive eine ganz neue Gestalt, schafte das Verlorne wieder herbey, ergänzte die Lücken, und entzifferte die verblichenen Urkunden. Um diese desto besser erklären zu können, entwarf er sich ein Gloßarium über die alte Sprache von Rudolph von Habsburg Zeiten an, wobey ihm seine Kenntnisse der altteutschen Dialekte, Geschichte, und Rechte zu statten kam. Dieses Gloßarium kaufte hernach der Marggraf von seinen Erben, und befahl es als einen Schlüssel des Archivs aufzubewahren. Die anhaltende Arbeit aber, die die Umschaffung des Archivs anfangs erfoderte, zog Drollingern das einseitige Kopfweh zu, das ihn hernach immer plagte. Seine Station brachte es mit sich, daß er in wichtigen Fällen Deductionen für das Badensche Haus ausarbeiten muste, und auch hierinnen leistete er demselben wichtige Dienste.

Eine von seinen vornehmsten Erhohlungen war die Dichtkunst. Bey seinen ersten Versuchen bequemte er sich nach der damals herrschenden Mode, und dichtete in der Manier des Hofmannswaldau und Lohenstein. Einer seiner

ver=

vertrauten Freunde, der Profeſſor Bernoulli
zu Baſel ermunterte ihn, ſtatt jener Poeten lie=
ber den Caniz und den Beſſer zu leſen, und
brachte ihn allmählig von der Neigung zum Un=
natürlichen zurück. Das älteſte Datum in ſeinen
gedruckten Gedichten iſt das vom Jahr 1718 über
den Tod ſeines Vaters. Sonſt verfertigte er
zwar in der Jugend mehr Gedichte, als in den letz=
ten zwanzig Jahren, aber dennoch verwarf er
in der Folge faſt alle ſeine frühern poetiſchen
Aufſätze. Eine Ode zum Lobe der Gottheit
von ihm ward 1733 ohne ſein Vorwiſſen an die
teutſche Geſellſchaft in Leipzig geſchickt, die ihn
drauf unter ihre Mitglieder aufnahm. Von der
Zeit an lieferte er verſchiedene Beiträge zu den
Schriften und Ueberſetzungen dieſer Geſellſchaft.
In jenen Zeiten waren Zürch und Leipzig noch
einig, daher auch Drollinger in ſeinen Gedich=
ten S. 97 auf einer Seite Bodmern und Gott=
ſcheden lobt. Geſchäfte, Kopfweh, und plötz=
licher Tod vereitelten bey ihm noch manches poe=
tiſche Vorhaben. So wollte er noch mehrere
Pſalmen überſetzen, insbeſondre aber ein Lehr=
gedicht über den Menſchen ſchreiben; doch, ohne
ſich Popen dabey zum Muſter zu nehmen. Er
las

las nach und nach alle die vornehmsten Dichter in ihren Originalsprachen, nur die Kenntniß der griechischen gieng ihm ab. Dies bedauerte er oft, und er würde gewiß auch noch diese Sprache in seinen männlichen Jahren erlernt haben, wenn er Muße dazu gehabt hätte.

Naturgeschichte, und vornemlich Botanick war nächst der Poesie sein liebster Zeitvertreib. Er untersuchte in Gesellschaft des Professor Stä=helin die Bestandtheile der merkwürdigsten Pflan=zen, und machte sich nicht blos bekannt, was andre darüber geschrieben, sondern konnte auch oft seinen Freunden eigne Entdeckungen darinnen mittheilen. Manche seiner Nebenstunden wid=mete er auch der Betrachtung von Mahlereien, die er gleich einem Künstler zu beurtheilen wuste. Er erlangte diese Kenntniß durch genauen Um=gang mit einem berühmten Baseler Mahler, Jo=hann Rudolph Huber. Oft machte er sich einen nützlichen Zeitvertreib mit alten und neuen Mün=zen, in deren Erklärung er eine solche Geschicklich=keit erlangte, daß selbst große Numismaticker ihn deswegen bewunderten. Besonders war ihm die Anordnung und Ergänzung des fürstli=chen Münzkabinetes angelegen. Von den Mün=
zen

zen der mittlern und neuern Zeiten hatte er eine
so große Menge durchforscht, daß er deren bey
fünftausend selbst in Gyps abdruckte, welche
Abdrücke nach seinem Tode für das fürstliche Kabinet erkauft wurden. Er hinterließ auch ein
Manuscript von der Nutzbarkeit und Kenntniß
der neuern Münz-und Schaustücke. Kurz, seine immer wachsende Liebe zu den schönen Künsten breitete sich über alle Meisterstücke derselben
aus, und sein Geschmack in denselben ward so be-
rühmt, daß nicht nur Fürsten, sondern selbst
Künstler zu ihm reisten, nicht sowohl die ihm anvertrauten Seltenheiten zu sehn, als sich mit
ihm darüber zu unterreden.

Sein Fürst pflegte ihn selbst mit dem Namen
des Eifrigen zu bezeichnen. Als der Marggraf
in Kriegsunruhen nach Basel flüchten muste, leistete Drollinger unter seinen Augen die wichtigsten Dienste, doch ohne Geräusch. Man bemerkte seinen Einfluß in alle Geschäfte, nicht seine Mühe. Dafür wurde ihm, gleich den übrigen Räthen, Sitz und Stimme in der Regierung
übertragen. Zwar wollte der Fürst mehrmals seinen Diensteifer mit einem höhern Karakter beloh-
nen, aber er lehnte es aus Bescheidenheit ab. So
wurde

wurde ihm im Jahr 1727 die Stelle eines Lehn=
probstes angetragen, die er aber zu Gunsten ei=
nes Freundes ausschlug. Vier Jahre vor seinem
Tode sollte er den Titel eines geheimen Hofraths
erhalten, aber er verbat es sich. Dafür ward
ihm seine Besoldung beträchtlich erhöht, wie ihm
dann der Fürst häufige Proben seiner Gnade,
und seines Zutrauens gab. Er brauchte ihn zu
vielen geheimen Aufträgen, und ließ durch ihn
sein Testament entwerfen. Drollinger war es,
welcher den Rath gab, für das fürstliche Archiv
ein Gebäude zu Basel zu errichten, um es vor
Krieg und Feuer zu sichern, und unter seiner
Aufsicht kam ein prächtiger Bau daselbst zu
Stande.

Für Basel behielt er immer eine vorzügliche
Liebe. Er diente den Einwohnern in wichtigen
Prozessen unentgeldlich, und nahm sich ihrer, so
viel er nur konnte, bey seinem Fürsten an. Er
prieß sich glücklich, weder Zeit, noch Geld auf
Reisen verloren zu haben, weil er sonst Basel
weniger hätte genießen können. Vornemlich
deswegen schlug er ansehnliche Beförderungen
aus, weil sie ihn von Basel entfernt haben wür=
den. Auch war er daselbst, obgleich in fremden

Dien=

Dienſten, in der gröſten Achtung, und bey allen Einwohnern beliebt. Mit ihm in Verbindung zu ſtehn, diente ſchon zur Empfehlung, und ihn nicht zu kennen, ward für Schande gehalten.

Er ſtarb unverheirathet den erſten Junius 1742, da ihn ein Steckfluß überfiel, oder, wie einige glaubten, ihm ein Geſchwür im Kopfe aufgieng. Doch hatte er ſchon ſeit geraumer Zeit eine ſo plötzliche Todesart ſelbſt vermuthet. Ein allgemeines Schrecken verbreitete ſich, als ſein Tod kund ward, durch die ganze Stadt, und jeder beklagte ihn, als wenn er in ihm einen Freund verloren hätte.

Er war ein ſehr frommer Mann, und ſeine Ehrfurcht gegen Gott beweiſen ſeine Gedichte. Er las überhaupt ſehr gut, aber dann am beſten, wenn er etwas zum Lobe der Gottheit vorlas, hier gab ſein Ton einer jeden Sylbe Kraft und Leben. Sorgfältig vermied er alles, was ihm in Religionsſachen Streit, oder Verdacht hätte zuziehen können. Er war friedlich in Urtheilen über Sachen, die nicht das Weſen der Religion betreffen, und befliß ſich dafür einer thätigen Moral. Stets beſtimmte er etwas Gewiſſes von ſeinen Einkünften zu Wohlthaten, die er auf

P die

die edelste Art austheilte. Sein Herz war zur Freundschaft gemacht, diejenigen aber, mit denen er am vertrautesten umgieng, waren der Ritter Schaub, der sich an vielen Höfen als ein geschickter Staatsmann bekannt gemacht hatte, der Scholarche Raillard, der Staatskanzler Christ, der Professor Bernoulli, der Hofrath Mangold, der geheime Rath Burkard, der Mahler Huber, der Professor Stähelin, der Doctor Burtorf, der Pfarrer Burtorf, der Pfarrer Beuter, und der (auch durch Gedichte bekannte) Professor Spreng.

Dieser letztere gab seine poetischen Werke unter dem Titel heraus: Herrn K. F. Drollinger's Gedichte samt andern dazu gehörigen Stücken, wie auch einer Gedächtnißrede auf denselben ausgefertigt von J. J. Spreng, Basel, bey Mechels Wittwe, 1743, 8°. Voran steht das Bildniß des Dichters von Heumann nach Huber gestochen. Die Sammlung ist in zwey Theile eingetheilt. Der erste Theil enthält die von dem Verfasser selbst gesammelten Gedichte, die er noch kurz vor seinem Tode dem Spreng übergeben, daß er sie nach seinem Absterben herausgeben sollte. Auf sein ausdrück-
liches

liches Verlangen verbesserte Spreng einige
Stellen darinnen. Denn Drollinger war sie mit
ihm Zeile für Zeile durchgegangen, und wuste,
wie vertraut Spreng mit seiner Denkungsart
und Manier war, weil sie oft gemeinschaftlich
mit einander gearbeitet hatten. Der zweite
Theil begreift die aus Drollinger's hinterlaßnen
Papieren gezognen Aufsätze, die vornemlich der
Pfarrer Burtorf dem Herausgeber mittheilte.
Spreng sagt von diesem Theile in der Vorrede:
„Die Sammlung würde, wenn sie unter den
„Augen des Verfassers selbst hätte geschehen kön=
„nen, um ein merkliches kleiner ausgefallen
„seyn, und wir würden viele Stück von seiner
„Hand haben entbehren müssen, die er wegen
„eines gar zu zärtlichen poetischen Gewissens ganz
„unterdrücken, oder doch ändern wollte, und
„deren er sich doch nicht zu schämen hatte." Die
Gedächtnißrede, die Spreng 1743 in einem aka=
demischen Hörsaale zu Basel gehalten, ist die
Quelle meiner Nachrichten gewesen.

In dem ersten Theil findet man: 1) Geist=
liche und moralische Gedichte theils in lyri=
schen, theil in didactischen Sylbenmaasen. Die
Oden zum Lobe der Gottheit, über die Unsterb=

lichkeit der menschlichen Seele, und über die göttliche Vorsehung sind darunter die vornehmsten. Die Ode über die Unsterblichkeit fängt also an:

> Regentinn meiner Leibeshütte,
> Ich eile nun zu langer Ruh.
> Dem Körper naht mit schnellem Schritte
> Die Herrschaft der Verwesung zu.
> Kaum stößt annoch des Herzens Höhle
> Das halb verrauchte Lebensöhle
> Mit müden Schlägen langsam aus.
> Die Muskeln sind entspannt, und schwinden,
> Der Sinnen schmächliches Empfinden
> Verkündigt schon der Fäulniß Graus.

Drey Psalmen sind paraphrasirt. In didactischen Sylbenmaaßen sind z. E. die Gedanken bey einem Spatziergange, und die Betrachtungen über die Religionsspötter. Auch steht hier ein prosaischer Aufsatz, den der Verfasser 1726 in den Hamburgischen Patrioten einschickte, und der einen Traum enthält. 2) Vermischte Gedichte. Viele davon sind didactisch. So wird bey Gelegenheit einer Hiacinthe eine Betrachtung überhaupt über das Wachsthum der Pflan-

Pflanzen angestellt. In dem Gedichte an Huber werden die Reize der Mahlerey geschildert, in dem Gedichte an sein Vaterland sind die Schicksale desselben erzählt. Doch kommen auch eine Ode, ein Paar Sonnette, und ein poetisches Sendschreiben vor. 3) Leichen- und Trostgedichte. Eines darunter über den Tod von Haller's Mariane, beweist die Freundschaft zwischen den beiden Dichtern. 4) Sinnschriften, und dergleichen kleine Gedichte. Darunter ist ein Grablied auf einen Rattenfänger, der mit Alexandern verglichen wird. Dies Gedicht könnte unter den Romanzen der Teutschen stehn. 5) Fabeln und Uebersetzungen. Drey Fabeln sind von des Verfassers eigner Erfindung. Eine hat er dem Horaz, zwey Lamoten nacherzählt. Eine Erzählung aus Popens Versuchen, und eine aus Boileau's Dichtkunst ist frey nachgeahmt. Ausser einer Ode des Horaz, sind noch einige Kleinigkeiten in Versen übersetzt. 6) Pope Versuch von den Eigenschaften eines Kunstrichters, in Prosa übersetzt, stand vorher 1741 in der Zürcher Sammlung kritischer, poetischer, und andrer geistreicher Schriften im ersten Stük. — Der zweite Theil besteht aus folgenden Stükken.

ken. 1) Leichen= und Trostgedichte. 2) Vermischte Gedichte, worunter eines von der Tyranney der teutschen Dichtkunst überschrieben ist, und von den Schwierigkeiten der teutschen Versifikation handelt. 3) Unvollkommne Gedichte, die der Herausgeber besser ungedruckt gelassen hätte. Das merkwürdigste darunter ist ein kleiner Anfang von einer poetischen Uebersetzung des Pultes von Boileau. 4) Prosaische Briefe, die nicht viel Wichtiges enthalten. 5) Anhang einiger fremder, Drollingern betreffenden Stücke. 6) Trauer= und Lobgedichte auf Drollinger, worunter die von Brockes und Bodmer die vornehmsten sind.

Viele gute und edle Gedanken in einem passenden und fließenden Ausdruck findet man in Drollinger's Werken. Mehr sanfte, als feurige, mehr richtige, als starke Stellen lassen sich daraus auszeichnen. Hätte er sich ganz dem Lehrgedichte, oder auch der komischen Poesie gewidmet, so würde er vielleicht noch gelesen werden, da man jetzt nur seine Verdienste in Beziehung auf seine Zeiten schätzt. Seine sogenannten Oden sind leere Deklamationen, und gränzen zu sehr an die Prosa.

XVII.

XVII.
Johann Elias Schlegel.

Johann Elias Schlegel ward zu Meißen den 28 Jänner 1718 gebohren. Sein Vater war Johann Friedrich Schlegel, Kursächsischer Appellationsrath, und Stiftsyndikus zu Meißen, und seine Mutter Ulrike Rebecke, eine Tochter des Superintendent Wilkens zu Meißen. Bis in sein funfzehntes Jahr ward der junge Schlegel durch Privatlehrer unterwiesen. Da er sah, daß einer davon, ein gewisser Magister Senf, in seinen Nebenstunden den Plautus las, so konnten ihn keine Schwierigkeiten abhalten, ihn auch für sich zu studieren. Schon im zwölften Jahre, da ihm Hankens und Neukirchens Reime in die Hände fielen, fieng er an, teutsche Verse zu machen. Vortreflich vorbereitet, ward er auf die berühmte sächsische Schule Pforta bey Naumburg geschickt, wo er sogleich in die oberste Klasse gesetzt wurde. Von der sechs Jahren, die ein

Schüler hier zubringen muß, war er vier Jahre in der obersten Klasse, wobey er stets die Aufsicht über einen aus den untern Klassen, und unter andern über seinen eignen Bruder Johann Adolph Schlegel führen muste, und in den letzten beiden Jahren war er der erste in der ganzen Schule. Seinen Lehrern auf dieser Schule, besonders dem Rektor Freytag, hatte er eine vertraute Bekanntschaft mit der klassischen Litteratur zu danken. Dazu kamen würdige Freunde, die er hier fand, mit denen er wetteifern, und deren Kritik er benutzen konnte, z. E. Krause, Geyer, Schröter, und vornemlich der jetzige Herr Direktor Heinze zu Weimar.

Doch den meisten Nutzen brachten ihm die Erinnerungen seines eigenen Vaters, der gute natürliche Fähigkeiten mit Freimüthigkeit in Urtheilen, und mit Einsichten in allen Theilen der Gelehrsamkeit verband, der die Poesie liebte, selbst Verse machte, und bey allen seinen vielen Arbeiten sich mit nichts lieber beschäftigte, als mit den Studien seiner Kinder. Er pflegte immer von ihnen Rechenschaft darüber, meistens in lateinischen Briefen, zu fodern, und ihnen ausführlich, oft in ganzen Abhandhandlungen, zu antworten. Er gab ihnen allerley Proben auf, und beurtheilte sie. Er überließ es ihnen, selbst Entwürfe über die Einrichtung ihres Studierens zu machen, warnte sie aber vor denen dabey gewöhnlichen Fehlern. Weil sein Vater die Bienenzucht sehr liebte, so unternahm der junge Schlegel schon 1735 eine poetische Uebersetzung des vierten Buches von Virgil's Georgikon, die er aber in dem folgenden Jahre immer wieder umarbeitete. Diese Unverdrossenheit im Umarbeiten ist eines mit von den Mitteln, wodurch er eine vorzügliche geschmeidige Versifikation erlangte. Kaum rieth ihm sein Vater, die Briefe des Horaz zu studieren, so übersetzte er sogleich sehr viele davon, und verbesserte die Uebersetzung da, wo es sein Vater für nöthig fand. Auf Anrathen desselben übersetzte er auch 1737 die Cyropädie des Xenophon.

Von der Lektüre der griechischen Dichter befeuert, machte er schon auf der Schule eine prosaische Uebersetzung von der Electra des Sophokles. Kaum hatte er den Euripides gelesen, so verfertigte er nach demselben und mit Hülfe von Gottsched's Dichtkunst ein eignes Trauerspiel Hekuba, dem er in der Folge den Titel

die Trojanerinnen gegeben. So veranlaßte ihn ferner die Iphigenia des Euripides, ein Trauerspiel, die Geschwister in Taurien, zu schreiben, das er hernach Orest und Pylades nannte. Alle diese Versuche wagte er ohne Beistand, ja ohne Vorwissen seiner Lehrer. Seine Schulfreunde vereinigten sich einst, diese Stücke unter sich aufzuführen, welches aber wegen der Verfassung der dortigen Schule so heimlich als möglich in einer abgelegenen Zelle geschehen muste. Sein Bruder Johann Adolph Scheegel beschreibt in einer Anmerkung zum Batteux S. 50. den Enthusiasmus, womit er seine Trauerspiele ausarbeitete, folgendermaßen: „Tiefsinn und Feuer „blickten alsdann aus seinen Augen. Seine gan„ze Brust war in Arbeit, sie athmete schneller, „ihr Athmen gieng in ein, obwohl nicht wildes, „doch lebhaftes Schnauben über. In diesem Zu„stande goß er seine Verse in vollem Strome oft „zu Hunderten hin. Aber oft strich er des Mor„gens drauf mehr als die Hälfte durch, oder zog „sie enger zusammen, oder achtete es nicht, sie „zu dreißigen, vierzigen wieder umzuschmelzen, „und zwar in gleicher Begeisterung, die sich im „Durchlesen, wenn ihm hier und da eine neue
„Idee

„Idee aufstieß, schnell wieder entzündete. Denn „auch für sich allein durchlas er seine Verse mit „eben dem Feuer, mit welchem er sie nieder=„schrieb, und im Ausbessern war er unermüdet." Das letztere bezeugt auch Gellert, wenn er (Werke Th. X. S. 41) sagt: „Schlegel stritt „von Herzen, wenn man seine Gedichte tadelte, „gieng mit dem Trotze eines Poeten hinweg, der, „was gut wäre, besser, als seine Kunstrichter, „zu empfinden glaubte, kam in einigen Stunden „demüthig zurück, und hatte die mit großer „Hitze vertheidigten Stellen alle glücklich geän=„dert. Er las seine Verse gern vor, um Kritik=„ken darüber zu hören, deklamirte aber nicht „zum besten."

Unter seinen Mitschülern war Schlegel we=gen seiner dramatischen Versuche in großem An=sehn, ja einige suchten sogar seine Nachahmer zu werden. So schrieb ein gewisser Schell eine Dido, da dies Stück aber sehr schlecht ausfiel, so veranlaßte dies Schlegeln, auch ein Trauer=spiel aus dieser Geschichte zu verfertigen. Auch noch auf der Schule schrieb er ein kleines epi=sches Gedicht: Bemühungen Irenens und der Liebe. Ueberhaupt hatte Schlegel schon in sei=

ner

ner Jugend ein gesetztes Wesen über seine Jahre, und selbst in seiner Freundschaft herrschte ein gewisser Ernst.

Seine dramatischen Arbeiten wurden, ehe er noch die Schule verließ, auch ausserhalb bekannt, und z. E. die Geschwister in Taurien im Anfang des Jahres 1739 zu Leipzig aufgeführt. Doch kannte er schon damals die Mängel dieser jugendlichen Versuche so sehr, daß er am Ende seiner Schuljahre die Hekuba ganz vernichtete. Er setzte sich auf die Art ausser Stand, sie umzuarbeiten, wie er nachher bey reiferer Ueberlegung wünschte, bis er erfuhr, daß ein Freund eine Abschrift davon behalten hatte, die er hernach bey den Trojanerinnen zum Grunde legte.

Im Jahr 1739 zu Ostern gieng er auf die Universität Leipzig. Hier hörte er unter andern den großen Philologen Christ den Plautus erklären. Doch hatte er auch hier seinem Privatfleiße das Meiste zu danken. Er hatte seinem Vater, der eine große Vernachläßigung der höhern Wissenschaften von ihm fürchtete, versprechen müssen, die Poesie einige Zeit ruhen zu lassen, und sich fürs erste der Philosophie, Geschichte, und Rechtsgelehrsamkeit mit allem
Fleiße

Fleiße zu widmen. Hierinnen folgte er ihm aufs genaueste, und studierte emsig die juristischen Werke, deren Lektüre ihm sein Vater anrieth. Allerdings entstand zuweilen ein Kampf in ihm zwischen der Neigung zur Poesie, und der Pflicht, die Rechte zu erlernen, worüber er selbst in einer Epistel an einen Schulfreund Krause (Werke Th. IV. S. 63.) sagt:

Ein Jahr lang wollt' ich mich des Reimens ganz
begeben,
Der Dichtkunst mich entziehn, und nur den Rechten leben,
Doch nun beschließet kaum der Mond den dritten Lauf,
So wacht der alte Trieb im Herzen wieder auf.

Er konnte sich indessen nicht enthalten, zuweilen zu der Lektüre der Alten zurückzukehren, er verfertigte sogar eine Uebersetzung von des Cicero rhetorischen Büchern an den Herennius.

Sein Vater erließ ihm noch vor Ende des Jahres 1739 seine Zusage in Ansehung der Poesie, und er verbesserte daher noch in diesem Jahre sein Trauerspiel die Geschwister von Taurien, das er nun Orest und Pylades nannte.

Im

Im Jahre 1740 ward er mit Gottscheden genauer bekannt, den er schon über die Philosophie gehört hatte, und dessen Ruhm damals noch in vollem Flore stand. Gottscheden war nichts angenehmer, als junge Dichter mit sich zu verbinden, und da er gerade damals eine teutsche Schaubühne herausgeben wollte, so muste ihm Schlegel's Bekanntschaft sehr erwünscht seyn. Gottsched wollte seiner Schaubühne eine Uebersetzung von Aristoteles Dichtkunst voranschicken, und zur Erläuterung ein griechisches Trauerspiel beifügen. Da er nun hörte, daß Schlegel schon sonst an einer Uebersetzung von der Electra des Sophokles gearbeitet habe, so verlangte er von ihm eine Uebersetzung dieses Stücks in reimlosen Versen. Aber Schlegel verfertigte sie dennoch in gereimten, theils, weil die reimfreien damals noch wenig Beifall fanden, theils, weil er selbst den Reim liebte. Gottsched behielt diese Uebersetzung, da das Vorhaben mit dem Aristoteles unterblieb, lange bey sich, bis sie der Verfasser 1747 zurückfoderte. In Gottsched's kritischen Beiträgen erschien 1740 ein poetischer Brief, von Schlegel an Gottsched gerichtet. Die Veranlassung dazu waren die unbilligen Urtheile, die Mau-
villon

villon in seinen Lettres sur les François et les Allemands über das Genie, und den Witz der Teutschen gefällt hatte. Als er sich einst mit Gottsched über ein Trauerspiel Lukretia unterredete, das Koppe, der schlechte Uebersetzer des Tasso, an Gottscheden geschickt hatte, und worinnen keusche Ohren sehr oft beleidigt wurden, behauptete Gottsched, die Schuld läge an dem Sujet, das sich schwerlich anders behandeln liesse. Um das Gegentheil darzuthun, machte Schlegel selbst einen Entwurf zu einem andern Trauerspiele über diese Geschichte. So erzeigte er sich Gottscheden gefällig, und ehrte seinen Eifer für die teutsche Poesie, ohne sein Lehrling zu seyn. Er hörte nicht einmal Vorlesungen über die schönen Wissenschaften bey ihm, ob er gleich Mitglied einer unter ihm sich übenden Rednergesellschaft war.

Schon 1740 ward der Entwurf zu einem Trauerspiel aus der teutschen Geschichte gemacht. Denn schon damals fühlte es Schlegel, daß diese für uns mehr Nationalinteresse haben muste, als die griechische und römische Historie. Er wählte die Geschichte Hermann's, nannte das Stück aber damals noch Arminius.

Sein

Sein Vater ermunterte ihn um diese Zeit zu dem pragmatischen Studium der Geschichte, und entwarf selbst einen Plan, wie die Historie zu lernen wäre, den sich der Sohn zur Richtschnur wählte. Er hörte bey Maskow die Reichsgeschichte, und las für sich die besten Werke darüber, ja, er machte in einem Aufsatz über den Karakter Kaiser Konrad III. einen eignen Versuch, die Triebfedern menschlicher Handlungen zu beurtheilen. Als er in der Geschichte von Konrad III. auf seinen Nachfolger Friedrich kam, so wählte er sich den berühmten Gegner desselben Heinrich den Löwen zu einem Gegenstand der epischen Poesie, zu der er schon längst eine Neigung hatte. Er fieng 1742 ein Heldengedicht über diesen Gegenstand an, und kam in der Folge bis in das zweite Buch desselben. Weiter aber fuhr er nachher nicht fort, weil unterdessen der Anfang der Messiade erschienen war, und er die Meinung hegte, es komme bey der Epopee viel darauf an, der erste bey einer Nation in dieser Gattung gewesen zu seyn.

Im Jahre 1741 versuchte er sich zuerst in der Komödie, und schrieb ein Nachspiel die entführte Dose, das zu Leipzig mit Beifall aufgeführt

führt ward, und das er dennoch bey einer genauern Revision des Druckes unwerth fand. Bald hernach schrieb er ein größeres Lustspiel: Der geschäftige Müssiggänger, das aber erst 1743 im vierten Bande der Gottschedischen Schaubühne im Druck erschien.

Eine andre Komödie: Die Pracht zu Landheim, verfertigte er im Jahre 1742. Als er sie aber, seinem Vater, wie alles zur Kritick übergab, befürchtete dieser nach seiner Abneigung gegen alle Satire, daß man bey der natürlichen Schilderung der Karaktere in diesem Stücke irgend eine persönliche Absicht muthmaßen möchte. Sogleich faßte Schlegel den Vorsatz, das Lustspiel zu unterdrücken, wirklich eine große Versäugnung von einem jungen Dichter! Auch arbeitete er noch zu Leipzig an einer Komödie, die drey Philosophen, die aber immer Fragment geblieben ist.

Die Manuscripte jener Stücke waren in die Hände mehrerer Personen, und also auch der Theaterprinzipalinn Neuberinn gerathen, die z. E. den Hermann aus dem Manuscripte aufführte. Sie bekam hierauf Lust, Schlegel's Stücke in ihrer ersten rohen Gestalt, mit denen Verän-

Q derun=

derungen, die die Schauspieler eigenmächtig
damit vorgenommen hatten, mitten unter elen=
dem Zeuge von ihrer eignen Fabrick drucken zu
lassen. Daher faßte der Verfasser schon damals
den Entschluß, seine theatralischen Werke selbst
zu sammeln, aber die Begierde, sie zu verbessern,
verzögerte für jetzt noch die Ausführung.

In seinen Universitätsjahren lieferte Schlegel
auch verschiedne kritische Beiträge zu Gottsche=
dischen Journalen, zu den Beiträgen zur kriti=
schen Historie der teutschen Sprache, Poesie,
und Beredsamkeit, und zum Büchersaale; z. E.
über die Nachahmung, über die Komödie in
Versen u. s. w. die sich unter den Gottschedi=
schen Sachen sehr auszeichneten, und Beweise
eignen Nachdenkens waren. So nahm er auch
an denen seit 1741 von dem Gottschedianer
Schwabe herausgegebenen Belustigungen des
Verstandes und Witzes Antheil, aber ohne an
den Gottschedischen Streitschriften, die darin=
nen erschienen, Theil zu nehmen. Er ward da=
durch so wenig Gottschedianer, als Rabener,
Gellert, und Kästner, wovon die zwey letztern
zu Schlegel's Freunden gehörten. Poetische
Briefe

Briefe, und anakreontische Oden waren es vornemlich, was er zu dieser Monatsschrift beitrug.

Mit so vielfältigen Arbeiten brachte er die kurze Zeit seines akademischen Lebens hin. Denn er war nicht über viertehalb Jahr in Leipzig, und doch las er dabey die besten Bücher in der Geschichte, und Rechtsgelehrsamkeit, und trieb die französische, englische, und italienische Sprache. Er haßte (wie uns Gellert in seinen Werken Th. X. S. 40 erzählt) beinahe die Pandecten, aber seinem Vater zu Gefallen zwang er sich, und trieb sie mit solchem Eifer, daß, als er sich examiniren ließ, Rechenberg ihm eine öffentliche Unterstützung versprach, wenn er Doctor werden wollte. Dies alles konnte er nur dadurch leisten, daß er, um ungestört alle Stunden zu benutzen, Herr seiner Zeit zu bleiben suchte, ausser, daß es im letzten Jahr seine Umstände erfoderten, eine Art von Hofmeisterstelle anzunehmen, deren er sich doch sobald als möglich wieder entledigte. Vom Jahr 1741 an muste er seinem Bruder Johann Adolph Schlegel mit Rath beistehn, der nun auch auf die Universität kam, aber dies that er mit Vergnügen, nicht allein aus brüderlicher Liebe, sondern

auch,

auch), weil ihnen die Liebe zu den schönen Wissenschaften gemein war.

Gegen das Ende des Jahres 1742 that er alles, was erfodert ward, um mit den gewöhnlichen Proben des Fleißes in der Rechtsgelehrsamkeit die Universität zu verlassen, und sich zu einer Beförderung in seinem Vaterlande den Weg zu bahnen, als ihn die Vorsehung andre Wege leitete. Der sächsische geheime Kriegsrath von Spener, der zum Gesandten am dänischen Hofe ernannt war, verheirathete sich damals mit der Wittwe eines Vatersbruders von Schlegel. Diese Verwandschaft, und die Geschicklichkeiten des jungen Schlegel bewogen den Herrn von Spener, ihn als seinen Privatsekretair mit nach Koppenhagen zu nehmen, welches im Anfang des Jahres 1743 geschah. Auf der Reise nach Dännemark lernte Schlegel mehrere Dichter kennen, besonders aber den Herrn von Hagedorn zu Hamburg, mit welchem er in der Folge einen vertrauten Briefwechsel unterhielt. In diesem Jahre 1743 erschien das Trauerspiel Hermann in der Gottschedischen Schaubühne.

In Koppenhagen beschäftigte er sich gleich nach seiner Ankunft mit Erlernung der dänischen

Spra=

Sprache, worinnen er es in kurzem weit brach=
te. Er erwarb sich das Vertrauen verschiedner
würdigen Gelehrten daselbst, und den Zutritt zu
vortreflichen Bibliothecken, die er besonders da=
zu benutzte, alles zu lesen, was die Geschicht=
schreiber des mittlern Zeitalters von Heinrich
dem Löwen melden, weil er immer noch den
Vorsatz hatte, ihm zum Helden einer Epopee zu
machen. Bey allen Geschäften, die ihm sein
Beruf auferlegte, und bey den Zerstreuungen,
die eine so große, und ihm so neue Stadt, wie
Koppenhagen, verursachte, blieb er doch der Poe=
sie getreu.

Als 1744 sich die in der Geschichte unsrer
Dichtkunst so merkwürdige Gesellschaft vereinig=
te, die die bremischen Beiträge zum Vergnü=
gen des Verstandes und Witzes herausgab, ward
Schlegel unerachtet der weiten Entfernung mit=
zuarbeiten eingeladen, und er schickte wirklich
verschiedene Gedichte und prosaische Aufsätze da=
zu ein. In demselben Jahre wagte er es, nach=
dem er in Dännemark Sprache, Verfassung,
Geschichte, Menschen, und Sitten durch Lektüre
und Umgang kennen gelernt hatte, seine Anmer=
kungen darüber in einer Wochenschrift, der

Fremde betitelt, vorzutragen. Der Herausgeber seiner Schriften merkt an, daß ihm Prosa viel saurer, als Poesie, geworden sey.

Bey einer Reise, die er in Begleitung des dänischen Hofes 1745 nach Holstein that, hatte er Gelegenheit, Hagedornen nochmals zu sprechen, und eine noch engere Freundschaft mit ihm zu errichten. Durch Hagedorn's Vermittlung fieng sich damals ein Briefwechsel zwischen Schlegel und Bodmer an, der bis dahin alle, die an den Belustigungen Theil genommen, für Gottschedianer angesehen hatte. Schlegel überschickte ihm jetzt einige seiner Trauerspiele zur Kritik. Sonst vollendete Schlegel 1745 eine von Gärtner angefangene poetische Uebersetzung von dem Glorieux des Destouches.

Im Jahr 1746 kehrte Schlegel mit neuem Eifer zu der dramatischen Poesie zurück. Mit der dänischen Geschichte nun gnugsam bekannt, wählte er er sich aus derselben einen Stof zu einem Trauerspiele, die Geschichte des Königs Kanut. Er arbeitete es aus, als er im Sommer auf einem Landgut bey Koppenhagen war, und ließ es mit einer Anrede an König Friedrich V. der damals den Thron bestieg, drucken. Es ward

ward von Jakob Graich, aber schlecht, ins Dänische übersetzt. Mit Giesecke gab er gemeinschaftlich heraus: Sammlung einiger Schriften zum Zeitvertreib des Geschmacks, worinnen folgende Schauspiele übersetzt standen: Der Klätscher von Voltaire, Deucalion und Pyrrha vom Saintfoix, die Mündel von Fagan, und die Melanide von la Chaussee.

Endlich führte Schlegel das längst gehabte Vorhaben, eine eigne Sammlung theatralischer Schriften herauszugeben, aus. Unter dem Titel theatralische Werke erschienen 1747 zu Koppenhagen der Kanut, die Trojanerinnen, die Uebersetzung der Electra, und ein neues Lustspiel, der Geheimnißvolle.

Zu Koppenhagen, wo man seit 1728 keine Schauspiele gesehen hatte, ward unter Friedrich V. Regierung die Liebe zum Theater von neuem rege. Es kamen nicht allein französische und teutsche Schauspieler nach Koppenhagen, sondern es bildete sich auch eine dänische Gesellschaft. Dies veranlaßte Schlegeln, ein Schreiben über die Errichtung eines dänischen Theaters, und Gedanken zur Aufnahme desselben zu entwerfen, indem er nirgends gleichgültig bleiben konnte, wo von der Bühne die Rede war, und sich in Dännemark schon wie nationalisirt betrachtete. Er arbeitete auch selbst für dieses neue dänische Theater. Denn die erste Vorstellung auf demselben 1747 ward mit einem Vorspiel von ihm, die Langeweile, eröfnet, das aus seiner teutschen Handschrift ins Dänische übersetzt wurde. In gleicher Absicht schrieb er bald hernach zwey Lustspiele, die stumme Schönheit, und der Triumph der guten Frauen, wovon jedoch nur das letztere ins Dänische übersetzt worden. Beide Stücke nebst der Langeweile ließ er 1748 unter dem Titel Beiträge zum dänischen Theater drucken.

Im Jahr 1747 ward die Ritterakademie zu Soroe erneuert. Holberg, der zur Erweiterung dieser Akademie seine zwey in der Gegend liegende Rittergüter bestimmte, hatte viel Einfluß auf die Besetzung der Lehrämter bey derselben. Er, der die teutsche Litteratur wenig kannte, und achtete, hatte dennoch viel Zuneigung für Schlegeln, der sich durch einen Brief an ihn selbst die Bekanntschaft mit ihm erworben hatte, und seit der Zeit manche Gefälligkeiten von Holbergen erhielt, weil diesem sein Fleiß in der dänischen Spra-

Sprache und Geschichte gefiel. Holberg gerieth daher bald nach Einweihung der Akademie von selbst auf den Gedanken, ihn zu einem Lehramte auf derselben vorzuschlagen. Aber die Stelle, die er ihm zudachte, war bereits einem andern versprochen, und Schlegel hatte damals gute Aussichten in seinem Vaterland, indem er zum sächsischen Gesandschaftssekretair ernannt wurde. Aber auf Antrieb des Staatsministers von Berkentin, und des Oberhofmarschalls von Moltke ward im Jahr 1748 der Vorschlag wieder in Bewegung gebracht, und Schlegel erhielt mit Genehmigung des sächsischen Hofes eine ausserordentliche Professur in Soroe, weil nämlich die gestifteten Stellen alle schon besetzt waren. Er sollte daselbst über die neuere Geschichte (weil für die ältere schon ein Lehrer da war) über das Staatsrecht, und über die Handlungswissenschaft lesen, zugleich erhielt er die Aufsicht über die akademische Bibliotheck. Ehe er noch sein Amt antrat, verheirathete er sich im Hause des sächsischen Gesandten zu Koppenhagen mit Johanna Sophia Niordt, einer Verwandtinn von der Gemahlinn des Gesandten.

Obgleich die Akademisten in Soroe anfangs in kleiner Anzahl, und seine Einkünfte dabey gering waren, so arbeitete er doch mit einem Eifer, als ob er reichlich wäre belohnt worden. Der Lehrvortrag wurde ihm sauer, dennoch las er nicht allein die ihm aufgetragenen Wissenschaften, sondern arbeitete auch an Lehrbüchern über die Handlung, und über die schönen Wissenschaften. Um den Geschmack seiner Zuhörer zu bilden, errichtete er eine Uebungsgesellschaft. In Nebenstunden arbeitete er an einer Geschichte Heinrich des Löwen, der er bey Gelegenheit des Heldengedichts, das er ehedem unternahm, sehr mühsam nachgeforscht hatte. Als eine Probschrift seines Fleißes in der dänischen Geschichte ließ er 1749 Coniecturas pro conciliando veteris Danorum historiae cum Germanorum gestis consensu drucken. Er zeigt in dieser Schrift die Schwierigkeiten, worein sich Torfäus verwickelt, da er die isländischen Kronicken mit einander vereinigen wollen, und behauptet, die Isländer hätten auswärtigen Völkern und Personen neue Namen gegeben, und von merkwürdigen Begebenheiten oft allegorisch geschrieben. Bey der Geburt des Kronprinzen 1749 nahm er an der

allge=

allgemeinen Freude des Landes durch ein Gedicht
Theil. Er arbeitete an einer Uebersetzung von
der trauernden Braut des Congreve, und an
einem Trauerspiel aus der ältern dänischen Ge=
schichte, das Gothrika heißen sollte. Er sam=
melte an Materialien zu einer Wochenschrift, die
er in Gesellschaft andrer Gelehrten herauszuge=
geben dachte, und worinnen historische und witzi=
ge Aufsätze abwechseln sollten.

So viele Arbeiten in einem Jahr, mit
Nahrungssorgen verbunden, erschöpften seine
Gesundheit, die an sich nicht die stärkste war.
Er hatte schon im ersten Jahre seiner Ankunft
in Dännemark eine langwierige Unpäßlichkeit
auszustehn, bey der er sichtlich abnahm. Und
ob er sich gleich durch Hülfe der Aerzte und ei=
ner guten Diät wieder erhohlte, ob er gleich
nachher mehrere Sommer auf dem Lande zuge=
bracht, und es ihm in Koppenhagen nicht an
aufheiternden Ergözungen gefehlt hatte, so hien=
gen ihm doch von der Zeit an immer Kopfschmer=
zen und andre Zufälle an, die kein langes Leben
prophezeihten. Er bekam im Anfange des Au=
gust 1749 ein hitziges Fieber, und starb am 13=
ten. Er hinterließ einen Sohn, der wenige
Wochen

Wochen vor seinem Tode gebohren war, und der sich hernach auf Mathematick gelegt hat. Der König sorgte für seine Wittwe, als ob er ein Innländer gewesen wäre, und ihm sein ganzes Leben hindurch gedient hätte.

Erst nach seinem Tode erschien 1750 eine Uebersetzung von den Lustspielen des Saintfoix, die er hinterlassen hatte.

Schlegel war im Umgang verbindlich, und, sobald er die Gedanken von seinen Arbeiten abziehen konnte, munter. Ob er gleich so früh angefangen hatte, Schriftsteller zu seyn, so benahm ihm doch dies nicht die Aufmerksamkeit auf Berufsgeschäfte, und auf die kleinern Pflichten des gemeinen Lebens. Er ließ sich zwar ungern auf häusliche Sorgen ein, aber er liebte doch eine vorsichtige Sparsamkeit, und war im höchsten Grade gnügsam. In der Freundschaft war er nicht feurig, aber auch nicht eckel, und dabey standhaft und thätig. Oeffentliche gelehrte Streitigkeiten haßte und mied er, aber freundschaftliche Kriticken theilte er gern mit. In Handlungen und Schriften strebte er nach Beifall, aber, ohne ihn erschleichen zu wollen.

Eine

Eine Sammlung seiner sämmtlichen Werke unternahm einer seiner jüngern Brüder Johann Heinrich Schlegel, der 1780 zu Koppenhagen als Justizrath und Professor gestorben ist, unter dem Titel: Johann Elias Schlegels Werke herausgegeben von Johann Heinrich Schlegel, Koppenhagen und Leipzig, erster Theil 1761, zweiter Theil 1762, dritter Theil 1764, vierter Theil 1766, fünfter Theil 1770, 8°. Von dem ersten Theile ist 1773 eine vierte Auflage erschienen. Hier stehen nun die Werke des Dichters in folgender Ordnung.

Im ersten Theile findet man lauter Trauerspiele in gereimten Versen, nämlich: 1) Orest und Pylades. Dies ist das Stück, das Schlegel anfangs die Geschwister in Taurien nannte, und das er bey seinem Leben nicht herausgab, weil es ihm immer noch unvollkommen schien. 2) Dido. Der letzte Aufzug erscheint hier viel besser, als ehedem in der Gottschedischen Schaubühne. Sonst ist der Ausdruck minder korrekt, als in spätern Stücken des Verfassers, und zuweilen etwas zu weitschweifig. 3) Die Trojanerinnen entstanden aus einer jugendlichen Nachahmung von der Hekuba des Euripides, die Schle-

gel

gel hernach unterdrückte. 4) Kanut. Unter dem Namen dieses dänischen Königs wird ein Ideal eines verehrungswürdigen Fürsten gezeichnet. Der Dichter legte dabey die Erzählung des Saxonis Grammatici zum Grunde. 5) Hermann. Als Schlegel noch in Teutschland war, wollte er, überzeugt, daß ein Trauerspiel aus der einheimischen Geschichte stärker interessire, einen Grafen von Wittelsbach, und mehrere vaterländische Stücke schreiben. Er vollendete aber nur dieses, das wegen der Mühe, die er darauf verwandt, sein Lieblingsstück war. 6) Uebersetzung von der Electra des Sophokles. Die Verfasser der bremischen Beiträge, deren Kritick er sie unterwarf, fanden sie für die Zeit gut, da sie war verfertigt worden, aber den übrigen Arbeiten des Verfassers nicht gleich. Er schrieb daher an den Verleger, sie aus seinen theatralischen Werken wegzulassen, aber sie war schon abgedruckt. Vor jedem Stücke schickt der Herausgeber historische Vorberichte voraus.

Der Innhalt des zweiten Theils ist dieser: 1) Lukretia, ein Trauerspiel in Prosa. Schlegel hielt die Verse dem Trauerspiel für unentbehrlich. Daher betrachtete er dies nur als eine un-

vollen-

vollendete Skizze, die er wirklich in der Folge zu versifiziren anfieng, wovon hier ein kleines Fragment steht. 2) Der geschäftige Müßiggänger, ein Lustspiel in fünf Aufzügen in Prosa, des Dichters erster, wenigstens größerer Versuch im Komischen. Ein emsiger Geschäftsmann, ein ungestümer Polterer, ein unthätiges Mädchen, eine Kleinigkeitspedantinn, ein leichtsinniger Etourdi, ein phlegmatischer Ehemann, und eine Mutter voller Affenliebe figuriren neben dem Hauptkarakter. 3) Der Geheimnißvolle, ein Lustspiel in fünf Aufzügen in Prosa. Die Veranlassung dazu gab dem Verfasser eine Beschreibung dieses Karakters, die Moliere im Misantrop Act. IV. Sc. 2 gegeben. Oft hatte der Dichter schon einen Versuch mit diesem Karakter gemacht, und immer es schwer gefunden, ihn so darzustellen, daß die Handlung selbst dadurch nicht zum Räzel würde. 4) Der Triumph der guten Frauen, ein Lustspiel in fünf Aufzügen in Prosa, ein Intriguenstück. Eine in eine Mannsperson verkleidete Ehefrau bringt ihren leichtsinnigen Mann zur Erkenntniß, indem sie seinen Nebenbuhler macht, und öfnet zugleich einem andern tyrannischen Ehemanne die Augen, daß er von

der

Tugend seiner Frau überzeugt wird. 5) Der gute Rath, ein Lustspiel in einem Aufzuge in Prosa, eigentlich mehr eine Reihe von Gesprächen, als ein Drama. Der Verfasser hatte es seiner Wochenschrift der Fremde eingeschaltet, und es hat die Absicht, die Thorheit derer zu schildern, die ihren guten Rath andern Leuten aufdringen. 6) Die stumme Schönheit, ein Lustspiel in einem Aufzuge in Versen. Es macht die Mädchen lächerlich, deren Schönheit alle Reitze verliert, sobald sie den Mund zum Sprechen öfnen. 7) Die Langeweile, ein allegorisches Vorspiel in Versen, bey dem Krönungsfeste Friedrich V. 1747 in dänischer Sprache nach der Uebersetzung eines gewissen Glosing aufgeführt. Auffer der Langeweile treten die Freude, die Komödie, der Scherz, der Verstand, der Menschenhaß, der Unverstand, Musick, und Tanz auf. 8) Unvollendeter Entwurf der Gothrika eines Trauerspiels in drey Aufzügen in Prosa. 9) Die Braut in Trauer, Fragment eines Trauerspiels, aus dem Englischen des Congreve nachgeahmt, in fünffüßigen reimfreien Jamben. Es sollte eine freie Uebersetzung geben, wo Personen und Szenen vermindert, und die allzulangen Reden

den abgekürzt würden. 9) Die drey Philosophen (Plato, Aristipp, und Diogenes am Hofe des Dionys zu Syrakus) Fragment von einem Lustspiel in Versen, nicht ganz drey Auftritte des ersten Aufzugs, nebst dem Plane der übrigen vier Aufzüge. 10) Proben aus einem Nachspiel, die entführte Dose, das der Verfasser selbst als seiner unwürdig verwarf, und aus einer Tragikomödie, der Gärtnerkönig, oder die Geschichte des Abdolonym. Diese Proben werden nur um des Sylbenmaaßes willen gegeben, das sie haben. Es sind reimlose Alexandriner, in denen aber die Cäsur in die fünfte Sylbe gesetzt ist.

Der dritte Theil begreift lauter prosaische Aufsätze, nämlich: 1) Nachricht und Beurtheilung von Herodes, dem Kindermörder, einem Trauerspiel von Johann Klaj, stand vorher in Gottsched's kritischen Beiträgen. Mehr die Regeln, die Schlegel bey seiner Beurtheilung zum Grunde legt, als die Zergliederung des elenden Stücks selbst, machen diesen Aufsatz wichtig. 2) Vergleichung Shakespear's und Andr. Gryph's bey Gelegenheit einer Uebersetzung von des erstern Julius Cäsar, die Berlin 1741 erschien. Shakespear behält zwar in der Parallele den Preis, aber Schlegel würde ihn gar nicht mit Gryph verglichen haben, wenn Gottsched es nicht damals Mode gemacht hätte, den Ausländern mit unsern ältern Dichtern Trotz zu bieten. 3) Schreiben über die Komödie in Versen, gerichtet gegen Straubens Versuch eines Beweises, daß eine gereimte Komödie nicht gut seyn könne, der in den kritischen Beiträgen stand. Straubens Hauptbeweis beruhte darauf, daß es unnatürlich sey, die Leute in Versen sprechen zu lassen. Straube antwortete in einer Abhandlung von den Ursachen, warum ein Trauerspiel nothwendig in Versen geschrieben werden müsse. 4) Abhandlung von der Nachahmung, durch jenen Streit veranlaßt. Denn, da sich Straube auf die Nachahmung der Natur berufte, so wird hier untersucht, wie weit man darinnen zu gehen habe. Diese Abhandlung erschien 1741 in den kritischen Beiträgen, also fünf Jahr eher, als die Werke von Batteux, worinnen die Nachahmung zum höchsten Grundsatz der schönen Künste gemacht wurde. 5) Von der Unähnlichkeit in der Nachahmung, stand vorher in den bremischen Beiträgen. 6) Demokrit, ein Todtengespräch, oder eine Kritick über das beleidigte Kostume in

Reg=

Regnard's Lustspiele, das diesen Titel führt, stand vorher in den Belustigungen. 7) Auszug eines Briefes an seinen Bruder Johann Adolph, welcher einige kritische Anmerkungen über die Trauerspiele der Alten und der Neuern enthält; besonders sind gute Vergleichungen zwischen den Griechen und Franzosen angestellt. 8) Von der Würde und Majestät des Ausdrucks im Trauerspiel, eine ehmalige Vorrede zu seinen theatralischen Werken. 9) Gedanken über das Theater, und insonderheit das Dänische, um 1746 geschrieben, es wird die Möglichkeit eines guten Theaters in Koppenhagen gezeigt. 10) Gedanken zur Aufnahme des dänischen Theaters, bey Eröfnung desselben 1747 geschrieben. 11) Rede von den Vortheilen der Beredsamkeit. 12) Rede von dem Nutzen der schönen Wissenschaften im gemeinen Leben, und in Geschäften. 13) Drey moralische Reden. 14) Ein Paar satirisch-moralische Aufsätze aus den Belustigungen. 15) Schreiben von den sinnlichen Ergötzungen, besonders vom Tanzen, aus den bremischen Beiträgen. 16) Verschiedene moralische Aufsätze, die zu einer Wochenschrift bestimmt waren, die der Bewunderer heißen sollte. 17) Die Prinzeſſinn Zartkinda, und Prinz Typhon, ein Feen‌mährchen aus dem Franzöſiſchen überſetzt. 18) Die Pracht zu Landheim, Bruchſtücke des auf Verlangen ſeines Vaters unterdrückten Luſtſpiels.

Im vierten Theil findet man lauter Gedich‌te, nämlich: 1) Zwey Bücher von der unvollen‌deten Nationalepopee Heinrich der Löwe in ge‌reimten Verſen; der Dichter bedient ſich allego‌riſcher Maſchinen. 2) Bemühungen Irenens und der Liebe, ein allegoriſch-epiſches Gedicht bey dem Beilager des Königs Karl von Sicilien mit einer ſächſiſchen Prinzeſſinn. Die Erfindung beruht auf der damals wahrſcheinlichen Vermu‌thung, daß dieſe Vermählung die Ruhe von Eu‌ropa dauerhaft machen würde. Der Verfaſſer war ein und zwanzig Jahr alt, als er dieſes Ge‌dicht verfertigte. 3) Briefe und vermiſchte Gedichte. Die Briefe ſind in dem Tone des Horaz. Die erſten ſechſe waren vorher nicht gedruckt, die übrigen ſtanden in den kritiſchen Bei‌trägen, in den Beluſtigungen, und in den bre‌miſchen Beiträgen. Zuweilen werden hier auch allgemeine Gegenſtände, z. E. die Verſchiedenheit der menſchlichen Begriffe, die Liebe des Vater‌landes, der Nutzen der Mathematick für den

Dichter

Dichter u. s. w. ausgeführt. 4) Vier Erzählungen, die schon vorher in periodischen Schriften standen. 5) Oden, unvollkommner, als alle seine übrigen Gedichte, besonders ist in seinen jüngern Versuchen der Art eine Zusammenhäufung von Bildern, die nicht immer am rechten Orte stehen. 6) Sieben Kantaten, wovon ein Paar von Scheibe komponirt worden. Als frühe Versuche unsrer musikalischen Poesie verdienen sie bey allen ihren Unvollkommenheiten bemerkt zu werden. Eine ist aus dem Roußeau, und eine aus Metastasio übersetzt. 7) Anakreontische Oden in gereimten Versen, größtentheils an ein Paar witzige und artige Mädchen in Leipzig gerichtet. 8) Kleinigkeiten, worunter auch noch ein Auftritt aus einem Lustspiele ist, das die größte Verwegenheit heißen sollte. 9) Zwey historische Abhandlungen über die Achtserklärung Heinrich des Löwen, und über einen besondern Fall in der kastilianischen Thronfolge.

Endlich im fünften Theile stehet: 1) Das Leben des Dichters, von dem Herausgeber entworfen. Dieser Lebensbeschreibung habe ich das Meiste und Wichtigste von meinen Nachrichten, ja oft die Worte zu danken, indem ich sie nur

hier

hier und da zu verkürzen nöthig hatte. 2) Elegie auf den Tod des Dichters von Johann Adolph Schlegel. 3) Die Wochenschrift, der Fremde, mit erläuternden Anmerkungen des Herausgebers. — In dieser sehr vollständigen Ausgabe sind mehrere Aufsätze und Gedichte enthalten, bey deren Unterdrückung das Publikum nichts verloren haben würde.

So wie man in Teutschland gern von einem Aeussersten auf das andre fällt, so ist man von dem Vorurtheil, als wenn jedes Trauerspiel versifizirt seyn müste, auf ein andres übergegangen, als wenn alle Schauspiele in Prosa abgefaßt werden müsten. Man hat es daher auch neuerlich versucht, Schlegel's Stücke, in Prosa aufgelöst, aufzuführen. Gedruckt ist der Versuch, den man mit dem Kanut machte, in den Schauspielen für die teutsche Bühne von Büschel, Leipzig, 1780. In dem ersten Theil des komischen Theaters der Teutschen älterer und mittler Zeiten, das Herr Mylius 1783 herausgab, findet man die stumme Schönheit unter dem Titel: der glückliche Tausch vom seeligen Lotich in Prosa übersetzt. In eben dieser Sammlung hat Lotich den Triumph der guten Frauen unter dem Titel:

Selt-

Seltne Treue, oder, giebt es viel solche Weiber? abgekürzt, und den Dialog hier und da modernisirt.

Hermann ward von Mr. Bauvin sehr frey ins Französische übersetzt unter dem Titel: Arminius, ou essai sur le theatre Allemand 1769. Eben derselbe Bauvin französirte das Stück noch mehr, indem er z. E. eine Liebe des Flavius zu Thusnelden einflocht, und so ward es 1773 unter dem Titel les Cherusques zu Paris nicht allein gedruckt, sondern auch aufgeführt.

Unter Schlegel's Werken sind die theatralischen, und insbesondre die Trauerspiele diejenigen, denen er die Unsterblichkeit des Namens zu danken hat. Schlegel trat zu einer Zeit auf, als das Trauerspiel unter den Händen von Gottsched, und den Gottschedianern armseelige Plane, unwürdig geschilderte Karaktere, und eine platte Sprache bekommen hatte. Er gab der Handlung einen natürlich fortschreitenden Gang, und einzle interessante Situationen, er behauptete seine Karaktere, und zeichnete sie durch einzle starke Züge aus, ließ seine Helden mit Würde sprechen, und gab seinen gedankenreichen Versen eine beneidungswürdige Leichtigkeit und Harmonie.

monie. Seine Plane waren freilich nach Art der Franzosen, und besonders des Racine angelegt, seine Erfindungen von der Art, wie sie jedem, der Belesenheit in französischen Trauerspielen hat, geläufig sind, seine Handlungen nicht reich, und mannigfaltig, seine Helden zu sehr Theaterhelden, in der Entwicklung der Karaktere zu wenig Darstellung der Natur, in seiner Sprache zu viel leere Deklamation, und zu wenig wahres Pathos, mehr poetische Phraseologie, als Ausdruck der Sentimens, seine Sentenzen, so schön sie gesagt sind, zu häufig; aber nach dem Begrif, der damals vom Trauerspiel herrschte, leistete er allem dem Gnüge, was man damals von der Oekonomie, und dem Mechanismus desselben foderte. Er kannte und schäze die Engländer, aber er hielt die Franzosen für nachahmungswürdiger. Die Trojanerinnen sind im Plan sein vornehmstes Trauerspiel. Kanut ist am fleißigsten aufgeführt worden, weil die Schauspieler hier Gelegenheit haben, sich in den Rollen des ungestümen Ulfo, der ein Bild der alten nordischen Helden ist, und der zärtlichen Estrithe zu zeigen. Den Hermann zog er selbst vor, aber die Handlung ist darinnen zu kalt, und das Stück ver=

liert zu viel, wenn man es gegen das lebendige Heldengemählde von Klopstock hält. — In der Komödie hatte er bey seinen ersten Versuchen, wo möglich, noch schlechtere Vorgänger, als im Trauerspiele. Muthig wagte er sich sogar an Karakterstücke, und faßte den patriotischen Vorsatz, teutsche Karaktere zu schildern. Allein es gebrach ihm an der Kenntniß der feinern Welt, und in der Schilderung teutscher Bürgersitten blieb er oft der Natur zu getreu. Sein Dialog hatte mehr Einfälle, als karakteristische Züge, zu wenig Feuer, und Geschmeidigkeit. Dem Plan nach ist der Triumph der guten Frauen sein bestes Stück, welches nebst der stummen Schönheit, unsrer einzigen guten Komödie in Versen, auch am meisten ist gespielt worden. Der geschäftige Müßiggänger hat schläfrige Handlung, und matt gezeichnete Karaktere. Der Geheimnißvolle erscheint mehr abgeschmackt, als lächerlich; übrigens hat dieses Stück schon eine bessere Sprache.

Von Schlegel's äufferm Ansehn giebt uns Gellert W. Th. X. S. 42 folgendes Bild: Er war blond, hatte ein Paar hellblaue, denkende, halb traurige, halb frohe, bald muthwillige, bald

bald ernsthafte Augen, eine breite und hohe Stirne, eine etwas aufgeworfene Oberlippe, und eine Habichtsnase.

XVIII.
Johann Christian Krüger.

Johann Christian Krüger war im Jahr 1722 zu Berlin von geringen Eltern gebohren. Diejenigen Jahre, in welchen der Grund zur Ausbildung der Talente und des Karakters gelegt werden muß, brachte er in dem Gymnasium zu Berlin zu, das unter dem Namen des grauen Klosters bekannt ist. Gute natürliche Talente musten sich in einer so wohl eingerichteten Schule, als diese ist, frühzeitig entwickeln. Krüger beschloß, uneractet der Armuth seiner Eltern, zu studieren, wählte zu dem Ende erst Halle, und hernach Frankfurth an der Oder, und widmete sich der Theologie. Nachdem er seine Universitätsjahre aus Mangel an Unterstützung früher

her endigen müssen, als er gewünscht hatte, sah er sich von Nahrungssorgen gedrückt. Sich um ein Amt, auch nur um eine Informatorstelle zu bewerben, war er zu blöde, und er glaubte zu beiden, vornemlich zu dem erstern noch nicht genug gelernt zu haben. Er gieng wieder nach seiner Vaterstadt, nach Berlin zurück. Hier hofte er, und suchte auch zuweilen mit der größten Schüchternheit einige Unterstützung, allein er suchte sie vergebens. Bey seinen armen Eltern, ganz vom Glück verlassen, ohne Hülfe und Unterstützung, und bey einer sehr mittelmäßigen Gabe, sich beliebt zu machen, sah er keine Zuflucht übrig, als sein Talent zur Poesie, das sich früh geäussert hatte, zu Gelegenheitsgedichten anzuwenden, oder auch seinen Kummer durch den Umgang mit den Musen zu verscheuchen, aber bey dieser brodlosen Kunst lief er oft Gefahr zu verhungern.

Eben, als Krüger im Jahre 1742 mit der bittersten Armuth kämpfen muste, befand sich die Schönemannische Gesellschaft in Berlin. Seine schlechten Umstände, vornemlich aber seine große Neigung zu den schönen Wissenschaften, brachten ihn zu dem Entschluß, sich dem Theater zu widmen. Er entdeckte Schönemannen

nen seinen Vorsatz, und dieser nahm ihn mit
Freuden an, da ein mit schönen Wissenschaften
vertrauter Mann keine alltägliche Acquisition für
die teutsche Bühne ist. Krüger betrat also 1742
im zwanzigsten Jahre seines Alters das Theater,
wo er sich bald den Beifall des Publikums zu er=
werben wuste. Er erwählte mit gutem Erfolge
solche Rollen, welche stärkeres Feuer, einen ge=
wissen Stolz, und einen edlen Trotz erforderten.
Daher spielte er meistens Könige, Tyrannen,
und die vornehmsten Personen im höhern Lust=
spiel. Seine etwas hohle Sprache kam ihm da=
bey zu statten. Ob er nun gleich zu lächerlichen
Rollen im Lustspiel ein zu gesetztes Wesen hatte;
so mislangen ihm doch der Geizige, der Tar=
tüffe, der Herzog Michel nicht ganz, weil hier
das Lächerliche nur durch eine finstre Mine, oder
verstellte Blödigkeit hervorblickt.

Auch bey den überhäuften Arbeiten, die sein
neuer Stand mit sich brachte, setzte er noch das
Studieren unermüdet fort. Dabey übernahm
er auch noch den Unterricht der Mademoiselle
Schönemann, der nachmaligen Madam Löwe.
Da er die Vorurtheile, und die Verführungen
kannte, denen eine junge Schauspielerinn aus=
gesetzt

gesetzt ist, so gab er sich vornemlich Mühe, ihr gute sittliche Grundsätze beizubringen. Vornemlich suchte er ihr Ehrfurcht gegen die Religion einzuflößen, und verfertigte zu dem Ende mehrere geistliche Lieder für sie. Er pflegte seiner Schülerinn von Zeit zu Zeit ein Geschenk mit einem geistlichen Gedichte zu machen, er las es ihr mit Affect vor, und sie gewann seine Poesie so lieb, daß sie sogleich jedes Gedicht auswendig lernte.

Es war bey den Prinzipalen, und Schauspielern der damaligen Zeiten Mode, selbst Schauspiele zu verfertigen, und allerdings muß nichts mehr zur Nachahmung reitzen, als wenn man sich in die von einem großen Dichter entworfne Rolle versetzt, und sie also in ihrer ganzen Schönheit empfindet. Krüger brachte aber zur eignen Autorschaft mehr mit, als man damals bey teutschen Schauspielern zu finden gewohnt war, eigne Talente, und Belesenheit in guten Schriftstellern. Jedoch den ersten Versuch, den er 1743 herausgab, hätte er billig unterdrücken sollen, theils, weil es ein roher Versuch war, den er noch auf der Schule gemacht hatte, theils, weil es unüberlegt war, einen ganzen Stand, und noch dazu den, dem er

sich

sich ehedem selbst widmen wollen, zum Gegenstand eines komischen Stücks von der niedrigsten Gattung, und das aus einer Art von Rachsucht zu wählen, und dadurch das Theater, das ohnehin oft ohne Grund verdammt wird, in den Ruf der Unsittlichkeit zu bringen. Ich rede von den *Geistlichen auf dem Lande,* einem Lustspiel in drey Aufzügen, das gröstentheils platt und possenhaft ist, und nur dem, der Geduld genug hat, alles zu lesen, einen künftigen bessern Dichter ankündigt. Es ward desto begieriger gelesen, da es sogleich konfiszirt wurde. Der Herausgeber seiner Schriften hat es mit Recht ganz übergangen, und der Vergessenheit überlassen. Ein Ungenannter wollte 1744 Krügern mit folgender Replick strafen, die aber ohne allen Witz geschrieben ist: *Verbesserungen und Zusäße des Lustspiels die Geistlichen auf dem Lande in zweien Handlungen samt dessen Nachspiele.*

Bey den damals sehr geringen Gagen sah sich Krüger genöthigt, um ein bequemeres Auskommen zu haben, oft Uebersetzungen für das Theater zu verfertigen, denen man aber auch Eilfertigkeit und Hunger leicht ansehen kann. Die meiste Zeit und Sorgfalt verwandte er auf die

die Uebersetzung des Marivaux, bey der er auch immer Rücksicht auf die Bühne nahm, für die er übersetzte. Im Jahr 1747 erschien von ihm zu Hannover: Sammlung einiger Lustspiele aus dem Französischen des Marivaux. In dieser Sammlung stehen: Das Spiel der Liebe und des Zufalls, der Betrug der Liebe, der andre Betrug der Liebe, der durch die Liebe gewitzigte Harlekin, die Sklaveninsel, der Bauer mit der Erbschaft. Der zweite Theil folgte 1749, und enthält: Die beiderseitige Unbeständigkeit, das falsche Kammermädchen, oder der gestrafte Betrüger, der bekehrte Petitmaitre, die Insel der Vernunft, oder die kleinen Leute, der unvermuthete Ausgang, und die Wiedervereinigung der Liebesgötter. Nach dieser Uebersetzung sind die Stücke des Marivaux oft gespielt worden, bis Herr Gotter zeigte, wie Marivaux, unbeschadet seines feinen Witzes, verteutscht werden könne. Andre Uebersetzungen von Krüger findet man in der Schönemannischen Schaubühne, deren erster Theil den Titel hat: Schauspiele aus dem Französischen übersetzt. Die übrigen Theile heißen: Schauspiele, welche auf der Schönnemannischen Bühne aufgeführt worden.

In dem zweiten Theile dieser Schauspiele, der 1748 herauskam, erschienen zwey Original‍stücke von Krüger, nämlich die Kandidaten, und der Teufel ein Bärenhäuter. Im Jahre 1749 arbeitete er ein Lustspiel der blinde Ehemann aus, das in der Schönemannischen Schaubüh‍ne gedruckt, aber erst 1751 von der Schöne‍manischen Gesellschaft aufgeführt ward, nach‍dem es vorher schon fast alle teutsche Truppen gespielt hatten. Sehr zu wundern ist es, daß Krüger bey seinen jungen Jahren, bey einem beständig schwächlichen Körper, und bey dem täglichen Memoriren, und Arbeiten doch noch eigne Stücke liefern konnte, ob sie gleich bey rei‍fern Jahren, und unter glücklichern Umständen vollkomner ausgefallen seyn würden.

Leider aber ward er mitten auf seiner Lauf‍bahn weggerafft. Er war gewohnt, und wegen seiner Arbeit oft gezwungen, ganze Nächte zu seinem Studieren anzuwenden. Sein ohnedies schwacher Körper konnte eine solche Anstrengung nicht lange vertragen, und er zog sich dadurch bald die Hectick zu, die so geschwind überhand‍nahm, daß er, nachdem er noch die erste Vor‍stellung seines Herzogs Michel's am 19ten Jän‍ner

ner 1750 erlebt hatte, den 23sten August zu Hamburg im acht und zwanzigsten Jahre seines Alters starb.

Löwen wählte in der Folge unter der Menge seiner hinterlassenen Papiere nur diejenigen aus, von denen er glaubte, daß sie verdienten, dem Publikum vorgelegt zu werden, und gab sie unter dem Titel heraus: J. C. Krüger's poetische und theatralische Schriften; herausgegeben von J. F. Löwen, Leipzig, 1763, 8°.

Man findet hier: 1) Poetische Schriften. Einige davon standen vorher in der Sammlung vermischter Schriften von den Verfassern der bremischen Beiträge. Als nämlich Krüger mit der Schönemannischen Gesellschaft nach Leipzig kam, suchte er die Bekanntschaft der besten Schriftsteller jener Zeiten. Wirklich erlangte er auch den Umgang und die Freundschaft von Gellert, Rabener, Cramer, Schlegel, und Gisecke durch die edle Denkungsart, und durch das rechtschafne Herz, das er in allen Handlungen zeigte. Aehnliche Freunde fand er in Braunschweig, wo Schönemann oft spielte, an denen Herrn Gärtner, Ebert, und Zachariä, und durch sie kamen Gedichte von ihm in jene Sammlung.

lung. Die meisten von seinen poetischen Schriften sind geistlichen, und moralischen Innhalts. Ausserdem stehn eine Erzählung, eine Fabel, ein Paar scherzhafte Lieder, und einige Sinngedichte darunter. 2) Neun Vorspiele in Versen, nach damaliger Sitte allegorischen Innhalts, die er für die Schönemannische Bühne verfertigte. 3) Der blinde Ehemann, ein Lustspiel in drey Handlungen. Das Feenmährchen, das dabey zum Grunde liegt, ist das erste, das ein teutscher Dichter zum Stof eines Lustspiels wählte. Auch erscheint hier Krispin das erstemal auf der teutschen Bühne. Astrobal's (so heißt der blinde Ehemann) Mutter war ihrem Manne untreu, und erzeugte ihn mit einem Prinzen, der dadurch Untreue an einer Fee Clivia begieng. Die Fee rächt sich dadurch, das Astrobal blind auf die Welt kömmt. Unerachtet seiner Blindheit heirathet er eine gewisse Laura, die ihm aus Mitleid ihre Hand giebt. Dies ist nun eine solche vortrefliche Gattinn, daß sie nicht allein seine Blindheit nicht mißbraucht, sondern auch allen Nachstellungen glücklich entgeht. Ein gewisser Prinz, der am Ende ein Bruder des Astrobal ist, verfolgt sie mit seiner Liebe. Der Kammer-

die-

diener des Prinzen Marotin wendet alles an, die Eifersucht des Mannes, und die Rachgierde der Frau zu reizen, um dadurch die Absichten seines Herrn zu befödern. Krispin, ein Nachbar des Astrobal, erzählt dem blinden Ehemann alle Verläumdungen, die er aus dem Munde seiner, selbst nur zu buhlerischen Frau, über die Laura gehört hat. Dies alles zusammen macht wirklich den blinden Ehemann im höchsten Grade eifersüchtig. Nachdem aber die Tugend der Frau genug geprüft ist, wird Astrobal nach dem Willen des Schicksals sehend. 4) Die Kandidaten, oder, die Mittel zu einem Amte zu gelangen, ein Lustspiel in fünf Handlungen, das den 8 Februar 1748 in Braunschweig zum erstenmal, und hernach auf allen teutschen Theatern mit großem Beifalle aufgeführt worden. Hermann, der einem Grafen, einem geizigen und verbuhlten Alten lange als Sekretair gedient hat, sucht bey ihm aus Liebe zu seiner Karoline um einen Rathsherrendienst an. Allein ein Ignorant besticht den Grafen mit Geld, und mit dem Versprechen, ihm eine Zusammenkunft mit seiner Frau zu gestatten. Die Gemahlinn des Grafen gleicht ihm an Thorheit, indem sie unerachtet ihrer hohen

S 2   Jahre

Jahre noch die Kokette macht. Ein Obrister, den sie beleidigt hat, schickt einen Fähndrich in bürgerlicher Kleidung ab, der den Kandidaten spielen, und sich zu dem Ende in sie verliebt stellen muß. Da die Gräfin wirklich die Herrschaft im Hause führt, so erreicht er seinen Zweck gar bald. Sobald ihm aber die Stelle zugesagt ist, beschämt er sie durch die Entdeckung seines wahren Standes. Am Ende bekömmt doch Hermann die Stelle. Noch ist ein Tartüffe von Informator eingeflochten, dem der Graf eine Pfarrey verspricht, wenn er ihm das Kammermädchen verführen hilft. 5) **Der Teufel ein Bärenhäuter,** ein Lustspiel in einer Handlung in Versen, 1748 zu Breslau das erstemal aufgeführt. Der Küster verläumdet eine Frau bey ihrem Manne als untreu, und verspricht, sie, als Teufel verkleidet, von fernerer Untreue abzuschrecken. Als sich aber der Mann von ihrer Treue überzeugt, entdeckt er ihr die Maskerade, und der Teufel kriegt Prügel. Zu Wien spielt man diese Posse seit 1767. unter dem Titel: **Der geprügelte Teufel.** 6) **Herzog Michel,** ein Lustspiel von einer Handlung in Versen, nach der schönen Erzählung **das ausgerechnete Glück,** von Herrn Schlegel, die

die ehedem in den bremischen Beiträgen stand, zum erstenmal 1750 zu Leipzig aufgeführt, hat sich seitdem immer auf dem Theater erhalten. 7) Der glückliche Bankerotierer, Fragment eines Lustspiels in Prosa, der erste Aufzug ist ganz, von dem andern sind nicht ganz zwey Auftritte da. In dem komischen Theater der Teutschen älterer und mittler Zeiten herausgegeben von Herrn Mylius im ersten Bande hat Herr Wagenseil die Kandidaten von Krüger unter dem Titel: Weiberkanäle die besten Kanäle, verändert geliefert. Herr Jünger hat 1784 den blinden Ehemann in eine Operette verwandelt.

Krüger's Ruhm gründet sich auf die beiden Lustspiele der blinde Ehemann, und die Kandidaten. Zu einer Zeit, da so viele Gottschedianer so viel alberne Komödien lieferten, war es merkwürdig, daß Krüger es versuchte, in Molierens Fußstapfen zu treten, daß er einzle komische Situationen gut anlegte, viele und wahre Karaktere mit natürlichen, und wahren Zügen darstellte. Bessern Zusammenhang des Ganzen, weniger Plauderhaftigkeit, einen gedrängtern, und geründetern Ausdruck hätte er vielleicht mit der Zeit noch erlangt. Sobald er ernsthafter
seyn

seyn, muß z. E. in einigen rührenden Auftritten des blinden Ehemanns, oder in der Rolle des Hermann in den Kandidaten, ist er ganz ausser seinem Fache.

XIX.
Friedrich von Hagedorn.

Friedrich von Hagedorn ward zu Hamburg im Jahr 1708 den 23 April gebohren. Sein Vater Hans Stats von Hagedorn stammte aus einem alten adelichen Geschlechte, und war königlich dänischer Konferenz= und Staatsrath, und Minister bey dem niedersächsischen Kreise, ein sehr geschickter Mann. Seine Staatseinsichten beweisen die verschiednen Deductionen; die er über wichtige Streitigkeiten machte. Er hatte an den Unterhandlungen des Travendahler Friedens Theil, half darauf im Jahr 1711 den hamburgischen Vergleich schliessen, und war so eifrig für
die

die Dienste seines Herrn, daß er sich gleichsam zu vervielfältigen wuste. Bald war er (ums Jahr 1709) als Gesandter zu Braunschweig, bald als vorsitzender Rath in Stade (so lange die Dänen das Herzogthum Bremen besaßen) bald bey dem Justizwesen in dem damals den Dänen zuständigen Pommern gegenwärtig, ohne doch seine Geschäfte bey dem niedersächsischen Kreise zu versäumen. Er ward zuletzt als erster Kommissarius in der gräflich Ranzauischen Sache gebraucht, und hatte die wahrscheinlichste Aussicht, nach Beendigung derselben die Oberlanddrostenstelle, oder die Administration der Grafschaft zu erhalten. Die guten Umstände von den Eltern des Dichters setzten sie in den Stand, ihm die beste Erziehung zu geben, und die Gelehrsamkeit seines Vaters erlaubte ihm, keine andre, als die geschicktesten Lehrer für seinen Sohn zu wählen. Der Trieb zur Dichtkunst äusserte sich bey dem jungen Hagedorn sehr frühzeitig, und sein Vater untersagte ihm dieselbe, wie Ovid's Vater, so wenig, daß er ihn vielmehr dazu ermunterte. Er war in seiner Jugend selbst den Musen nicht abgeneigt gewesen, und eines von seinen Sinngedichten bey Zurücklegung des zwanzigsten Jahres soll sich

unter

unter Wernickens Epigrammen erhalten haben. Er war auf Kanitzens Bekanntschaft stolz, und, weil dieser Knittelverse gemacht, erlaubte er sie sich auch zuweilen. Er bewies sich auch, besonders, ehe er verheirathet war, gegen Dichter überaus gastfrey. Hunold und Wernicke genossen seine Gesellschaft immer, und oft war Feind der dritte Mann. Er zog Amthorn in dänische Dienste, und er wendete alles an, daß Richey in Stade Rektor bleiben sollte. Seines Sohnes Neigung zur Poesie war ihm also angenehm, und er freute sich sogar, als er sah, daß er ihn hierinnen zu übertreffen anfieng. Er gestattete daher, daß der junge Dichter im zwölften Jahre, und nachher einigemal auf seine Kosten verschiedne Kleinigkeiten als Manuskript für Freunde durfte drucken lassen. Die gute, meistens aus französischen Büchern bestehende, Bibliothek seines Vaters kam dem jungen Hagedorn, sobald er sie zu brauchen im Stande war, sehr zu statten. Selbst in den kleinen Spielen der Kindheit leuchtete bey ihm eine Liebe zu den unschuldigen Vergnügungen der Natur hervor, die nur Dichter recht zu empfinden fähig sind. Dies zu bestätigen, dient folgende Anekdote. Ein Gärtnermädchen

mädchen rettete Teutschland einen Dichter, als es den Knaben auf einem Rasenplatze in einem Lustwäldchen mit einem an einem Baume gebundenen Lamme, mit dem er gespielt hatte, in einer solchen Stellung antraf, daß der Strick des herumgejagten Lammes dem Knaben schon nicht ohne Lebensgefahr den Hals umwunden hatte.

Doch nur die Jahre der Kindheit flossen dem Dichter so angenehm dahin. Seine Jugend ward ihm bald durch die Unglücksfälle verbittert, welche seinen Vater herunterbrachten, besonders eine im Jahr 1717 in Ditmarsen wütende Wasserflut, und mehrere Gewitterschäden. Noch vorher ward sein Vater das Opfer einer enthusiastischen Freundschaft, indem er sechstausend Thaler für einen Freund bezahlen muste, für den er sich verbürgt hatte. Dazu sollen, wie einige meinen, alchymistische Versuche gekommen seyn, welche viel Geld kosteten. Es konnte daher Hagedorn's Vater, als er den 11 December 1722 starb, seinen Kindern nichts, als das traurige Andenken an ehmalige Reichthümer, und die Bildung hinterlassen, die er ihnen durch Erziehung und Umgang mit der großen Welt gegeben hatte. Seine Gemahlinn, aus Hamburg

S 5 gebür-

gebürtig, die ihn überlebte, vermehrte durch ihr eignes Beispiel bey ihnen die religiösen Gesinnungen, die ihnen der Vater eingeflößt hatte.

Der bisherige, überaus geschickte, Hofmeister der Hagedornischen Kinder Heinrich Anton Günther, eines Burgemeisters Sohn aus Oldenburg, wo er nachher als Landvoigt gestorben, blieb nunmehro nur noch ein halbes Jahr bey ihnen, weil er auf die Gründung seines eignen Glücks bedacht seyn muste. Unser Hagedorn kam daher um Ostern 1723 in das Gymnasium zu Hamburg, wo er vornemlich Wolfen, Fabricius, Richey, und Evers zu Lehrern hatte.

Er sahe sich nun in seiner ersten Jugend in Umständen, die ihm desto empfindlicher seyn musten, je bequemer die Lebensart gewesen war, in der er erzogen worden, Umstände, die einen gemeinen Geist mehr niedergeschlagen, als ermuntert haben würden. Es fehlte ihm zwar nicht an Freunden, die ihn unterstützten, aber dennoch muste er sich sehr einschränken, und oft war er so arm, als nur ein Dichter seyn kann. Doch dies unterbrach seine Heiterkeit nicht, dies schreckte ihn von seinem Eifer für die Wissenschaft, und

von

von der frühzeitigen Vertraulichkeit mit den Musen nicht ab. Die Alten, und die Ausländer, die er früh zu lieben anfieng, konnten seinen Hang zur Dichtkunst mehr bestärken, als die wäßrichten Verse seiner Landsleute, der Neumeister, Weichmanne, Richeye u. s. w. Noch auf der Schule schrieb er zwey Briefe, die man in dem Hamburgischen Patrioten, einer der ersten teutschen Wochenschriften im IIIten Stücke findet, und die eine Satire über die damalige Mode, nichts als französische Bücher zu lesen, enthalten. Der Patriot kam in den Jahren 1724, 1725, und 1726 heraus, und hatte hauptsächlich Brockes, Fabricius, Joh. Adolph Hofmann, und Richey zu Verfassern. Schon auf der Schule bekam Hagedorn Lust, sich in italienischen und französischen Versen zu versuchen, so weit hatte er es schon in diesen beiden Sprachen gebracht.

Den 14ten Februar 1726 gieng er auf die Universität Jena, und studierte daselbst drey Jahre lang die Rechte. Hier hörte er von akademischen Lehrern, vornemlich den Walch, den Stolle, dessen Umgang er sich insonderheit zu Nutze machte, den Schmeizel, den Struv, und den Buder, aber seinen Fortgang in der Dichtkunst,

kunst, und den schönen Wissenschaften hatte er sich allein zu danken.

Nach seiner Zurückkunft von der Universität schickte er einen Aufsatz in die Matrone, eine Wochenschrift, die eine Nachahmung des Patrioten war, und gleichfalls drey Jahre dauerte, dem Verleger derselben ohne Namen ein. Im 48sten Stück derselben erschien von ihm ein Gedicht über die menschliche Seele, wo er sich Philaretus unterschreibt. Es schließt sich mit folgenden Zeilen:

Weil meine Seel' ein Werk, o Gott, von deiner Hand,
So laß auch dir zum Ruhm den Willen und Verstand
Sich nicht von ihrem Zweck, und nie von dir entfernen,
Und mich bey ihrem Werth, und ihrer Eigenschaft,
O Schöpfer, immer deine Kraft
An meinen Kräften kennen lernen!
Dein Wille heil'ge meinen Willen,
Und deine Weisheit sey stets der Gedanken Licht,
So fürcht' ich Fehl' und Irrthum nicht,
So kann das Gute nur mir Wunsch und Sehnsucht stillen!

So

So fromm war der junge Hagedorn gesinnt!
In dem Stücke der Matrone vom 29 December
1728 erschien zum erstenmal ein Gedicht von ihm,
welches anfängt:

Vom Laufe der Natur, von Dingen, so geschehen,
 Nichts mit Bewunderung, ohn' Absicht anzusehen,

woraus in der Folge mit einigen Veränderungen das Schreiben an einen Freund entstanden ist. Seine übrigen Aufsätze in dieser Wochenschrift, welche blos die Unterstützung des Herausgebers Hamann (der bald darauf die Stelle als Hofmeister bey Hagedorns Bruder vertrat) zur Absicht hatten, übergehe ich als jugendliche Versuche mit Stillschweigen, obwohl die Blätter der Matrone, worinnen sie standen, so viel Beifall erhielten, daß sie in wenig Wochen mehr als einmal gedruckt werden musten.

Man denke sich ganz den damaligen Zustand der teutschen Poesie, und man wird einsehen, wie wenig Anreizungen ein junger Mensch haben könnte, sich ihr zu widmen, und welche Hindernisse er übersteigen muste, um sich durch sich selbst über seine Zeitgenossen emporzuschwingen. Ohne Beispiele, ohne Kunstrichter, ohne
Publi-

Publikum hatte ein junger Dichter keinen gemeinen Muth nöthig, die Nebel seiner Zeit zu durchbrechen. Schon 1718 hatte Hagedorn, ausser den angeführten Gedichten, die drey vortreflichen Lieder: Aus den Reben fleußt das Leben u. s. w. Mein Mädchen mit den schwarzen Haaren u. s. w. und die Vergötterung, ingleichen ein Gedicht das frohlockende Rußland gemacht. Aber nur das letzte erschien in der Sammlung seiner Erstlinge, die er 1729 unter dem Titel: F. v. H. Versuch einiger Gedichte, oder auserlesne Proben poetischer Nebenstunden, Hamburg bey König und Richter auf 120 Seiten herausgab. Selbst die Vorrede ist noch in einer sehr ungebildeten Schreibart. Er streitet sich in derselben mit denen, welche die Poesie für ein sehr unmüßes Geschäfte ansehen. Er verweist deswegen auf des Massieu Vertheidigung der Poesie in den Memoires de Litterature, welche er übersetzt habe, und gelegentlich drucken lassen wolle. So viel ich aber weiß, ist diese Uebersetzung nie erschienen. Er bezeugt, daß er in seinen Gedichten Vernunft und Wahrheit zum Augenmerk gehabt, und fremden Zierath, schwülstige Gedanken, und falsche Schönheiten vermeiden wollen. Er

äussert

äussert schon hier das rühmliche Mistrauen in Ansehung seiner eignen Talente, das ihm auch nachher im seinen ganzen Leben nicht verlassen hat. „Je seltner ich, sagt er unter andern, mit meiner Dichtart zufrieden war, desto seltner durfte „ich auch die Feile ruhen lassen. Freunde, die „mir die Ausgabe meiner Poesien anriethen, „wurden von mir als Verführer angesehen, und „ich vermochte vor zwey Jahren den Vorschlä„gen eines gewissen gelehrten Schlesiers noch nicht „Platz zu geben, der mit meinen Kleinigkeiten „die Welt zu beschweren dachte." Er verspricht hierauf, sich allen vernünftigen Tadel zu Nutze zu machen, sagt uns den Begrif, den er sich von seiner Ode mache, und der vernünftiger ist, als alles, was die Kunstrichter seiner Zeiten davon sagten, und verbittet endlich alle Deutung seiner Satiren. Die Sammlung selbst enthält folgendes: 1) Das frohlockende Rußland, eine Ode. 2) Beschreibung eines Ballets, beide Stücke sind eher eines Günthers, als eines Hagedorns, würdig. 3) Der Wein, das beste Gedicht in dieser Sammlung, und eben dasselbe, das jetzt den Beschluß seiner Werke, allein in einer ganz andern Gestalt macht. 4) Die Poesie, ein

Lobge-

Lobgedicht auf dieselbe. In einer Anmerkung findet Hagedorn noch Günther's Gedichte vortreflich, und nennt eine Ode von König ein Muster. So weit war damals noch sein Geschmack zurück! 5) Die Größe eines weislich zufriedenen Gemüths, wovon hernach drey Strophen, und diese nicht ohne Veränderung, in das Gedicht der Weise gekommen sind. 6) Der Schwatzer, die Idee, aber auch weiter nichts von dem vortreflichen Gedichte in den Werken des Verfassers. 7) Der Arzt, eine Satire, hat erträgliche Stellen, und hätte eine Umarbeitung verdient. 8) Von den unvernünftigen Bewundern, eine Satire, eben diejenige, die er, wie ich oben angezeigt, in die Matrone einrücken ließ, bald über, bald in dem Tone der damaligen poetischen Satiren. 9) Der Poet, eine Satire, die der Erwartung, welche ihr Gegenstand erregt, nicht entspricht. 10) Die Vortreflichkeit der mit Gelehrsamkeit verbundnen Klugheit, ein Gelegenheitsgedicht. 11) Schreiben der Kleopatra an den Cäsar, ein Heldenbrief von geringem Werthe. 12) Beschreibung des jenaischen Paradieses, zu sehr Studentenlied, ein Paar leidliche Stellen ausgenommen. 13)

Schrei=

Schreiben an einen Herrn J. D. P. Im Eingang vertheidigt der Verfasser nach Art des Horaz, seine Neigung zur Satire, erzählt dann, daß er schon als Kind gedichtet habe, und wünscht sich die Kinderjahre zurück, wo er mit Selbstgefälligkeit Verse machte, da er jetzo ängstlich die Feile brauchen müsse. 14) An Doris, an das Engelskind, wie sie hier heißt, in fremdem Namen. 15) Rede des Photinus an den König von Aegypten Ptolomäus. 15) Ein französisches Sonnett.

Nicht alle Genies reifen geschwind, und diesen Gedichten merkt man es an, daß der Verfasser erst ein und zwanzig Jahr alt war. Er besaß noch keinen sichern Geschmack, der ihm das Matte und das Unedle von der ächten poetischen Sprache hätte unterscheiden gelehrt, oder, welches wahrscheinlicher ist, er hatte sich Anführern überlassen, die ihn irre leiteten. Er hatte nachher Selbsterkenntniß genug, um es selbst einzusehn, und schrieb daher im Vorbericht zu den moralischen Gedichten: „Vor mehr, als „zwanzig Jahren, habe ich meine unvollkommensten Gedichte herausgegeben. Dies geschah „auf Antrieb eines unzuverläßigen Rathgebers,

T der

„der schon damals seine guten Eigenschaften über=
„lebt hatte. Ich bereue diese jugendliche Ueber=
„eilung, und über das unwürdige Daseyn solcher
„Erstlinge kann mich nichts beruhigen, als die
„Hofnung, daß billige Leser mich daraus
„nicht beurtheilen werden."

Noch vor der Ausgabe dieser Gedichte ließ
er einige Poesien in Weichmanns Proben von
der Poesie der Niedersachsen einrücken, die un=
gefehr von gleichem Werthe sind. Aber im Jahr
1729 sind auch gemacht, obgleich nicht heraus=
gegeben, folgende vier Lieder: Wein, den die
Bosheit ausgedacht u. s. w. Neulich sah man
aus den Sträuchen u. s. w. (so durch eine wirk=
liche Begebenheit veranlaßt worden seyn soll)
Ihr Freunde zecht bey freudenvollen Chören, u.
s. w. und das Heidelberger Faß u. s. w.

Noch im Jahr 1729 gieng er, um sein
Glück zu suchen, nach London zu dem dänischen
Gesandten, dem Freiherrn von Söhlenthal, und
hielt sich daselbst bis ins Jahr 1731 auf. Die=
ser Aufenthalt war für ihn zu kostbar, als daß
er große Vortheile davon hätte haben können.
Denn bey dem Gesandten hatte er nur Wohnung
und Tafel frey, und er sollte doch in seinem Aeus=
ser=

serlichen keine Schande machen. Er erwarb sich
sogleich die Gunst dieses Herrn, und man hätte
gewiß glauben sollen, er würde diesem Wege zu
seinem Glücke in Dännemark nachgehen, oder
das Glück würde ihn keinen andern, als diesen,
führen. Allein vielleicht suchte er es nicht so
ängstlich, als kriechende Gemüther es zu thun
pflegen; vielleicht war auch der Aufenthalt in ei=
ner Republick seiner Neigung angemeßner, wo
er schon Männer kennen gelernt hatte, auf de=
ren Besitz jeder Hof hätte stolz seyn können. In=
zwischen hatte er in England doch den Vortheil,
der ihm bey seinem nachmaligen Berufe sehr zu
statten kam, mit einer Nation vertrauter zu wer=
den, deren Vorzüge er nachher in seinem ganzen
Leben geehrt hat, und der er in seinen Gedich=
ten das so wahre Lob beilegt:

Wie edel ist die Neigung ächter Britten!
Ihr Ueberfluß bereichert den Verstand.
Der Handlung Frucht, und, was ihr Muth er=
  stritten,
Wird unbereut Verdiensten zugewandt;
Gunst krönt den Fleiß, den Macht und Freiheit
  schützen,

„Die Reichsten sind der Wissenschaften Stützen..
„O Freiheit, dort, nur dort ist deine Wonne,
„Der Städte Schmuck, der Seegen jeder Flur,
„Stark, wie das Meer, erquickend, wie die
Sonne,
„Schön, wie das Licht, und reich, wie die Natur!

Auch im Auslande vergaß er den Patriotismus für die teutschen Musen nicht. Denn in die Zeit seines Aufenthalts zu London fallen die vier Lieder: In diesem Wald, in diesen Gründen u. s. w. Sollt' ich auch durch Gram und Leid u. s. w. Willkommen angenehme Nacht u.s.w. Gott der Träume, Freund der Nacht u. s. w.

Im Jahre 1732 im October starb nun auch Hagedorn's Mutter, eine ohne Heucheley fromme, und der französischen und italienischen Sprache, der Mahlerey und Musik kundige Frau. Auſſer den Dichter hinterließ sie noch einen Sohn, den nachmals durch seine Betrachtungen über die Mahlerey, und andre Werke über die schönen Künste berühmten Christian Ludwig von Hagedorn, der 1780 zu Dresden als Direktor der sächsischen Kunstakademien gestorben ist. Beyde Brüder hatten einander von Jugend auf sehr zärtlich sich geliebt, und der Dichter pflegte auf ihre wechselseitige Liebe die Worte des Horaz anzuwenden:

— Paene gemelli
Fraternis animis, quicquid negat alter, et alter,
Annuimus pariter.

Als der Poet aus England zurückkam, traf er seinen geliebten Bruder nicht mehr in Hamburg an. Er reiste also im December 1732 nach Halle, um ihn zu sehn, von da sie mit einander nach Jena giengen, wo sie sich zum letztenmal umarmten. Denn nachher ist ihr sehnlicher Wunsch, einander zu sprechen, nie wieder erfüllt worden. Ein Denkmal seiner brüderlichen Liebe hat der Dichter am Ende des Lehrgedichts von der Freundschaft gestiftet:

Mein Bruder, den ich stets mit neuer Freude nenne,
An dem ich noch weit mehr, als Brudertreu,
erkenne,
Ich eigne billig dir der Freundschaft Abriß zu.
Wen lieb' ich, so wie dich? Wer liebt mich, so
wie du?
Du bist, und dieses Lob wirst du umsonst verbitten,
Gerecht nach jeder Pflicht, und würdig deiner
Sitten,

Mein allertheuerster, mein angebohrner Freund,
Der mit der Höfe Witz das beste Herz vereint.
Es kann das reichste Glück mir nichts erwünsch-
　　　　　ters geben,
Als deine Zärtlichkeit, dein Wohl, dein langes Leben.
O nahet nicht einmal der holde Tag heran,
Da ich dich wiedersehn, und froh umarmen kann!

Auſſer einem Paar Sinngedichten, wurden in dem Jahr 1732 die Lieder: Mein Mädchen, und mein Wein u. ſ. w. und: Der erſte Tag im Monat May u. ſ. w. gemacht.

Ungefehr das Jahr 1733 ſetze ich Hagedorn's endliche Verſorgung. Er ward nämlich Sekretair bey dem engliſchen Court zu Hamburg, oder bey der Geſellſchaft der daſelbſt wohnenden engliſchen Kaufleute, eine Bedienung, zu der ihn ſeine groſſe Kenntniß der engliſchen Sprache und der Geſchichte empfahl, und bey der er zugleich eine freie Wohnung in einem Nebengebäude des engliſchen Hauſes genoß. Er hatte alſo nun eine Verſorgung, die ihn nicht mit zu vielen, und zu unangenehmen Geſchäften überlud, die ihm den Zutritt zu reichen Familien, und eine Verbindung mit der Nation, die er ſo hoch ſchätzte,

schätzte, erwarb. Hierzu kam seine Zufrieden=
heit, die wirklich so groß war, als er sie in fol=
genden Versen beschrieben hat:

Um diese Pilgrimschaft vergnüglich zu vollenden,
Die mich von der Geburt bis zur Verwesung
bringt,
Darf Ehre, Schein, und Wahn nie meine Seele
blenden,
Die nicht mit Träumen spielt, und nach dem We=
sen ringt.
Es sey mein Ueberfluß, nicht vieles zu verlangen,
Mein Ruhm, mein liebster Ruhm Vernunft und
Billigkeit!
Soll ich ein mehrers noch, bald oder spät em=
pfangen,
So steh ein Theil davon zu andrer Dienst bereit!
Du schönstes Himmelskind, du Ursprung bester
Gaben,
Die weder Gold erkauft, noch Herrengunst ge=
währt,
O Freiheit, kann ich dich nur zur Gefährtinn
haben,
Gewiß, so wird kein Hof mit meinem Flehn be=
schwert.

T 4   Kurze

Kurze Zeit darauf entschloß er sich zu einer Heirath, die beide Theile nicht beglückte. Er heirathete nämlich die Tochter eines englischen Schneiders Butler, die zwar nicht ganz häßlich und unbemittelt war, deren gröster Reichthum aber in einem guten Herzen bestand. Hagedorn wuste ihre Vorzüge zu schätzen, und liebte sie.

Im Jahre 1735 machte er das Lied: Glaub, Anacharsis, hatte Recht u. s. w. Ich kann die Zeitfolge seiner Gedichte deswegen so genau angeben, weil er sie selbst bemerkt hat.

Seit beinahe zehn Jahren hatte er nun für sich fleißig gearbeitet, aber doch der Welt nichts von seinen Gedichten mitgetheilt, als endlich 1738 das erste Buch seiner Fabeln erschien, das ihn nun von einer ganz andern Seite bekannt machte. Er versuchte eine Dichtungsart, die für die Teutschen noch neu war, und ward selbst, gegen seine ersten Proben gehalten, ein ganz neuer Dichter, hier eben so edel, gedrungen, und wohlklingend, als dort oft niedrig, gedehnt, und unharmonisch; dort oft nicht einmal ein guter Nachahmer, hier originell. Eine natürliche, fließende, oft muntre, und lebhafte Erzählung, einzle feine, und unerwartete Züge, manche

naive

naive Stellen reitzen auch noch jetzt, selbst bey dem nunmehrigen Ueberfluß an Fabeln, noch oft Hagedornen aufzuschlagen. Wie man aus nichts mehr das Temperament eines Menschen beurtheilen kann, als aus dem Gange seiner Erzählungen, so kann man auch aus dem erzählenden Tone eines Dichters am besten abnehmen, zu welcher Gattung des poetischen Stils ihn die Natur vornemlich bestimmt hat. Aus Hagedorn's Fabeln leuchten schon die didactischen und moralischen Talente hervor, die man nachher an ihm bewundert hat. Daher ist seine Erzählung zwar nicht schleppend, aber doch weitschweifig, nicht episch, aber doch deklamirend, nicht mahlerisch, aber doch rednerisch, nicht familiär, aber zuversichtlich und treuherzig. Daher ist sie so voller Sentenzen, warnender Moral, sokratischer Ironie, ernster, strafender Satire, und freimüthigen Eifers. Die Erfindungen sind meistens entlehnt, aber durch die Ausführung werden sie sein eigen. Uebrigens muß man sich durch die Menge der im Register angeführten Schriftsteller nicht irre machen lassen. Viele sind nicht als Originale zu den Kopien, sondern für die Liebhaber der Parallelen genannt. Es war ein sonderbarer Einfall von Bielefeld in den Progres des Allemands, und von Breitinger in der kritischen Dichtkunst, wenn sie Hagedornen für einen Nachahmer des de la Motte erklären wollten, wogegen Hagedorn selbst in einem Epigramme protestirt hat. Unter den eigentlichen äsopischen Fabeln zeichnen sich die vom Löwen und der Mücke, vom Haasen und seinen Freunden, vom Bär und dem Liebhaber des Gartens, vom Hühnchen und vom Diamant, vom Marder, Fuchs, und Wolfe vorzüglich aus. Unter den Allegorien verdient der Beleidiger der Majestät, die Einbildung und das Glück, der Eremit und das Glück den Vorzug. Von den historischen Erzählungen nenne ich vor andern: Der Sultan und sein Vezier, Ben Haly, Apollo unter den Hirten. Unter den Contes wird man die vom Johann dem muntern Seifensieder stets als ein Muster der Naivetät bewundern. Von den übrigen sind Aurelius und Beelzebub, Laurette, Myron und Lais, das Bekenntniß, Bruder Fritz, Philemon und Baucis, Paul Purganti, und der Ursprung des Grübchens im Kinne die beliebtesten. Einige darunter sind sehr reitzende Schäfererzählungen, in denen

nen ein schalkhafter Scherz herrscht, z. E. Phillis, Daphnis, der Blumenkranz, Doris. Das vortrefliche Gedicht die Küsse ist mit Recht unter die Lieder der Teutschen aufgenommen worden. Dieses erste Buch enthält in allem siebzig Fabeln.

Im Jahr 1740 erschien das schöne Gedicht der Gelehrte, eine treffende Satire voll feinen Spottes. Es ist eben nicht nöthig, daß dieses geistreiche Gedicht durch besondre Umstände müsse seyn veranlaßt worden, wie einige behaupten wollen. Zu jeder Zeile könnte man Beispiele aus unsern Tagen hinzuschreiben. In demselben Jahre sind auch die Fabel im zweiten Buche vom Löwen, die beiden Lieder: Erhebet euch mit freien Herzen u. s. w. und: Herr Jost ist todt der reiche Mann u. s. w. ingleichen das Sinngedicht von Wilhelminen gemacht worden.

Ins folgende Jahr 1741 gehört das vortrefliche Gemählde eines Weisen, in welchem der Stand desselben so erhaben, sein Stand so glücklich geschildert wird. Der Dichter erhebt sich zugleich mit seinem Gegenstande, und der Adel der Gedanken entspricht vollkommen der Würde desselben.

Das allgemeine Gebet ist vom Jahre 1742, und eine glückliche Paraphrase des bekannten
Gedichts

Gedichts von Pope, voll Simplizität, Anstand, und Innbrunst. Hagedorn ließ seine moralischen Gedichte anfangs alle einzeln in Quart abdrukken, und theilte sie selbst an Kenner aus, um ihre Urtheile einzuhohlen, ehe er sie sammelte.

Mit dem Jahre 1743 komme ich auf eines seiner berühmtesten Gedichte, nämlich das über die Glückseeligkeit, welches mit Grund zum Maasstab genommen wird, wenn man Hagedorn's didactische Talente beurtheilt. Es ist seinem Geist und seinem Herzen gleich rühmlich. Das kleine moralische Gedicht verhält sich zum großen Lehrgedicht, wie die Erzählung zur Epopee. Ein hagedornisches Lehrgedicht ist kein großes Gebäude nach einem systematischen Plan, kein Ganzes aus tiefsinnigen Grundsätzen, weitläuftigen Digressionen, ausführlichen Allegorien, großen Fictionen, kühnen Bildern zusammengesetzt. Die bescheidnere Muse des kleinern moralischen Lehrgedichts sucht mehr zu überreden, als zu überzeugen, mehr zu rühren, als zu ergötzen. Es enthält eine Rhapsodie edler Gedanken, die, wie von den Lippen eines Weisen, natürlich, und dennoch nachdrücklich herabströmen. Hagedorn's Lehrgedichte bestehen aus

einer

einer Reihe scharfsinniger und körnichter Sitten=
sprüche mit treffend geschilderten Karakteren durch=
flochten, mit einer urbanen Satire gewützt, in
einer gedrungnen Kürze, mit gefälliger Eleganz,
und beneidungswürdiger Harmonie vorgetragen.
Vor ihm hatten wir unter den Dichtern noch kei=
nen so beredten Sittenlehrer gehabt, vor ihm
hatte noch keiner moralische Wahrheiten mit so
vieler Wärme vorgetragen, vor ihm noch keiner
(und dies ist einer der grösten Verdienste Hage=
dorn's um unsre Dichtkunst) unsrer Sprache so
viel Wohllaut gegeben. Horaz, der jederzeit sein
Lieblings Dichter gewesen,

Horaz, sein Freund, sein Lehrer, sein Begleiter,

war auch hier sein Muster in der Zeichnung der
Karaktere, und in der eingestreuten Satire.
Das Gedicht über die Glückseeligkeit bestraft die
falschen Einbildungen der Menschen über diesen
wichtigen Gegenstand, besonders ist der Karakter
eines Schlemmers auf eine hervorstechende Art
ausgeführt. Wenn man an diesem vortreflichen
Gedichte etwas tadeln soll, so ist es die ange=
hängte Fabel von der Stadt= und Feldmaus, die
zur Unzeit nachschleppt.

Im

Im Jahre 1744 wurden die schriftmäßigen Betrachtungen über einige Eigenschaften Gottes gemacht. Die stärksten Stellen der Schrift sind darinnen mit Feuer zusammengesetzt, und das Ganze seines Gegenstandes würdig. Gleichzeitig ist die vortrefliche Modernisirung des Schwätzers vom Horatz, so lebhaft dialogirt, und so voll von natürlichen Gemälden, als nur immer das Gedicht des Horatz seyn kann. Man kann es zu unsern besten poetischen Satiren rechnen, wenn es der Verfasser gleich nicht so überschrieben hat. Aus derselben Zeit ist das erste Lied von dem vierten Buche der Oden und Lieder.

Vom Jahre 1745 weiß ich nichts, als ein Sinngedicht auf den Marschall von Sachsen. So finde ich auch vom Jahre 1746 nichts, als die Grabschrift auf den Sextil, und ein Sinngedicht bey einem Karneval.

Das Jahr 1747 ist wichtig durch das Schreiben an einen Freund, diesen vortreflichen Kommentar über Horatzens Nil admirari. Mit Freimüthigkeit wird hier die blendende Größe der irrdischen Hoheit enthüllt, und die Tugend in ihrer wahren Hoheit gezeigt. Der edle Stolz, welchen die Ueberzeugung von dem Werth der Tugend einflößt,

flößt, erhebt den Dichter und den Leser. In dasselbe Jahr fällt auch die beliebte Erzählung von Adelheit und Heinrich, wenigstens die beiden letzten Theile derselben, denn der erste war schon 1737 gemacht.

Das Jahr 1748 führt mich auf das schöne Gedicht über die Freundschaft. Es entlarvt die falschen Freunde, und entdeckt die heimlichen Triebfedern ihres Eigennutzes. Es macht eine reizende Schilderung von einem ächten Freunde, und zeigt besonders die Vortheile einer liebreichen Strenge. Des Dichters Herz spricht in diesem Gedichte, und macht es doppelt anziehend. Die Stelle dieses Gedichts:

> Den Leuten helf' ich gern, nur nicht dem Baurensohn

und die dabey befindliche Anmerkung giebt mir Gelegenheit, eine merkwürdige Probe von Hagedorns großmüthigem, und menschenfreundlichen Herzen einzuschalten. Gottlieb Fuchs, der Sohn eines armen Bauern im sächsischen Erzgebirge, der sich schon auf der Schule durch seinen Hang zur Poesie ausgezeichnet hatte, kam, von Geld und aller Unterstützung entblößt, nach Leipzig

zig auf die Universität. Er übergab Gottsche=
den ein Gedicht, das er auf seiner Fußreise nach
Leipzig gemacht hatte, und das dieser 1746 un=
ter dem Titel der Dichter auf der Reise in den
Büchersaal eindrucken ließ. Gottsched unter=
stützte ihn auch anfangs, als er aber sah, daß
Fuchs mit den Verfassern der bremischen Bei=
träge bekannt wurde, zog er seine Hand von
ihm ab. Herr Gärtner gab Hagedornen von
Fuchsens Talenten und Umständen Nachricht,
und, sobald dieser sie erhielt, ward er davon
so gerührt, daß er sich sogleich Fuchsens mit dem
edelsten Eifer annahm. Durch seine Fürsprache
ward von mehrern Standespersonen in Hamburg,
den dortigen Engländern, von Herrn Jerusalem,
und den Mitgliedern des Karolinums zu Braun=
schweig sogleich eine beträchtliche Summe für den
Nothleidenden zusammengebracht, und vier Jahr
lang mit einer ansehnlichen Geldhülfe fortgefah=
ren, so daß Fuchs nach und nach 700 Thaler
empfieng, und davon ausstudieren konnte. Ha=
gedorn begleitete die Gelder allemal mit sehr
freundschaftlichen Briefen, und zeigte dabey aufs
genaueste an, von wem er sie empfangen habe.
So hat er auch in obgedachter Anmerkung von
seinen

seinen eignen Verdiensten um diesen Mann ganz
geschwiegen. (Fuchs ward hernach als Predi=
ger im Sächsischen versorgt: Seine Gedichte ei=
nes studierenden Bauernsohns, die 1752 er=
schienen, sind 1771 von Herrn Ofenfelder neu
herausgegeben worden. Die besten von seinen,
theils in den vermischten Schriften von den Ver=
fassern der bremischen Beiträge, theils von Do=
les mit Komposition herausgegebenen, Liedern
habe ich im ersten Theil der Anthologie der
Teutschen wieder bekannt gemacht.

Im Jahre 1750 erschien die erste Sammlung
der vorher einzeln abgedruckten moralischen Ge=
dichte, denen nun das erste Buch der Fabeln
beigefügt ward. Wenn er in der Vorrede zu
denselben der Ausleger gedenkt, so seine Gedich=
te gefunden hätten, so meint er damit eine 1749
zu Zürch herausgekommene periodische Schrift:
Die neuesten Sammlungen vermischter Schrif=
ten, wo man verschiedne von Hagedorn's einze=
len moralischen Gedichten mit Anmerkungen ein=
gerückt hatte. Der Schluß der Vorrede lehrt
uns seine Gesinnungen gegen ungerechte Kunst=
richter, die billig von jedermann nachgeahmt zu
werden verdienten: „Es soll jemand bey gesuch=

U „ten

„ten Gelegenheiten einen großen kunstrichterlichen
„Unwillen wider mich geäussert haben. Es ist
„möglich, daß auch andre sich eben so entrüsten.
„Meine wahre Gesinnung kann ich einem jeden
„Gegner nicht bündiger, als mit diesen Worten
„aus dem Metastasio zu erkennen geben: War
„Leichtsinn sein Bewegungsgrund, so achte ich
„ihn nicht, war es Thorheit, so bedaure ich ihn,
„war es Einsicht, so bin ich ihm Dank schuldig,
„und reizet ihn Bosheit, so verzeihe ich ihm."

Schon im folgenden Jahre 1751 wurden die
moralischen Gedichte mit einem neuen vermehrt,
das keinem der vorigen etwas nachgiebt. Denn
Hagedorn bleibt sich immer gleich, und muste
es hier insbesondre bleiben, da er sein großes
Muster nie aus den Augen verlor. Er vergaß
seinen Horaz nie, und benennte sogar dies neue
Gedicht nach ihm, weil die Vorzüge des Landle=
bens darinnen durch eine Zusammensetzung von
horazischen Zügen geschildert sind. Die edlen,
und arkadischen Empfindungen in diesem Gedich=
te sind rührend. Diejenigen würden sich irren,
welche glauben wollten, daß hier Horazens Ka=
rakter habe entworfen werden sollen. Das hies=
se Hagedornen das Vorurtheil andichten, als

hätte

hätte er alles, was Horaz in seinen Gedichten von sich sagt, für Züge seines persönlichen Karakters angenommen. Diese Annehmung geschah hier nur durch eine Fiction, um dem Gedichte eine neue Wendung zu geben.

In diesem Jahre zeigte sich Hagedorn dem Publikum in einem ganz neuen Lichte, indem er seine Oden und Lieder herausgab. Zwar hatte er für sich schon manches scherzhafte Lied verfertigt, aber nun trug der weise moralische Dichter eben darum, weil er keiner von den finstern Weisen war, kein Bedenken, seine Nation zur Fröhlichkeit zu ermuntern. Er machte die ernste teutsche Muse nun auch gesellig, und lehrte sie, sich mit den Scherzen und Grazien zu vereinigen. Er gab zuerst den frölichen Gesellschaften, den Kreisen muntrer Jünglinge und lächelnder Schönen Stof zu einem Zeitvertreibe, an dem auch der gute Geschmack Theil haben konnte, und bey dem sie nicht zu erröthen brauchten, wie bey dem Scherze der Günther und Picander. Der Teutsche lernte durch ihn, den Becher in der Hand einen angenehmen Rundgesang anstimmen, ein Vaudeville trillern, und den Kuß einer Phillis mit Gefühl besingen. Seit Hagedorn's

Liedern dürfen wir die Franzosen nicht um ihre Chansons beneiden, er ist der Vater einer grossen Schaar von Sängern des Weins und der Liebe unter uns geworden. Geist, Enthusiasmus, Witz, Natur, Treuherzigkeit, Simplizität, Leichtigkeit, Naivetät, musikalische Harmonie entzücken uns in den hagedornischen Liedern, er mag von Wein begeistert seyn, oder der Liebe schmeichelnde Gewalt besingen, oder in freien Scherzen des Thoren spotten. In Ansehung der Feinheit des Scherzes, und des Witzes in Einfällen und Wendungen kann man Hagedornen mit Prior vergleichen, den er auch oft nachgeahmt hat. Seine Lieder sind jetzt in dem Gedächtnisse der Nation, und auf jeder Zunge. Die Tonkünstler haben gewetteifert, sie zu dem Endzwecke geschickt zu machen, zu dem sie bestimmt sind. Durch Graun's, Telemann's, Bach's, Quanzens, Gräfens u. s. w. Bemühungen findet man sie auf den Klavieren der Kenner und Unkenner. Herrn Ramler's Sammlung der Lieder der Teutschen, die er hernach lyrische Blumenlese nannte, hat sie noch mehr verbreiten helfen. Wie in der ganzen Sammlung, so auch bey Hagedorn's Liedern,

hat

hat sich Herr Ramler Aenderungen und Verbesserungen erlaubt, ihnen mehr Korrektheit zu geben gesucht, einige in Allegorien verwandelt u. s. w. Von sieben und siebenzig Liedern, die Hagedorn gesungen, sind vierzig in diese Sammlung aufgenommen worden.

Im Jahre 1752 erfolgte die zweite Ausgabe der moralischen Gedichte, die vieler Ursachen wegen merkwürdig ist. Erstlich ist, auſſer dem Vorbericht, auch noch ein weitläuftiges prosaisches Schreiben an einen Freund vorgesetzt, worinnen sich Hagedorn wegen der Vorwürfe vertheidigt, die man über die langen seinen Gedichten beigefügten Anmerkungen gemacht hatte. Der angenehme Scherz, und die mannigfaltige Belesenheit, die in diesem Schreiben herrschen, machen es sehr unterhaltend. Sodann muß ich bey dieser Ausgabe auch des zweiten Buchs der Fabeln gedenken. Der Kondor und die Staaren, der ruhmrädige Haase, die Natter, der grüne Esel, die drey Tauben, der Hänfling des Pabstes Johannes, der Fresser, Adelheid, eine sehr schalkhafte, und der Falke eine sehr rührende Erzählung, sind in diesem Buch, das sieben und vierzig Fabeln und Erzählungen enthält, die vorzüglichsten. Endlich findet man hier abermals Versuche des Verfassers in einer neuen Dichtungsart, in Sinngedichten, die sich durch Reichthum an glücklichen Wendungen, viel Salz, und Naivetät empfehlen. Obgleich Hagedorn den Witz nicht in dem Grade, wie Lessing, besaß, so hat er doch in dieser kleinen Sammlung von Epigrammen manche Proben seines Scharfsinns gegeben, und er wird uns auch in diesem Fache immer schätzbar bleiben, wenn wir gleich nach ihm witzigere Epigrammatisten erhalten haben. In einer Anmerkung zu einem seiner Sinngedichte erinnert er selbst, man solle nicht in jedem Epigramm einen unerwarteten Schluß, Schärfe, und vim epigrammaticam erwarten, nicht vom jedem Sinngedicht den Stachel der Bienen verlangen, nicht blos witzige Einfälle, sondern auch herzliche Empfindungen, kleine Erzählungen, freundschaftliche Scherze, satirische, oder auch gefällige Lehren für Quellen des Sinngedichts halten.

Im Jahr 1754 erschien eine vermehrte Auflage der Lieder nebst einigen neuen Sinngedichten. Als ein Anhang sind de la Nauze zwo Abhandlungen von den Liedern der alten Griechen;

von

von Herrn Ebert aus dem Französischen über=
setzt, beigefügt. Am Ende der Vorrede sagt
Hagedorn: „Vielleicht möchte ich künftig bey ei=
„ner poetischen Muse mir einfallen lassen, nach
„dem Beispiele einer Deshoulieres, eines Pelis=
„son, Pavillon, Chapelle, und Chaulieu etwas
„vollkommners in ungleichen odaischen Stanzen,
„oder sonst zu versuchen."

Allein alle seine Entwürfe vereitelte der Tod,
der ihn den 28 October 1754 dem Vaterlande,
und den Musen entriß. Er hatte zuvor noch ei=
ne langwierige und schmerzliche Krankheit, die
Wassersucht auszustehen, doch ertrug er sie mit
der grösten Gelassenheit. So schwach er war, so
las er doch noch beständig dabey, und mit einem
Buche in der Hand schlief er ein, im sieben und
vierzigsten Jahre seines Alters. Das Gerüchte,
das einige verbreiteten, als wenn seine Liebe
zum Weine die Ursache dieses frühzeitigen Todes
gewesen, ist ungegründet. Er liebte attischen
Scherz, aber keine lärmende Freude, er liebte
den sokratischen Becher an der Seite seiner Bu=
senfreunde Brockes und Karpser, aber niemals
den Trunk.

So wie er in seinem ganzen Leben sehr duldsame Gesinnungen in Ansehung der Religion gehegt hatte, so ließ er sich auch auf seinem Todbette sowohl von dem lutherischen, als englischen Prediger besuchen, und beide waren mit ihm, so wie mit einander, sehr zufrieden. Als Sekretair des Court hatte er in der englischen Kirche kommunizirt, aber jetzt empfieng er das Abendmahl von dem lutherischen Prediger. Seine Bescheidenheit war so groß, daß er alle Arten von Denkmal, Lebensbeschreibung u. s. w. verbat. Dies ist auch die Ursache, warum seine besten Freunde ihm nicht allein selbst kein Ehrengedächtniß geschrieben, sondern auch denen Herrn Wittenberg, Schubert, und Boie, die sein Leben schreiben wollen, theils abgerathen, theils sie durch die Vorenthaltung der nöthigen Materialien daran verhindert haben. Endlich war ich, von dem Bruder des Dichters unterstützt, so glücklich, zuerst sein Leben in meiner Biographie der Dichter, erzählen zu können.

Die englischen Kaufleute nahmen sich der Hagedornischen Wittwe großmüthig an, und gaben ihr einen Gehalt nebst freier Wohnung.

Zachariä

Zachariä widmete Hagedorns Gedächtnisse ein eignes Gedicht, das er aber nicht unter seine Werke aufgenommen. Herr Juchs richtete ein Trostgedicht an den Bruder des Dichters, das nun unter den Gedichten eines Baurensohn steht.

Wenige Dichter haben ihre Werke so mühsam gefeilt, als Hagedorn. Er sagt selbst in dem Sendschreiben an einen Freund: „Es ist ihnen „nicht unbekannt, daß ich sehr viele von meinen „Gedichten eingeäschert habe, und noch mit kei„nem ganz zufrieden bin." Eben das sagt er in einem Briefe an Langen, in Langens Sammlung gelehrter und freundschaftlicher Briefe, Th. I. S. 205. Er war sich selbst der strengste Kunstrichter, und da dennoch in seinen Gedichten verschiedne Nachläßigkeiten stehn geblieben, so ist es wohl gewiß, daß man sich nicht zu strenge seyn kann. Alle seine Einfälle schrieb er auf, warf sie in ein großes Portefeuille, und nach einem Jahre musterte er sie. Was ihm alsdann nicht gefiel, verbrannte er, wie Thomson, ohne Barmherzigkeit, der Ueberrest ward noch ein Jahr bey Seite gelegt, und alsdann nochmals mit der größten Strenge geprüft. Auf seinem

Todbette verbrannte er alle seine vorräthigen Papiere, damit nichts Unreifes von ihm ins Publikum käme. Ueberzeugt, daß man nicht bis ins Alter Dichter seyn müsse, hatte er die Absicht, zu seiner letzten Arbeit kritische Briefe zu machen, die blos die Untersuchung der Wahrheit, die Mittheilung gründlicher Gedanken zum Endzweck haben sollten, aber ohne Beleidigung andrer Gelehrten, und mit der grösten Bescheidenheit. Er besaß eine sehr große Kenntniß der französischen und englischen Sprache, und schrieb beide, wie seine eigene. Er liebte die Wissenschaften, und war unermüdet, seine Kenntnisse zu vergrößern. Schlegel sagt in einem Briefe an einen Freund von ihm: „Ich kann nicht sa„gen, was der Herr von Hagedorn für ein fleis„siger, gelehrter, und zugleich aufgeweckter „Mann in Gesellschaften ist. Er hat mich mei„stentheils damit unterhalten, daß er mir seine „Bücher gewiesen, welche sehr wohl ausgesucht „sind, und worinnen er allezeit am Ende die „schönsten Stellen ausgezeichnet hat, zum Zei„chen seines guten Geschmacks sowohl, als sei„nes Fleißes. Die Meinungen, die er in der „Kritick von andern hat, sind alle gemäßigt, und
„schla=

„schlagen mehr zu ihrem Lobe, als Tadel aus."
Seine große Belesenheit leuchtet aus den zahlreichen Anmerkungen hervor, die er seinen Gedichten nicht aus Prahlerey, sondern aus Liebe zur Litteratur beigefügt hat. Er muste sich darüber noch bey seinem Leben Vorwürfe machen lassen, aber er hat sich auch darüber oft und gründlich vertheidigt. Zu geschweigen, daß es sehr lehrreich ist, von dem Verfasser selbst zu erfahren, was er jedesmal für eine Geschichte, oder Muster vor Augen gehabt, so findet man bey Hagedorn immer nützliche Anmerkungen, die zu weiterm Nachdenken Anlaß geben, und lesenswürdige Gedanken aus andern Schriftstellern. Viele Noten entstanden auch aus Hagedorn's Furchtsamkeit; er wollte seine Leser keine falsche Deutungen machen lassen, und sie sollten ihm keine Nachahmungen und Parallelstellen vorwerfen, die er nicht selbst angezeigt hätte. Er schämte sich so wenig, die Nachahmung zu gestehn, als er sich schämte, nachzuahmen. Zugleich bekennt er selbst, daß er fremden Kommentatoren habe zuvorkommen wollen. „Es lebte
„hier, sagt er, ein ehrlicher, belesener, in allen
„Arbeiten und Schicksalen zu fleißiger Scriben-
„ten

„ten wohl erfahrner Mann, ein eifriger Gönner
„meiner Versuche, der aber so wenig Broßette
„war, als ich ein Boileau bin. Dieser sammel=
„te schon zu meinen Gedichten einen Schatz von
„Anmerkungen, deren meines Erachtens ganz
„überflüßiger Anwachs und Ausgabe durch die
„meinigen am besten gehindert werden konnte,
„von welchen er fast bis an seinen unbemerkt er=
„folgten Tod männlich behauptete, daß ihrer zu
„wenig wären, und viele ausführlicher und ge=
„lehrter seyn sollten."

Mit Bodmer unterhielt er einen sehr fleißi=
gen und vertrauten Briefwechsel. Dennoch
nahm er an den damaligen kritischen Streitig=
keiten nicht den geringsten Antheil, sondern er blieb
immer der Friedfertige, es mochte ihm bald die ei=
ne, bald die andre Parthey durch allerley Kunst=
griffe in ihre Kriege zu verwickeln suchen. S. Lan=
gens Briefe Th. I. S. 142. Er glaubte immer,
daß Gottsched viele Tadler hätte, die weniger
wüsten, als er, und daß er blos durch seine
Schuld nicht zur Reife gekommen sey. Rabe=
nern, mit dem er auch einen Briefwechsel un=
terhielt, nennt er einen sinnreichen Freund, den
er aber nicht sehr hoch schätzen könne. Einige ha=

ben

den ihn beschuldigen wollen, als ob er Klopstock's Dichtungsart nicht geliebt habe. Sie behaupteten, er sey sehr gewissenhaft in Ansehung der Sprachrichtigkeit gewesen, und Klopstock, habe er gemeint, bezeige so wenig Ehrfurcht gegen die Regeln derselben, daß er sie vielmehr ganz aus den Augen setze. Er habe dabey die Stelle aus dem Gilblas anzuführen gepflegt: Nous sommes cinq ou six novateurs hardis, qui avons entrepris de changer la langue du blanc au noir. Er habe gelacht, wenn man Klopstock's Verse für Hexameter ausgegeben, und nicht begreifen können, was für Ohren diese Leute hätten. Es sey nun dies gegründet, oder nicht, so schätzte und liebte er doch diesen Dichter sehr, den er auch persönlich kannte, und von dem er einmal in einem Briefe urtheilte, er sey ipsa Miltono miltonior. Er vergnügte sich z. E. auch sehr darüber, das Klopstock ihm mit eigner Hand in sein Excerpternbuch geschrieben hatte. Auch hat Klopstock im Wingolf oder im Tempel der Freundschaft im sechsten Lied (Oden S. 92) ihm ein Denkmal errichtet. Mit den besten Köpfen seiner Gegend war Hagedorn durch eine persönliche und vertraute Freundschaft

verbun-

verbunden. Brockens vortrefliches Herz machte ihn der Freundschaft eines Hagedorn's würdig und Hagedorn's Lob ist für ihn ein unvergänglicheres Denkmal, als seine eignen Werke. Hagedorn besorgte auch den Auszug aus den Werken desselben, der öfter, als die Werke selbst, wieder gedruckt worden ist. Den Herrn von Bar schätzte er so sehr, daß er ihn in dem Gedichte an einen Freund dem Sokrates an die Seite setzte. Liscov ward von Hagedornen ermuntert, ja fast ganz angetrieben. In den Hamburgischen Anzeigen, worinnen Liscov eine Zeitlang die gelehrten Artikel machte, findet man im ersten Jahrgang vom Jahr 1737 N. 9. einen Aufsatz von der Gesundheit, und von den Trinkgefäßen der Alten, der Hagedornen zum Verfasser hat. Gisecke erwarb sich Hagedorn's Freundschaft während seines Aufenthalts zu Hamburg, und konnte nachher in einem Gedichte aus eigner Erfahrung sagen:

Du bist, so wie dein Vers, gefällig, lehrreich, frey,
Und deinem Freunde stets noch mehr, als nur getreu.

Hagedorn liebte ihn besonders, und unterhielt mit ihm einen fleißigen Briefwechsel. Auch mit

mit Herrn Ebert errichtete er eine dauerhaufte Freundschaft. Von seiner Verbindung mit Schlegel habe ich in dem Leben des letztern geredet. In Dreyern schätzte Hagedorn den witzigen Kopf, und in dem Prediger Zimmermann den rechtschafnen Mann. Des letztern Karakter hat er unter dem Namen Theophilus in einem Sinngedichte entworfen. Den Rektor Müller hielt er sehr hoch. Wilkens, eines Juristen Herz, rühmt er in einem Epigramm, und in einer Fabel des ersten Buchs wünscht er nur ihm zu gefallen. Eine Frau von Obery, Schubert, Borgrest, Doctor Lißstorp, der Buchhändler Bohn, dies ist ungefehr die Liste seiner Freunde. Doch sein innigster Freund war der Arzt Carpser, den er auch in seinen Gedichten vielfältig verewigt hat. Hagedorn war zur Freundschaft gebohren, sein Herz war voll Menschenliebe, sanft, zärtlich, redlich, mitleidig, edel, großmüthig, freigebig, sein Umgang gesellig, munter, und angenehm. Er besaß einen sehr schnellen und scharfen Witz,

Und, was er lachelnd sprach, war oft ein Sinngedicht.

Bis

Bisweilen ward er dadurch beleidigend, aber es reute ihn den Augenblick, wenn er jemanden beleidigt hatte. Er besaß viel Welt.

Voll von Gelehrsamkeit, voll wahrer Wissenschaften,
Sah auch der Hofmann nichts von Schulstolz an ihm haften.

Er war ein Freund der Religion, und ihre Pflichten waren ihm heilig. Er liebte das Landleben nicht blos in seinen Gedichten, sondern in der That.

Der Buchhändler Bohn zu Hamburg besorgte eine doppelte Ausgabe seiner Schriften unter dem Titel: Herrn Friedrichs von Hagedorn sämtliche poetische Werke in dreien Theilen 8°. Die eine größere erschien 1756 mit vielen Vignetten, die kleinere 1757. Bei beiden ist des Dichters Portrait von Fritsch nach van der Schmissen gestochen. Beide sind so eingetheilt, daß der erste Theil die moralischen und epigrammatischen Gedichte, der zweite die Fabeln und Erzählungen, der dritte die Oden und Lieder begreift. Die größere Ausgabe ward 1769 zum zweitenmal, die kleinere 1764 zum drittenmal aufgelegt. Hagedorn hatte seine Gedichte vor seinem

seinem Ende noch aufs genaueste durchgesehn, an
manchen Stellen verbessert, und mit einigen
Gedichten und Zusätzen vermehrt. Herr Huber
hat in der Choix des Poesies Allemandes von Hagedorn's Fabeln diejenigen, die er selbst erfunden, und von den moralischen Gedichten desselben die beiden der Weise, und Horaz in französische Prosa übersetzt. Auch ward hier zuerst
eine kurze Nachricht von Hagedorns Leben gegeben. Das Gedicht über die Glückseeligkeit
hat Tscharner mit Haller's Gedichten ins Französische übersetzt. — Noch 1769 klagte Herr Ja-
kobi, daß Hagedornen kein Denkmal errichtet,
oder daß er, wie er sich ausdrückte, unbegra-
ben sey. Nachher hat er ein Monument in einem Garten erhalten.

XX.
Christoph Joseph Sucro.

Christoph Joseph Sucro ward gebohren zu
Königsberg in der Neumark am vierten Decem-

der 1718. Sein Vater Christoph Sucro war damals der erste Prediger in diesem Orte, kam aber bald nachher nach Magdeburg als Konsistorialrath, Domprediger, und Inspector über den Holzkreis, wo er im Julius 1751 starb. Die Mutter war Sophie Dorothee, deren Vater Johann Joseph Winkler in Magdeburg dieselbe Stelle hatte, die hernach ihr Mann erhielt. Der junge Sucro ward theils von Hauslehrern, theils von den öffentlichen Lehrern in der Domschule zu Magdeburg unterrichtet. Unter den letztern zeichnete sich besonders der damalige Rektor der Domschule aus, der bey den philosophischen Zänkereien jener Zeiten die Mittelstraße hielt. Er schimpfte nicht auf die Wolfische neue Philosophie, und war auch kein blinder Verehrer derselben. Auch seine Schüler führte er zu einer solchen Behutsamkeit in philosophischen Untersuchungen an. Als Sucro in seinem zwanzigsten Jahre 1738 nach Halle auf die Universität gieng, so wählte er vorzüglich den großen Gottesgelehrten Sigismund Jakob Baumgarten, in dessen Haus, und unter dessen Aufsicht er kam, und den berühmten Philosophen Alexander Gottlieb Baumgarten zu Lehrern in Erlernung der

der theologischen und philosophischen Wissenschaften. Von seiner Mutter her war er mit der Baumgartenschen Familie verwandt. Unter dem Theologen Baumgarten vertheidigte er 1743 eine theologische Dissertation de præstantia religionis reuelatae præ naturali. Der Philosoph Baumgarten ertheilte ihm in demselben Jahr die Magisterwürde, denn sein Plan gieng dahin, sich dem akademischen Leben zu widmen. Ein durch vieles Studieren geschwächter Körper nöthigte ihn aber, schon nach einem Jahre Halle zu verlassen, und zur Erhohlung zu den Seinigen nach Magdeburg zurückzugehn. Doch brachte er auch hier die Zeit nicht müßig zu, sondern war unter andern ein fleißiger Mitarbeiter an der Uebersetzung der allgemeinen Welthistorie, die unter Baumgartens Aufsicht herauskam. Diese Arbeit setzte er auch in der Folge noch in seinen Nebenstunden fort, als er im Jahre 1745 auf des Theologen Baumgarten Empfehlung an das Koburgische Gymnasium als Lehrer der griechischen Sprache und Philosophie berufen ward. Doch einige Jahre vor seinem Tode vertauschte er die philosophische Stelle mit dem Lehramt der Beredsamkeit. Anfangs soll seine Kenntniß der

X 2 grie-

griechischen Sprache nicht sonderlich gewesen seyn, aber durch unermüdeten Fleiß hohlte er das Versäumte so gut nach, daß ihn die Zuhörer in der Folge hierüber mit eben der Begierde hörten, als sie vorher seine philosophischen Vorlesungen zu besuchen gewohnt waren. Seine Art des Vortrags, und sein Betragen gegen Studierende erwarb ihm bald allgemeine Liebe und Zutrauen. Im Tadeln oder im Strafen war er strenge, aber mit Nachdruck, und mit Beobachtung des Wohlstandes. Da er eine vorzügliche Fertigkeit im Spotten besaß, so bediente er sich derselben mit Vortheil. Bemerkte er an einem Jüngling einen Fehler, so zeichnete er diesem Fehler im Allgemeinen so treffend, daß der Fehlende leicht merkte, wer gemeint sey, und sich in der Folge hütete, namentlich genannt zu werden. Ausschweifende und träge Schüler strafte er mit Verachtung, wohlgesitteten und fleißigen begegnete er leutselig, doch ohne seinem Ansehn etwas zu vergeben. Ueberhaupt suchte er selbst durch eine vernünftige, gesetzte, und anständige Lebensart ein gutes Muster zu werden, und seine freundliche Miene, seine angenehme Stimme, sein volles Gesicht, sein männlich starker Körper, und äusserlich gutes Ansehn befestigte die Liebe und Achtung noch mehr, die er sich erworben hatte. Kurz alle Eigenschaften eines brauchbaren und beliebten Lehrers waren in ihm vereinigt. In seinem Lehrvortrag war er sehr fließend, deutlich, und lebhaft, oft ganz poetisch, und er wuste durch sinnreiche Gedanken, und gute Wendungen die Aufmerksamkeit der Zuhörer zu unterhalten. In Erklärung der Alten war er kein Wortgrübler, sondern er suchte durch sie Geschmack, Herz, und Verstand seiner Zuhörer zu bilden. Die Dichter erklärte er als ein Dichter, und suchte die Oekonomie, die Wendungen, das Erhabene, den Geist ihrer Werke zu erklären.

Er liebte Gesellschaft, und war, so lange es seine Gesundheit gestattete, munter und unterhaltend in derselben, doch immer etwas zurückhaltend, und auch gegen seine vertrautesten Freunde einigermaßen mistrauisch. Sein angenehmer Umgang verschafte ihm dennoch viel Freunde, und er konnte sich der Gnade des damaligen Herzogs von Koburg in einem vorzüglichen Grade rühmen. Seine Neigung zur Satire konnte er nicht unterdrücken. Satirischen Innhalts waren größtentheils seine Aufsätze in der moralischen

Wochenschrift, die er unter dem Titel der Druide zu Berlin 1749 in zwey Theilen in Quart herausgab, und wovon er das Meiste selbst verfertigte. Hier schonte seine beissende Satire weder Nachbarn, noch Kollegen, noch seine eigne Frau.

Bald nach Antretung des Koburger Lehramtes heirathete er am 20 Junius 1746 Esther Christinen, eine gebohrne Beckerinn, die hinterlaßne Tochter eines Kaufmanns in Leipzig, die aber in Magdeburg war erzogen worden, und mit der er viele Hofnung zu künftigen Reichthümern bekam, deren Erfüllung er aber nicht erlebte. Mit ihr erzeugte er zwey Töchter und einen Sohn, welcher letztere aber bald nach der Geburt wieder starb. Der Aufwand, den er im verheiratheten Stande machen muste, nöthigte ihn, durch Schriftstellerey, besonders durch Uebersetzen, auf Geldverdienst bedacht zu seyn. Halbe Nächte durchwachte er, verdarb aber dadurch seine Gesundheit ganz, da schon die vielen Arbeiten seines Amtes auch den dauerhaftesten Körper schwächen konnten. Er sehnte sich nach einer ruhigern Stelle, und hatte verschiedentlich Hofnung dazu, als er im Monat Junius 1756 ein hitzi-

hitziges Fieber bekam, woran er im acht und dreißigsten Jahr seines Alters starb.

Da einer seiner jüngern Brüder sich auch als Schriftsteller und Dichter bekannt gemacht, und man verschiedentlich die Werke der beiden Brüder verwechselt hat, so muß ich dessen hier mit einem Paar Worten gedenken. Johann Josias Sucro, der als Kadettenprediger 1760 zu Berlin starb, gab 1746 ein Lehrgedicht über die beste Welt, und in der Folge zwey andre über die vergnügte Einsamkeit, und über den moralischen Nutzen der Poesie heraus, die aber keine Anlage zur Dichtkunst verrathen. Mehr Beifall fanden verschiedne moralische Schriften von ihm; z. E. Trostgründe wider die Furcht des Todes, Ahndungen, Erfahrungen, Parallelen, die Lampe des Epictet u. s. w.

Von den Programmen, die Christoph Joseph Sucro als Professor drucken ließ, will ich nur die vornehmsten nennen: De pulchritudinis, quae in litteris elegantioribus quaeritur, natura, de furore poetico, artis historicae primae lineae, de facultate fingendi, de arte Mnemonica, de facultate animae diuinatrice, de virtutibus quibusdam et vitiis historicorum, de rei poeticae rationibus,

nibus, de demonstratione existentiae Dei, vitae Pindari et Horatii parallelae, de arte obliviscendi.

Im Jahr 1747 gab er zu Halle Versuche in Lehrgedichten und Fabeln heraus, von denen er in der Vorrede sagt, daß sie zum Theil schon vor mehrern Jahren einzeln wären gedruckt worden. Sie fanden bey ihrer Erscheinung den Beifall der Kenner. Bodmer nennte ihn deswegen einen Dichter, der kühn nach Haller's Laute greift. Dennoch geriethen seine Gedichte in Vergessenheit, bis Herr Dusch in seinen Briefen zur Bildung des Geschmacks ihre Vorzüge auseinander setzte. Dies ermunterte Herrn Hofrath Harles, als er noch zu Koburg stand, eine neue Ausgabe davon zu besorgen, und so erschienen: C. J. Suero Kleine teutsche Schriften gesammelt und herausgegeben von G. C. Harles, Koburg, 1770, 8°. Hier findet man: 1) Eine Abhandlung von den philosophischen Gedichten, die die Vorrede zu den Lehrgedichten und Fabeln ausmachte, keine vollständige Theorie derselben, sondern nur einige Betrachtungen über die Art, wie die Poesie philosophische Wahrheiten behandelt, eine Abhandlung, die in jenen Zeiten, da man erst die Theorie der schönen Wissensenschaften zu bearbeiten anfieng, wichtiger war, als jetzt, da sie jetzt zu viel bekannte Dinge zu wiederhohlen, und oft zu weitschweifig zu seyn scheint. 2) Furcht und Hofnung, ein kleines Lehrgedicht, das die thörichten Besorgnisse und die chimärschen Hofnungen der meisten Menschen bestraft. Die Gesinnungen, die er am Ende des Gedichts äussert, die Ergebenheit in seine Schicksale, die Begierde, sich in dem Dienst der Welt zu verzehren, sind desto rührender, da man weiß, daß es keine blos angenommenen Gesinnungen sind. Unter andern wünscht sich der Dichter auch.

Ein auserwähltes Kind, das Marianen gleichet,
Von gleichem Trieb gereizt, ihm Hallers Laute
reichet.

3) Der Stoicker, ein kleines Gedicht im didactischen Ton, das aber seinem Gegenstand nicht entspricht. Das Gemählde eines aufgeblasenen Stoickers ist ganz kurz, das übrige nehmen Lobsprüche auf den Philosophen Baumgarten ein, auf dessen Hochzeit eigentlich das Gedicht gemacht worden. 4) Die Gemühtsruha, ein kleines Lehrgedicht über die Glückseeligkeit, die sie dem

wahren Weisen gewähret, verfertigt 1743, und an einen Advokat Kornmann in Halle gerichtet, den der Verfasser einer seiner treuesten Freunde nennt. 5) Versuch vom Menschen, ein größeres Lehrgedicht in vier Büchern, Hallern gewidmet, nach des Verfassers Absicht eine Art von Psychologie in Versen. Er geht darinnen die einzeln Kräfte der menschlichen Seele durch. Nach vorausgeschickten allgemeinen Sätzen von der Seele handelt der Dichter im ersten Buche von der Neugierde, im zweiten von den Empfindungen, im dritten von der Einbildung, im vierten von dem Witze. Bey jeder Kraft zeigt er auch ihren Einfluß auf die Dichtkunst. 6) Die Tugend, eine sogenannte Ode. 7) Die Landschaften der Jugend, ein Traum in Prosa. 8) Sieben Fabeln, denen Natur und Simplizität fehlt. 9) Die Wissenschaften, ein Lehrgedicht, hat zu wenig Plan, und nur einzle gute Stellen. Es enthält vornemlich Betrachtungen über die Physick, Philosophie, und Religion. 10) Einige prosaische Einladungsschriften, worunter eine von der teutschen Sprache, eine andre von den Vorzügen der homerischen Gedichte, wieder andre von der Anmuth der Neuigkeit handelt. 11)

Eine

Eine Trauerrede in Prosa. 12) Ein Gedicht bey der Wiederkunft des Koburger Erbprinzen. 13) Ein Gedicht bey Vermählung desselben. 14) Noch eines auf diese Gelegenheit. 15) Ein Gedicht bey Vermählung eines Markgrafen von Baireuth mit einer Koburger Prinzeßinn. 16) Gedicht auf den Tod eines Konsistorialpräsidenten. 17) Gedicht auf dieselbe Gelegenheit. 18) Gedicht auf den Tod einer Mutter im Namen des Kindes. 19) Gedicht auf die Geburt einer Prinzeßinn. 20) Eine Vermählungskantate. 21) Kantate auf die Zurückkunft des Erbprinzen. Sucro soll noch weit mehrere Gelegenheitsgedichte verfertigt haben, die aber nach dem Urtheil des Herausgebers den Druck noch weniger verdienten. Eine Ode, die er auf das Jubileum der Buchdruckerkunst verfertigt, hat Herr Hofrath Harles nicht habhaft werden können. Als philosophischer Dichter hatte Sucro Verdienste, und gehörte unter die nicht unglücklichen Nachahmer von Hallern. Gleich seinem Vorgänger sagt er viel mit wenig Worten, und die philosophischen Gedanken seiner Gedichte verdienen mehr Lob, als die poetische Einkleidung. Die hier und da eingestreute Satire zeugt von

edler

Anlage zu diesem Fache, Rauhigkeit und Härte, und mancherley Nachläßigkeiten erregen den Wunsch, daß der Verfasser in seinen letztern Jahren die Feile gebraucht haben möchte; doch daran hinderten ihn andre Geschäfte.

XXI.
Johann Friedrich Freiherr von Cronegk.

Johann Friedrich Freiherr von Cronegk ward den 2 September 1731 zu Anspach gebohren. Sein Vater war General-Feldmarschall-Lieutenant des fränkischen Kreises, seine Mutter eine gebohrne Freyinn von Crailsheim, und beide Familien gehören zu den ältesten des fränkischen Adels. Als das einzige Kind seiner Aeltern ward er von ihnen nicht verzärtelt, sondern nur um desto sorgfältiger erzogen, besonders gab sich seine Mutter viel Mühe um die Bildung seines Herzens.

zens. Er hatte das Glück, auch solche Lehrer zu bekommen, die seine frühzeitig sich äussernden Talente zur Vollkommenheit zu bringen suchten. Die Hofnung, die er schon in seinem ersten Jahre von sich machte, zog die Aufmerksamkeit von ganz Anspach auf ihn. Er faßte alles bis zum Erstaunen leicht. Dabey hatte er ein erstaunend treues Gedächtniß, das ihn auch hernach bey reifern Jahren nicht verließ. Durch dasselbe ward es ihm leicht, die lateinische, französische, italienische, und spanische Sprache, und einige sogar ohne Unterweisung zu lernen, und so zu lernen, daß er es darinnen bis zur Fertigkeit sie zu sprechen brachte. Nur die griechische blieb ihm unbekannt. Die Liebe zu den schönen Wissenschaften war ihm angebohren, und so las er noch in seinen Schuljahren die besten römischen Autoren, und die vorzüglichsten Schriftsteller der meisten europäischen Nationen. Durch sein vortrefliches Gedächtniß sammelte er sich daraus einen Schatz auf die Zukunft. Denn dieses war so groß, daß er ganze Schauspiele, und ganze große Stellen gleich auf das erste Lesen fassen und behalten konnte. Aber er begnügte sich nicht, das Schöne auswendig zu wissen, er forschte auch

auch zeitig nach den Ursachen desselben, suchte guten Schriftstellern ihre Kunstgriffe abzulernen, zergliederte daher ihre Plane, entwarf sich dieselben schriftlich, prüfte das Ganze, und das Verhältniß der Theile zum Ganzen.

Im achtzehnten Jahre 1749 gieng er auf die Universität Halle. Hier hörte er die berühmtesten Lehrer der Philosophie, und der Rechtsgelehrsamkeit mit vorzüglichem Fleiße. Damals hatten sich die teutschen Universitäten schon in soweit gebessert, daß sie nun doch den Willen hatten, die schönen Wissenschaften zu bearbeiten. Zur Nachahmung des Gottschedischen Instituts entstanden nach und nach mehrere teutsche Gesellschaften, Gesellschaften, die zu den damaligen Zeiten so löblich waren, als sie nachher durch ihre eigne Schuld verächtlich geworden sind. Der nachmalige Professor zu Zerbst, Gottlob Samuel Nicolai stiftete, als er noch in Halle war, eine Gesellschaft von Freunden der schönen Wissenschaften. Cronegk ließ sich in dieselbe aufnehmen, nicht aus Zwang, wie sich viele von Gottsched aufnehmen lassen musten, sondern, weil er nichts unterlassen wollte, wodurch er seine Liebe zu den schönen Wissenschaften zu erkennen

nen geben konnte. Er arbeitete auch wirklich einige Aufsätze in die Schriften der Gesellschaft aus, die ihr Vorsteher 1752 herausgab.

In Halle blieb Cronegk nur ein Jahr, nach dessen Ablauf er nach Leipzig gieng. Hier erwarb ihm sein Herz bald die Freundschaft eines Gellert. Diesem vortreflichen Mann ergab er sich ganz, und ward in aller Betrachtung sein Schüler. Zwar ward er von Gellert nicht erst zu den schönen Wissenschaften ermuntert, aber er hatte seinen Lehren und seinen Kritiken einen richtigen Geschmack, eine feine Empfindung, und die Liebe zum Natürlichen zu danken, die wir in seinen Schriften finden. Sein von Natur gutes Herz nahm die eifrigen Ermahnungen dieses Mannes zur Tugend willig auf, und er ward dadurch, gleich seinem Lehrer, ein merkwürdiges Beispiel von dem Einfluß des Herzens in die Werke des Witzes. Daher erwarben ihm seine Sitten eben sowohl als seine Talente viele Gönner und Freunde. Rabener und Kästner liebten ihn, der letztere unterhielt mit ihm einen beständigen Briefwechsel. Leipzig hatte schon dazumal das Glück, einen Mann zu besitzen, der mit einer großen Kenntniß der Alterthümer einen guten

Ge

Geschmack verband. Christ war einer der ersten akademischen Gelehrten in Teutschland, der die Geschichte der Kunst des Alterthums für einen wichtigen Theil des antiquarischen Studiums erkannte. Cronegk konnte keinen andern, als diesen, zum Anführer in dem Studium der Alterthümer wählen, und er war einer seiner emsigsten Zuhörer. Gellerts Freund konnte Gottscheden nicht achten. Cronegk machte eine Satire auf Schönaich's poetische Krönung, und ließ den großen und den kleinen Christoph, das ist, Gottsched und Schönaich in der Sprache des Kanut mit einander reden. Diese Parodie gieng lange nur in der Handschrift herum, bis sie endlich 1779 im eilften Stück des Theaterjournals für Teutschland gedruckt ward. So machte er auch auf die meisten Gottschedianer Sinngedichte in Knittelversen mit der Ueberschrift: Monumenta virorum clarissimorum ex tenebris saeculi decimi octavi eruta a Io. Mart. Moromastige. Sie sind erst im teutschen Merkur 1774 durch den Druck bekannt gemacht worden.

Auſſer jenen vortreflichen Lehrern fand Cronegk in Leipzig auch noch eine vorzügliche Gelegenheit zur Bildung des Geschmacks, eine Schaubühne,

bühne. Zwar fand er hier das teutsche Theater noch sehr in seiner Kindheit, noch mit Gottschedischen Originalen und Uebersetzungen überschwemmt, aber er fand doch hier die damalige beste Gesellschaft teutscher Schauspieler, die Kochische. Ich will hier nicht die Gründe wiederhohlen, warum es einem künftigen theatralischen Dichter so nöthig ist, eine Bühne gesehn zu haben; so viel wird aber niemand läugnen, daß auch eine mittelmäßige Gesellschaft von Schauspielern schon bey manchem Jüngling die schlafende Lust zu theatralischen Arbeiten erweckt hat. Cronegken hatte die Bekanntschaft mit der französischen Litteratur schon einige Neigung für die Bühne beigebracht, und er hatte schon in Anspach einen Misvergnügten mit sich selbst, und einen Kleveland gemacht. Der Misvergnügte mit sich selbst, ein höchst unvollkommner Versuch, ist im Jahre 1777 in folgender Sammlung gedruckt worden: Blüthen des Geistes des Freiherrn von Cronegk. Aber dies waren bloße Vorübungen, und erst in Leipzig schlug bey ihm die Neigung zu dramatischen Arbeiten völlig Wurzel. Der damalige Zustand des teutschen Theaters trug vieles dazu bey. Das edle Bewuſt-

Y

wustseyn, es besser machen zu können, ist der mächtige Beruf, den gute Köpfe fühlen, wenn sie etwas schlechtes hören, oder sehen. Patriotismus muste Cronegken ergreifen, wenn er in den damaligen teutschen Lustspielen sich ärgerte, und in den Trauerspielen gähnte. Er versuchte sich zuerst in der Komödie, und sein Mistrauischer ist gröstentheils in Leipzig geschrieben. Seine Freunde riethen ihm, das Stück lieber der Argwöhnische zu nennen. Das Mistrauen entspringt aus mancherley Quellen, und bey jedem Menschen aus einer andern, bald aus Geitz, bald aus Eifersucht, da es dann dem Neide gleicht. Immer aber ist es etwas niedriges, zuweilen wird es durch Schüchternheit vermehrt. Der Hofmann, der die Hindernisse seiner bösen Absichten fürchtet, der Blöde, der seine eignen Kräfte nicht kennt, und niemanden sein Zutrauen schenken will, der Bösewicht, dessen Gewissen bey jedem rauschenden Blatte erwacht, der Kurzsichtige, der, wenn er einen Fehltritt gethan, seinen Augen nicht mehr traut, und bey jedem Schritte zittert, der Unseelige, der alle Welt nach seiner schlechten Denkungsart beurtheilt, die sind alle mistrauisch, aber gewiß alle sehr kleine

Seelen. Aber, ohne durch eine besondre Leidenschaft dazu verführt zu seyn, blos aus menschenfeindlichen Vorstellungen die Welt für eine Wohnung von Betrügern ansehn, ist ein Laster, das weder Lachen, noch Mitleiden erweckt. Solchen Misantropen fehlt es an Einsicht, die ihnen die Möglichkeit zeigen würde, auch den gefährlichsten Schlingen zu entgehen, es fehlt ihnen an Tugend, weil sie sonst mehr Geselligkeit haben, und überzeugt seyn würden, daß der Tugend die Untreue aller Sterblichen nichts schaden könne, es fehlt ihnen an Religion, weil sie sonst auf die Vorsehung vertrauen würden. Als ein solcher abscheulicher Mensch erscheint Cronegk's Mistrauischer, der es noch dazu nicht aus eignen Grundsätzen ist, wenigstens erfährt man den Ursprung seines Karakters nicht. Schlegel machte aus seinem Geheimnißvollen auch einen Menschen, der alle Geschöpfe für Verräther ansieht, daher die Aehnlichkeit seines Stücks mit Cronegks Lustspiel. Cronegks Mistrauischer ist ein Mensch, der sich mit lauter Ungeheuern umgeben glaubt, der ohne Ursache jedermann für so klein hält, als er selbst denkt, dem seine Krankheit so niedrige Gesinnungen eingiebt, seinen zärtlichen Vater für einen heimtückischen Nebenbuhler, seinen treuen Freund für falsch, und den redlichen Geront für einen Giftmischer zu halten. Diese widrige Rolle hat Cronegk auch nicht sonderlich ausgeführt, sondern nur einen groben Umriß von diesem Karakter gemacht. Die Bekehrung, die zulezt mit dem Mistrauischen vorgeht, ist eine von den theatralischen Verwandlungen, die ein schlecht angelegter Plan nothwendig macht. Einzle gut angelegte Szenen findet man, aber sie sind zu wenig benutzt. Der Dialog hat in den komischen Stellen zu wenig Lebhaftigkeit, und in den rührenden zu wenig Stärke. Das Stück ist nur einmal in Hamburg, aber ohne allen Beifall gespielt worden. Uebrigens gab Cronegk dies Lustspiel bey seinem Leben nicht heraus, und war auch noch sehr jung, als er es schrieb. Sonst entwarf er damals zu Leipzig noch manche Plane, und unter andern auch schon dem vom Kodrus. Hier stiftete er eine genaue Freundschaft mit dem Graf Moriz von Brühl. Die Liebe zu Gellerten, ihren gemeinschaftlichen Lehrer, ein edles Herz, ein frühzeitig reifer Verstand, dies waren die Eigenschaften, die beide Jünglinge gemein hatten, und die das Band der Freund-

schaft

schaft zwischen ihnen knüpfte. Cronegk beklagte nachher die Trennung von ihm in einer Elegie, die im zweiten Theil seiner Werke steht.

Im Jahr 1751 that Cronegk eine Reise nach Braunschweig, um sich die Bekanntschaft solcher vortreflicher Männer, wie Gärtner, Ebert, und Zachariä, zu erwerben. Nach seiner Abreise schrieb er die Klage an Gärtner, die das erste unter seinen vermischten Gedichten ist.

Leipzig verließ er 1752, und kehrte in sein Vaterland zurück. Melancholisch über die Entfernung von seinen Freunden in Leipzig, schrieb er das größere Gedicht die Einsamkeit. Wenigen Jünglingen erlaubt das Feuer ihres Alters, ihr Herz zu so melancholischen Empfindungen zu stimmen, aber Natur und Moral gaben Cronegk's Herzen die Stille, die nur der Weise empfindet. In seiner jetzigen Einsamkeit las er Young's Nachtgedanken, und dies reizte seine Muse um desto mehr, Klaglieder anzustimmen. So machte er freilich die damalige Mode, dem Young nachzuahmen, mit, aber er vermied ihr Abgeschmacktes. Er affectirte nicht Tiefsinn, sondern hieng seinen zärtlichen Empfindungen nach, er gieng nicht auf Stelzen einher, sondern blieb seiner

leich=

leichten fließenden Sprache getreu, er überließ sich nicht einer wilden Phantasie, sondern floß in sanfte Klagen über. Besser wäre es, wenn der Dichter die Trennung von seinen Freunden und Zemiren, zum Hauptgegenstande, und die Betrachtungen über die Vergänglichkeit der irrdischen Freuden zur Episode gemacht hätte, dann wäre dies Gedicht weniger rhapsodisch, als die gewöhnlichen Gedichte dieser Art, und man könnte es ein System von Elegien nennen, deren sehr schickliche Szene die Einsamkeit sey. Wie sich aber nicht viel Elegien hintereinander lesen lassen, so macht auch dies Gedicht von Cronegk Langeweile. Es ist im elegischen Tone, aber eben darum oft nachläßig, es ist frey von Schwulste, aber dafür zuweilen matt und geschwätzig, es ist frey vom Sonderbaren, hat aber auch wenig Hervorstechendes. Der Verfasser hat es durch manche Wiederhohlungen zu sechs Gesängen ausgedehnt, und sich durch den Reim zu mancher überflüßigen Stelle verleiten lassen. Uebrigens leuchten die Talente zur didactischen und moralischen Poesie, die ich öfter an Cronegk werde rühmen müssen, auch hier hervor. Wir werden es noch einmal in seinem Leben finden,

daß

daß seiner Muse eine solche Schwermuth anwandelte. Hier nenne ich nur noch ein Lied an die Einsamkeit, das im zweiten Theil seiner Werke S. 173 steht. Bey dem allen wuste er wohl, wie lächerlich der Misbrauch dieser Art von Gedichten sey, und hat daher selbst in seinem Gedichte an Uz (Werke Th. II. S. 130) die Nachtgedankensänger mit dem Uhu verglichen.

Ins Jahr 1752 fallen auch drey Gedichte, die Cronegk in die Sammlung vermischter Schriften von den Verfassern der bremischen Beiträge gegeben, drey Oden. Die eine ist eine Bewillkommung seines Vaterlandes und seines Freundes Uz, schon hier äussert er einen Hang zur Einsamkeit. Die andre ist eine Ode in Zachariä's Ton, und drückt die Sehnsucht des Dichters nach Gellerten aus, die dritte handelt von der Ruhe, und ahmt Cramer's Manier nach. In der höhern lyrischen Poesie hat sich Cronegk nie über die Mittelmäßigkeit empor geschwungen.

Gegen das Ende des Jahrs 1752 ward Cronegk Anspachischer Kammerherr, und Hofrath, und nun entschloß er sich, seine Einsamkeit mit der großen Welt zu vertauschen. Seine Aeltern

tern verlangten, daß er auf Reisen gehen sollte, und er gehorchte ihnen gern, weil er den Nutzen kannte, den sie einem vernünftigen Reisenden bringen können. Zuerst gieng er nach Italien, und sah alle Merkwürdigkeiten von Venedig, Rom, Neapel, Florenz, Genua, und Turin. Alle vortrefliche Werke der alten und der neuen Kunst, durch die sich Mahler, Bildhauer, und Baumeister verewigt haben, die Gallerien, die Kabinetter musten die Neugierde eines so eifrigen Liebhabers des Schönen erregen, als Cronegk war. Er konnte dies alles mit desto gröſsserm Nutzen sehn, je größer die Kenntniß der schönen Künste war, die er mitbrachte. Er sammelte sich hier selbst ein kleines Kabinet von Alterthümern, Münzen, und Mahlereien. Die Italienischen Bühnen blieben, wie man leicht erachten kann, von ihm nicht unbesucht. Zu Venedig genoß er oft den Umgang von Goldoni, und lernte seine Sitten so hoch als seine Schauspiele schätzen.

Die Musen verließen ihn auch auf Reisen nicht. So fuhr er in Italien fort, an seinem Rodrus zu arbeiten. Er unternahm auch wieder ein Lustspiel, aber nicht ein komisches, sondern ein ernst-

ernsthaftes von der Gattung, die man die heroische nennt. Es sollte die Klagen heißen, und das bestrafte Mistrauen gegen die Vorsehung zum Innhalte haben. Philosophen, Weiber, Hofleute, Dichter, Bauern, abgeschiedne Seelen sollten darinnen abwechseln. Von den drey Aufzügen, die es haben sollte, sind nur vier Auftritte übrig.

Im Jahre 1753 gieng er nach Paris, dieser Schule dramatischer Dichter. Er hat es selbst gestanden, und seine Werke bezeugen es, daß die Besuchung der französischen Parterre für ihn großen Nutzen gehabt hat. Hier bekam er die Vorliebe für die französische Bühne, die er nie ganz verlor. Er machte mit verschiednen dramatischen Dichtern, besonders mit der Frau von Grafigny, persönliche Bekanntschaft. Diese erstaunte über seine große Kenntniß der französischen Litteratur, indem er ihr ganze Stellen aus dem Rabelais hersagen konnte. Sie gewann daher eine große Achtung gegen ihn, und ließ sich einen Theil des Kodrus aus dem Manuscript übersetzen, weil sie begierig war, die Arbeit eines so liebenswürdigen Jünglings kennen zu lernen.

Zu Paris bekam Cronegk sogar Lust, ein Schauspiel in französischer Sprache zu versuchen. Daher kommt in seinen Werken ein französischer Plan zu einem Nachspiele vor. Es führt den Titel les defauts copiés, der sich vielleicht am besten durch Parodi übersetzen läßt. Denn das ganze Stück führt die Wahrheit aus, daß uns unsre Fehler nicht eher sichtbar werden, als bis wir sie von andern parodirt sehn. Unter dem Titel Parodie habe ich 1769 Cronegk's Plan zu dialogiren versucht, und eben diesen Titel behielt Herr Bock bey, als er im ersten Theil seiner Sammlung fürs teutsche Theater 1770 Cronegk's Idee auf eine andre Art ausführte. Es wollte jemand behaupten, daß Cronegk's Idee nicht neu, sondern aus Sagan's Originaux entlehnt sey. Nun hat zwar Sagan's Stück auch die Moral, wir sollten, um das Lächerliche unsrer Fehler zu empfinden, sie an andern beobachten. Aber erstlich sieht man bey Sagan den, der parodirt werden soll, nicht vorher selbst handeln, und die Parodie thut also auf die Leser nicht die gehörige Wirkung, zweitens haben die Personen, an denen sich Sagan's Marquis spiegeln soll

soll, nicht die Absicht ihn zu parodiren, sondern sind Originale für sich, uud endlich hat Fagan keinen zusammenhängenden Plan zum Grunde gelegt, weil sein Stück nur eine Piece episodique ist.

Noch zu Ende des Jahres 1753 kam Cronegk von seinen Reisen wieder nach Hause, und widmete sich nun den öffentlichen Geschäften, zu denen er bestimmt war. Zwar konnte ihn niemand darinnen einer Nachlässigkeit beschuldigen, aber alle Zerstreuungen der Geschäfte und des Hofs konnten ihn von den Musen nicht abziehn. Im Jahr 1754 fieng er in Gesellschaft von den Herrn Uz, Rabe (dem Uebersetzer der Mischnah) und (dem Herausgeber des Münzarchivs des teutschen Reichs) Hirsch eine moralische Wochenschrift unter dem Titel der Freund an, die bis ins Jahr 1756 dauerte, und zu drey Bänden anwuchs. Diese periodische Schrift, die zwar keinen originellen Ton und Wendungen hat, aber doch das Fade gewöhnlicher teutscher Wochenschriften vermeidet, und ihrem angenommenen Karakter ziemlich getreu bleibt, ward von dem Publikum sehr wohl aufgenommen. Cronegk hat darinnen alle die Stücke verfertigt, die mit C. und L. bezeichnet

net sind, und so rühren von den acht und siebzig Stücken, aus denen die Wochenschrift besteht, fünf und dreißig von ihm her. Vieles darunter sind Gedichte, wovon die erheblichsten in die Sammlung seiner Werke gekommen sind. Einiges darunter sind Lieder mit Refrains, wie sie seit der Zeit der bremischen Beiträge in Teutschland nur zu häufig Mode geworden. Ferner findet man Elegien darunter, nicht im Geschmack der Engländer, nicht voller tibullischer Zärtlichkeit, die aber mit jeder französischen Elegie um den Vorzug streiten können. Das Beste darunter ist erstlich ein geistlich Lied zum Lobe der Gottheit, zwar nicht mit dem Feuer einer Hymne, aber doch mit der Empfindung geschrieben mit der geistliche Gesänge geschrieben werwerden müssen, zweitens eine poetische Satire über die Unzufriedenheit. In dem letztern Fach verdient Cronegk neben Boileau zu stehn, mit dem er in Plan, Karakteren, Kenntnisse der menschlichen Sitten, attischem Salz, und lachenden Vortrag der Satire wetteifert. Dies beweisen auch die Satiren über das Stadtleben, und über das Glück der Thoren, die aus dieser Wochenschrift in die Werke gekommen sind.

Ich

Ich weiß nicht, was für Verfolgungen des Theaters ihn veranlaßt haben mögen, um diese Zeit ein Vorspiel in Versen, das verfolgte Komödie, zu schreiben, das nach seinem Tode oft ist aufgeführt worden. Der so wahre Innhalt macht es schätzbar, und einige Stellen sind wirklich schön, aber die allegorische Einkleidung der Vorspiele gefällt jetzt nicht mehr so sehr, als ehedem. Entwürfe zu Schauspielen wurden jetzt in Menge von ihm gemacht. Eine glückliche und neue Idee war es, daß er den ehrlichen Mann, der sich schämt, es zu seyn, auf die Bühne bringen wollte, da es dergleichen Männer heut zu Tage wirklich so viele giebt. Es hätte dies einen Pendant zu des Destouches verheiratheten Philosophen abgeben können. Merkwürdig ist es, daß Cronegk dies Stück in Jamben schreiben wollte, einer Versart, der man den Vorzug geben müste, wenn die versificirte Komödie Mode geblieben wäre. Von einem seiner Stücke, die Nachwelt, steht in seinen Werken nur eine einzige Szene, die sich auf die bekannte Wendung der Satire gründet, den Gesichtspunkt anzugeben, aus dem unsre Thaten der Nachwelt erscheinen werden. Ein Nachspiel, der erste April,

arbei=

arbeitete er ganz aus, als eine Posse aber voller abgenutzter Theaterstreiche und alltäglicher Einfälle ward es nicht in seine Werke aufgenommen. Jener Herausgeber von den oben angeführten Blüthen des Geistes hat dies Stück dennoch abdrucken lassen. Mehrere Plane von Lustspielen blieben unausgeführt, weil Cronegk die Meinung hegte, daß ein Dichter nicht zugleich in der Tragödie und im Lustspiel vollkommen werden könnte, und die Vollkommenheit im Trauerspiel sein Ziel war.

Im Jahr 1755 trieb ihn seine große Liebe für Leipzig an, noch einmal eine Reise dahin zu thun, und seine Freunde daselbst zu umarmen. Hier lernte er Herrn Gleim kennen, und gewann ihn lieb, ob er ihn gleich als Dichter schon längst verehrt hatte. Von Herrn Weiße ließ er sich ermuntern, sich ganz der tragischen Bühne zu widmen, und errichtete mit ihm die vertrauteste Freundschaft.

Der Krieg, welcher 1756 ausbrach, feuerte Cronegken an, die Verwüstungen zu besingen, die den Krieg zu begleiten pflegen. Er ließ eine Ode in Kramer's Manier, der Krieg betitelt, einzeln drucken.

Als ein Liebhaber und Kenner der Musick hatte er großen Antheil an den Odensammlungen, die in Anspach 1756 herauskamen. Viele seiner besten Lieder erschienen hier zuerst. Herr Ramler hat nur zwey seiner Lieder in die lyrische Blumenlese aufgenommen.

Endlich komme ich auf das Werk, das am meisten dazu gedient, Cronegk's Namen auszubreiten, auf das Trauerspiel Kodrus in fünf Aufzügen, und in Versen. Schon lange hatte er daran gearbeitet, und legte nun auf des Herrn Weiße Ermunterung die letzte Hand daran, als Herr Nikolai im Jahr 1757 durch Aussetzung eines Preises unserm Vaterlande tragische Dichter zu erwecken suchte. Cronegk schickte sein Stück ein, nicht, sich durch die Prämie zu bereichern, sondern einen rühmlichen Wettstreit zu wagen. Er nannte in dem versiegelten Zettel sogar seinen Namen nicht, sondern bat in demselben, wenn er den Preis davon trüge, die ausgesetzten funfzig Thaler zu dem Preise für das folgende Jahr zu schlagen. Das Stück ward gekrönt, und (erst nach seinem Tode) als ein Anhang zu der Bibliotheck der schönen

Wiſſ·

Wissenschaften mit einer Kritik des Herrn Ni=
kolai 1758 gedruckt. Der einzige Schlegel hat=
te es bis dahin, mit einigem Glücke versucht,
den Franzosen im Trauerspiele nachzuahmen,
aber seine Stücke wurden nur noch selten gespielt,
und überhaupt fand das Publikum noch wenig
Geschmack an Trauerspielen, wozu die schlechten
Uebersetzungen französischer Tragödien viel bei=
trugen, die man damals sehr häufig spielte.
Die Kritik hatte diesen Theil der Poetick noch so
wenig erhellt, daß Herr Nikolai für nöthig
fand, ehe er seine Preise aussetzte, in einer Ab=
handlung den richtigen Begrif von einem Trauer=
spiele festzusetzen. Cronegk hatte sich durch die
Lektüre der Franzosen gebildet, und, ob er gleich
mit der Zeit mehr Geschmack an brittischen Dich=
tern bekam, so waren doch jene mit seinem eig=
nen Genie verwandter. Er kannte auch die
Spanier, besaß eine große Sammlung von ih=
ren Dichtern, ehrte ihre Verdienste, und wünsch=
te, daß sie bekannter seyn möchten. Dies be=
weist ein Aufsatz über die spanische Bühne, ein
andrer über die abgebrochnen Reden in Schau=
spielen, und zwey aus dem Castillejo übersetzten
Lieder in seinen Werken. Allein von den Spa=
niern

niern konnte er im Trauerspiel weniger Vortheil
ziehen, als im Lustspiel. In der Tragödie wa=
ren also die Franzosen sein einziges Muster. Er=
wägt man die Zeiten, in denen Kodrus erschien,
so verdiente das Stück allerdings den Preis, und
den Beifall, den es hernach bei den Zuschauern
aller Orten fand. Eine edle und bearbeitete Poe=
sie des Stils, so viele fließende und glückliche
Verse waren damals auf dem teutschen Theater
eine Seltenheit. Antithesen, Tiraden, und
Sentenzen fielen, gut deklamirt, dem Zuschauer
angenehm ins Gehör, und reitzten sie, in die
Hände zu klatschen. Die edlen Sentiments, in
denen man mehr den moralischen Dichter, als
den tragischen Poeten sieht, gefielen, weil sie
schön gesagt waren, auch da, wo sie am unrech=
ten Orte stehen, rednerische Stellen in glückli=
che Reime gefaßt wurden für poetischen Reich=
thum gehalten. Große Gedanken und Bilder,
die feurige Sprache der Leidenschaften war man
damals noch nicht gewohnt, eine einzige gute
Situation war für ein Auditorium genug, das
nicht erschüttert, sondern nur unterhalten seyn
wollte, Leben und Mannigfaltigkeit der Hand=
lung waren unbekannte Sachen. Das Erhabene

Z   des

des Trauerspiels setzte man damals in heroische und übermenschliche Gesinnungen, die Karaktere musten unnatürlich, und idealisch vollkommen seyn. Nun kann allerdings kein größrer Held gedacht werden, als ein König, der freiwillig für sein Land sich in den Tod giebt. Kodrus Beispiel pflegte auch von den Alten angeführt zu werden, wenn sie den Tod fürs Vaterland rühmten; nur Schade, daß seine Geschichte sich zu sehr in die Dunkelheit der fabelhaften Zeiten verliert. Cronegk muste daher selbst viel hinzudichten, und den Karakter des Kodrus selbst ausbilden. Sein Kodrus aber spricht mehr, als daß er handelt, deklamirt Sentenzen, verliebt sich nach französischem Brauch, läßt sich von den Feinden überfallen, und geht in den Tod. Sein Tod erregt mehr Bewunderung, als Thränen, Bewundrung ist aber für das Trauerspiel eine zu kalte Leidenschaft. Ueberdies verschwindet Kodrus unter den Personen, die ihm an die Seite gesetzt sind, und ihm alle, sogar bis auf den überflüßigen Vertrauten, an Vaterlandsliebe gleichen. Der Dichter verabsäumte, durch feine Schattirungen diese Einförmigkeit des Karakters zu vermelden. Die mütterliche Rolle der Elisine

de

de ist durch Stoicismus kalt geworden. Der König der Dorier, der Athen bekriegt, Arkander erscheint als ein hassenswürdiger Tyrann, ohne daß seine Dazwischenkunft vorbereitet wäre. Die ganz französische Episode von Medons Liebe und vorgeblichem Tode hebt das Stück am meisten, theilt aber auch das Interesse. Die Vaterlandsliebe der übrigen Personen scheint nicht sowohl ein demokratischer Enthusiasmus für die Freiheit, als eine Unterwürfigkeit gegen den König zu seyn, die den Griechen unbekannt war. Der Orakelspruch, auf den sich der Geschichte nach alles gründen sollte, ist nicht durch das ganze Stück eingeflochten, in dem die Zuschauer erst im fünften Aufzuge etwas, und die Dorier gar nichts davon erfahren. Die Athenienser siegen, ehe noch Kodrus ganz gestorben ist, und zwar deswegen, damit er langsam auf der Bühne sterben, und von den Seinigen Abschied nehmen kann, Scenen, wobey die Zuschauer einschlafen würden, wenn sie der donnernde Zevs nicht wieder erweckte. Dies war es ungefehr, was die Kunstrichter bey diesem Stück erinnerten. Cronegk selbst gestand in beigefügten Gedanken über den Kodrus, daß er sich auf

Z 2 dies

Stück wenig einbilde. Aber die Fehler, die er selbst angiebt, sind nur solche, bey denen sich die französische Kritick verweilen würde, und betreffen die Einheit des Orts, die Verbindung der Scenen, und dergleichen. Er bekennt selbst, daß er in der theatralischen Dichtkunst Stufen der Schönheit und Vollkommenheit sehe, die er nicht erreichen könne. Der Herr von Bielefeld übersetzte den Kodrus ins französische.

Auſſer dem Kodrus, machte Cronegk noch viel Entwürfe zu Tragödien. Mit einem Alemäon war er schon ziemlich weit gekommen, er ließ ihn aber liegen, weil er zu viel Widerspruch zwischen dem Innhalt, und der wahren Geschichte fand, und dies für ein großes Verbrechen hielt. So schickte er einmal an Gellerten einen Scipio, wie man aus den Briefen deſſelben (Werke Th. VIII. S. 5.) sieht. So hat man unter seinen Papieren Plane und einzle Scenen von einem Artarerres, Darius u. s. w. gefunden. Das ausführlichste Fragment, das in seinen Werken steht, sind die vier ersten Aufzüge eines Trauerspiels in Versen Olint und Sophronia. Auch dieses Stück gründet sich auf eine heroische Verachtung des Lebens, die aber aus Liebe für die

Reli=

Religion geschieht, und inspfern kann man es zu den christlichen Trauerspielen rechnen, weil man darunter nicht blos solche begreift, die eine biblische, oder eine Geschichte aus den christlichen Zeiten zum Grunde haben, sondern auch die, so die Aufopferung für das Christenthum, oder das Märtyrerthum schildern. Zwar haben einige die Märtyrer für keinen schicklichen Stof des Trauerspiels erkennen wollen, allein das Religionsinteresse vermag doch hier immer etwas, und mit der christlichen Verläugnung ist nicht eine Unterdrückung alles natürlichen Gefühls nothwendig verbunden. Will man einmal Heroismus zum Innhalt des Trauerspiels machen, so ist er wahrscheinlicher und ehrwürdiger, wenn er aus christlichen, als wenn er aus blos philosophischen Bewegungsgründen entspringt. Wenn sich Sophronia freiwillig zum Tode erbietet, um eine Menge Menschen vom Tode zu retten, so ist dies eine Großmuth, von der man auch unter Heiden Beispiele findet. Thut sie dies aber, um das Leben ihrer Glaubensgenossen zu retten, so wird diese That dadurch wahrscheinlicher und verdienstvoller. Ihre Begierde zu sterben ist sehr unterschieden von der fanatischen Lust, Märtyrer zu werden, die viele

Z 3   zur

zur Zeit der Verfolgungen begeisterte. Sie geht dem Tode nicht muthwillig entgegen, sondern, da sie ohnedies mit den andern hätte sterben müssen, giebt sie lieber ihr Leben für die andern dahin. Olint, ihr Geliebter, hört von ihrem Urtheile, und erbietet sich auch zu sterben. Geschähe dies, um seine Geliebte zu retten, wie es in Taßo befreitem Jerusalem geschieht, woraus Cronegk seinen Stof entlehnte, so würde die Stärke der Liebe sich in einem erhabenen Wettstreite zeigen. Aber Cronegk wollte aus dem Triumph der Liebe einen Triumph des Christenthums machen, und Olint ist bey ihm der wirkliche Thäter. Dies erregt natürlich den Zweifel, worum er sich nicht sogleich angegeben habe, und so wird hier das Schuldigkeit, was bey Taßo Zärtlichkeit ist. Dies sieht man auch aus seiner Entdeckung. Wenn er bey dem Taßo Sophronien verurtheilt sieht, so bebt er zurück. Bey Cronegk steht er lange ruhig da, bis er endlich mit einem trotzigen Ich hervorbricht. Er will nicht sowohl für Sophronien sterben, als die Strafe für eine That leiden, die er sich zum Ruhm anrechnet, und diese That ist, daß er den Ungläubigen ein Krucifix entrißen hat. Um

des-

deswillen Märtyrer zu werden, ist zwar denen Zeiten angemessen, in denen das Stück spielt, aber in den Augen eines heutigen Zuschauers wird Olint durch solchen Fanatismus mehr verkleinert, als erhoben. Selbst Taßo, dessen ganzes Gedicht von Aberglauben beseelt ist, hat diesen Bewegungsgrund für erniedrigend gehalten, und läßt lieber das Bild durch ein Wunder aus der Moschee verschwinden. Auch Sophroniens Aufopferung verliert dadurch, und desto mehr wäre zu wünschen, daß sie, statt sich so frostig zu entdecken, und hernach so zu braviren, es lieber, wie bey Taßo, umgekehrt machte. Bey Taßo ist sie eine stille Größe, und raset nicht in wortreichen Sentenzen. Beide aber Olint und Sophronia verlieren dadurch, daß alle andre Christen den Tod gering achten, und mit gleich grossen Gesinnungen prahlen. Die Amazone Klorinde ist auch im Taßo die Maschine, durch die Olint und Sophronia gerettet werden, aber Cronegk konnte sie nicht von ohngefehr kommen lassen, wie Taßo, er muste sie in die Handlung einflechten. Diese Einflechtung ist Cronegks größtes Verdienst, und durch sie ist dies Trauerspiel an schönen Situationen reicher geworden,

als

als Kodrus. Zwar ist es wieder Liebe, was die Klorinde mit der Handlung verknüpft, aber ihre verborgne Liebe gegen den Olint, die Entdeckung derselben, als er gefangen wird, ihre Eifersucht bringen gute Scenen hervor. Klorindens Karakter würde wegen der Natur, womit er gezeichnet ist, noch mehr gefallen, wenn sie nicht so sehr raste, nachdem sie sich verschmäht glaubt. Weil nun aber Olint nicht ohne Sophronien gerettet werden kann, und hier also aus Klorindens Eifersucht ein neues Hinderniß entspringt, so braucht Cronegk ein sehr unwahrscheinliches Mittel, es aus dem Wege zu räumen. Klorinde wird durch eine plötzliche Bekehrung, die Taßo nicht eher, als in ihren letzten Stunden, vorgehen läßt, eine Christinn, und also gewaltsamer Weise mit in das Religionsintereße gezogen. Allein Bekehrungen auf der Bühne sind unerwartete Veränderungen des Karakters, die alle dramatische Wahrscheinlichkeit beleidigen. Ismenor, bey Taßo ein Apostat und Zauberer, ist bey Cronegk ein mahomeddanischer Priester. Daraus ist die Unschicklichkeit entstanden, daß die Vielgötterey, die ein solcher Zauberer wohl glauben konnte, zu einem Artickel des saracenischen

schen Glaubens gemacht wird, und daß ein Priester es wagen darf, das Bild in die Moschee zu bringen. Cronegk hätte es leicht vermeiden können, einen Priester eine so schwarze Rolle spielen zu lassen. Wenn das Bild bey seinen Zaubereien durch ein Versehn verbrannte, wenn er die Schuld davon auf die Christen schöbe, wenn er Klorinden unvorsichtiger Weise die Wahrheit anvertraut hätte, wenn er von ihr verrathen würde, und sich dann wütend entleibte, so wäre die Entwicklung sehr leicht gewesen. Sultan Aladin ist ein verachtungswürdiger Tyrann, wie man sich insgemein unter einem Sultan zu denken pflegt. Die Fiction ist gut, daß er Olinten gern das Leben schenken möchte, weil dieser als ein verborgner Christ unter seinem Heere sich tapfer bezeigt hat, aber der Umstand, daß sich der Sultan in Sophronien verliebt, ist wenig benutzt. Vertraute sind in diesem Trauerspiel in großer Menge, indem jede Hauptperson den ihrigen hat. Wie Cronegk das Stück würde geendigt haben, läßt sich nicht mit Gewißheit sagen, aber so viel sieht man jetzt voraus, daß für den letzten Aufzug nichts, als die wirkliche Rettung von Olint und Sophronien durch

Klorinden übrig bleibt. Indeßen weiß man doch nicht, ob sie bey Cronegk, wie bey Taßo, den Sultan würde beredet haben, Mahomed habe das Bild selbst vernichtet, weil er seine Moschee nicht durch fremde Bilder entheiligen lasse, ob alsdann Ismenor noch dazu würde bestraft worden seyn, ob Klorinde als eine neue Christinn auch den Enthusiasmus zu sterben würde bekommen haben. Als man 1764 Cronegks Stück auf der Wiener Bühne vorstellte, so machte ein Herr Roschmann, jetzt Archivarius zu Inspruck, einen fünften Aufzug dazu. Da diese Ergänzung aber nie gedruckt worden, so kann ich davon nur so viel aus Lessing's Dramaturgie anführen, daß darinnen beide Olint und Sophronia sterben. Daß Herr Gotter einen fünften Akt zu Kronegk's Stücke verfertigt, lehrt folgendes Sinngedicht von Herrn Kästner (vermischte Schriften Th. II. S. 217.)

Johann Friedrich, unten auf Erden genannt von Kronegk an den Sterblichen Gotter, Verfasser einer noch ungedruckten Fortsetzung des Trauerspieles Olint und Sophronia, der auf einem gesellschaftlichen Theater

den

den Brutus spielte, mit einer Feder aus
dem Flügel eines Engels geschrieben:

Dir schien es groß, ein Brutus seyn?
Was that er? Einen Mord! Rom konnt' er
nicht befrein!
Wie, daß dir Kobrus nicht gefiel?
Der für sein Volk als Sieger fiel?
Und, mehr zu seyn, als Koch und Schöf sind,
Weswegen warest du nicht mein und dein Olint?

Allein diese Fortsetzung ist auch noch nicht im Druck erschienen. Cronegk versuchte es auch bey diesem Stücke unter unsern Dichtern zuerst, in den Zwischenacten Chöre einzuschalten, die man aber bey der Aufführung desselben weggelassen hat. Obgleich unsre Vorstellung der Trauerspiele nicht mehr musikalisch ist, wie bey den Alten, so sind wir doch gewohnt, den Unterschied der Aufzüge durch Musick zu bemerken, und so wäre es wohl gut, wenn man hier entweder die Musick dem Innhalte des Stücks gemäß einrichtete, oder die Musick mit Gesängen begleitete, die mit der Geschichte des Trauerspiels selbst zusammenhiengen, und die Zuschauern, die Opern gesehn haben, nicht ungewohnt vorkommen würde.

wůrde. In Trauerspielen, deren Scene in Griechenland läge, gäbe es wegen der Wahrscheinlichkeit gar keine Schwierigkeit, und in christlichen könnte man ihnen die Wendung des öffentlichen Gebetes geben. Die gröste Bedenklichkeit wäre, daß man, wenn auf die Art die Bühne gar nicht leer würde, die Einheiten des Orts und der Zeit zu streng beobachten müste. Auch ist gewiß, daß unsre Musick, und unsre Art zu singen uns hindern würde, solchen Gesängen den pindarischen Schwung der alten Chöre zu geben. — Taßo ist mit seiner Episode selbst unzufrieden gewesen, aber nach ihm ist es doch noch niemanden geglückt, seine kleine rührende Erzählung so auf die Bühne zu bringen, daß sie die Wirkung gehabt hätte, wie in Taßo's Gedicht. Mercier, der 1779 ein Drama Olint und Sophronie herausgab, hat sich einer deklamatorischen Sprache bedient, unter der manche sonst gute Idee verloren geht. Er hat es eingesehen, daß es nicht gut ist, wenn Olint die That wirklich begangen hat, doch irrt er in dem Grunde, den er davon angiebt. Es wäre besser, wenn Olint nicht ganz unschuldig litte, aber die That, die er bey Cronegk begeht, bringt zu viel Schwärmerey

merey in seinen Karakter. Mercier braucht nicht ein Wunderwerk, sondern blos Ismenor's Bosheit dazu, der die ganze Sache erdichtet. Ein Marienbild schien dem Franzosen ein zu heiliger Gegenstand für das Theater; daher läßt er vorgeben, es sey der Alkoran zerrissen worden. Olint's Vater heißt hier Nicephorus, und die Zusammenkunft mit ihm wird desto rührender, da Olint ihn längst todt geglaubt hätte. Zwey wichtige Veränderungen von Mercier sind, daß er Sophronien zu Ismenor's Tochter, und den Sultan menschlicher gemacht hat. Im vierten Act ist die Scene im Gefängniß. Ismenor sucht Sophronien zum Abfall von der christlichen Religion zu bewegen, er wird von ihrer Standhaftigkeit wider Willen gerührt, und will sie nun durch eine erdichtete Nachricht von Olint's Abfall bewegen, als Olint's Vater dazu kommt. Die Erkennung zwischen Ismenor und Sophronien ist überaus rührend, so wie die Unterredung zwischen Olint und Klorinden. Im fünften Act erblicken wir sogar den Holzstoß selbst. Ismenor, von seiner neuen Religion ganz verblendet, hoft noch immer, seine Tochter durch den Anblick des nahen Todes zu einer Muselmän-

ninn,

ninn, und sie zu seiner Stütze beim Sultan zu machen. Als er sie dennoch unterschüttert sieht, will er sie wenigstens von Olinten trennen. Ismenor zündet schon den Holzstoß an, worauf Olint steht, als Klorinde im Namen des Sultan Gnade verkündigt. Ismenor wütet, wird von Klorinden erstochen, und alle Christen aus dem Reiche verbannt. Mercier ist billig genug, in der Vorrede zu gestehn, daß Cronegks Stück viele Schönheiten habe, womit er das seinige bereichert. — Auch hat ein Engländer Portal einen Versuch mit dieser Geschichte gemacht, aber sein Stück ist sehr unbedeutend, und niemals aufgeführt worden. Cronegks Trauerspiel ist in Wien und Hamburg nicht ohne Beifall gespielt worden, am letztern Ort bey der feierlichen Gelegenheit, als 1767 eine die größte Erwartung erregende Entreprise ihre Vorstellungen anfieng. Dies veranlaßte dann auch, daß in der Dramaturgie, die Lessing, von jener Entreprise engagirt, schrieb, Cronegks Stück ausführlich beurtheilt wurde.

Im Jahre 1751 verlor Cronegk seine Mutter, die er sehr zärtlich liebte. Nichts konnte ihm empfindlicher seyn, nichts ihn leider wieder

in

in die Schwermuth versenken, zu der er von Natur einen Hang hatte. In diesem Zustand schrieber (neun reimlose Einsamkeiten, die zwar dem Plane nach eben so fehlerhaft, als die gereimten, aber in der Sprache ungleich schöner sind. Serena, unter welchem Namen er seine Mutter besingt, ist hier ungleich besser eingeflochten, als Zemire in jenen. Eine Menge schöner Bilder machen diese Einsamkeiten mannigfaltiger, als die ersten. Die redend eingeführte Serena, und die Fiction von Gustav Adolph geben ihnen eine angenehme Abwechslung. Die Sprache ist bearbeitet, und die Hexameter wohlklingend. Cronegk schickte dies Gedicht kurz vor seinem Tode Bodmern zu, dem es ausserordentlich gefiel, und der es 1757 zu Zürch durch Herrn Geßner zum Druck beföddern, und mit einer Vorrede begleiten ließ. Diese Einsamkeiten haben die Herrn Huber (in der Choix des Poesies Allemandes) und Yverdun (in Roques nouveau receuil) ins französische übersetzt. Ein Ungenannter übersetzte es unter dem Titel: l' Young allemand, ou les Solitudes du Baron de C. 1772 frey in Versen. Verschiedne von Cronegks moralischen Gedichten stehen in der Choix varié des poesies philosolosophiques et agreables traduites de l'Anglois et de l'Allemand, Avignon, 1770. — Um eben die Zeit machte Cronegk den Entwurf zu einem Wochenblatt, das er den Greis nennen wollte. In diese Periode setze ich auch die acht geistlichen Lieder, die wir in seinen Werken finden, und wovon einige in des Herrn Zollikofer, und andre neuere Gesangbücher gekommen sind.

Unter diesen Beschäftigungen ward Cronegk vom Tode überrascht. Im Jahre 1758 am letzten Abend des Jahres starb er plötzlich an den Pocken. Er bereitete sich gleich beim Anfang seiner Krankheit zum Tode vor, und sah ihm mit der Standhaftigkeit eines Weisen und eines Christen entgegen. Noch auf dem Todbette schrieb er an einen seiner Freunde: „Und, wenn „es auf das Letzte ankömmt, so glauben Sie, „daß Ihr Freund Muth genug haben wird, zu sa„gen: Tod, wo ist dein Stachel? Hölle, wo ist „dein Sieg?" Er konnte nicht anders sterben, als er gelebt hatte. In seinem Testament verordnete er, daß seine zahlreiche Bibliothek verkauft, und von dem daraus gelösten Gelde zwey Drittel zween seiner Freunde, und ein Drittel den Armen gegeben werden sollte. Sein Freund

Uz ließ ein Gedicht auf seinen Tod drucken, das er hernach in seine Werke aufgenommen. Das Gedicht, das Herr Weiße bey dieser Gelegenheit verfertigte, ist hernach in den dritten Band der hamburgischen Unterhaltungen gekommen.

Herr Uz besorgte die Sammlung seiner Werke, wodurch Cronegks Verdienste erst allgemein bekannt wurden. Sie führt den Titel: Des Freiherrn J. F. von Cronegk Schriften, zwey Octavbände, Anspach 1765 mit des Dichters Bildniß von Bernigeroth, und einer Lebensbeschreibung, die ich hier benutzt habe. In dieser Sammlung stehen nicht mit, ein prosaischer Brief mit untermischten Versen, den man im teutschen Merkur 1774 findet, und ein Lied auf die Nacht, das ich im Musenalmanach 1775 bekannt gemacht habe.

Seine Schriften zeugen von seiner Kenntniß der Welt, der schönen Künste, und, was dies alles noch schätzbarer macht, von seinem vortreflichen Herzen. Er liebte die Religion, und richtete sein Leben nach ihren Vorschriften ein. Rechtschaffenheit und Menschenliebe waren die Triebfedern seiner Handlungen. Nichts war angenehmer, als sein Umgang. „Seine Ankunft, „sagt

„sagt der Herausgeber seiner Schriften, breite-
„te Leben und Vergnügen in die Gesellschaft aus.
„Seine Gespräche wurden durch seine ausgebrei-
„teten Kenntnisse lehrreich, und durch seinen leb-
„haften Witz reitzend gemacht. Er war mit An-
„stand fröhlich ernsthaft, ohne mürrisch zu seyn,
„zuweilen satirisch, aber ohne Bitterkeit, ausser
„gegen elende Scribenten." — Sich selbst hat er
folgende Grabschrift gemacht:

Wenn sich ein Reimer untersteht,
Und deines Cronegks Asche schmäht,
So sey dein Amt, sein Herz zu rächen!
Hier liegt ein Jüngling, kannst du sprechen,
Der seines Lebens kurze Zeit
Unschuldger Musen Scherz geweiht:
Hätt' ihm die Parze längres Leben,
Und minder Flüchtigkeit gegeben,
So würden seine Schriften rein,
Und kritisch ausgebessert seyn.
Die Nachwelt wird ihn nicht mehr nennen,
Und dies erträgt er ohne Schmerz,
Doch, sollte sie sein Herz recht kennen,
So schätzte sie gewiß sein Herz.

XXII.

XXII.
Joachim Wilhelm von Brawe.

Joachim Wilhelm von Brawe ward den vierten Februar 1738 zu Weissenfels gebohren. Sein Vater war geheimer Kammerrath anfangs in Weissenfelsischen, dann in Kursächsischen Diensten, seine Mutter eine gebohrne von Heßberg. Auf der Fürstenschule Schulpforte gewann er die Liebe zur Gelehrsamkeit, die ihn auch auf der Universität begeisterte. Er versäumte keine Gelegenheit sich eine Menge nützlicher Kenntnisse zu erwerben, und man konnte ihn zu den frühzeitigen Gelehrten rechnen. Die Alten liebte er mit ausserordentlichem Enthusiasmus so las er z. E. den Homer siebzehnmal hintereinander, doch nur in der Uebersetzung, weil er der griechischen Sprache nicht mächtig war. Seine Einsichten, seine Lebhaftigkeit, sein angenehmer Umgang, und seine guten Sitten erwarben ihm, als er zu Leipzig studierte, die Freundschaft der Herren Lessing, Kleist, Weiße, und Gellert, die seine natürliche Neigung zu dramatischen Arbeiten noch mehr zu bestärken suchten. Herr Weiße war es auch, der ihn antrieb, mit um den von Herrn Nikolai auf das beste Trauerspiel ausgesetzten Preis zu streiten. Er sandte ein bürgerliches Trauerspiel in Prosa und fünf Aufzügen, der Freigeist, ein, das auch nachher mit dem Kodrus als ein Anhang zu der Bibliothek der schönen Wissenschaften 1758 abgedruckt wurde. Daß Brawe den Freigeist zum Stoffe eines Trauerspiels wählte, geschah aus eifriger Liebe für die Religion. Wirklich waren auch die tragischen Folgen von der Verachtung gegen die Religion zuvor noch nicht auf der Bühne gezeigt worden. Der Freigeist, der eine schickliche Hauptperson eines Trauerspiels seyn soll, muß mehr ein Unglücklicher, als ein Bösewicht, seyn. Das erstere ist auch wirklich hier ein gewisser Klerdon, dem ein Ungeheuer, das er für seinen Freund hält, alle Vorzüge, und selbst die Rechtschaffenheit misgönnt. Hierzu kömmt, daß Klerdon, und sein Verführer Henley Nebenbuhler werden, und daß jener siegt. Henley's Rache ist nun die grausamste, er raubt seinem Freunde nach und nach die Tugend, er verleitet ihn, seinen Vater in die gröste Dürftigkeit zu setzen, er entzweit

ihn

ihn mit seinem besten Freunde, seinem Schwager Granville, und seiner Frau Amalia. Als ein erklärter Bösewicht flüchtet endlich Klerdon an einen unbekannten Ort, und überläßt sich seiner Schwermuth. Granville kömmt mit Amalien, seinen Freund zu retten, und bringt ihm die Nachricht von dem Tode seines Vaters. Klerdon wird gerührt, aber Henley vernichtet bald die guten Eindrücke wieder, die Granvillens Erzählung gemacht hatte, endlich verhetzt er ihn allmählig so sehr gegen Granvillen, daß dieser von Henley, jedoch ausser dem Theater, ermordet wird. Klerdon wird hierauf von seinem Gewissen so sehr beunruhigt, daß er es Amalien selbst entdeckt, er habe ihren Bruder ermordet. Er deklamirt mehrere Scenen hindurch, und ist zweifelhaft, ob er sich selbst erstechen soll, bis Henley triumphirend kommt; nun ersticht Klerdon den Henley, und dann sich selbst. Dieser Plan hat einige Aehnlichkeit mit dem Plane von Young's Trauerspiele, die Rache. Henley ist hier, was bey Young der Zanga, Klerdon, was Don Alonzo, und Granville, was Don Carlos ist. Henley ist weniger beleidigt, als Zanga; seine Eifersucht ist, wenigstens im ersten

Ursprung, edler, seine Rache grausamer. Ueberhaupt ist Henley ein zu schwarzer Karakter, er lechzt nach Rache, nicht allein der Körper, sondern auch die Seele seines Feindes soll ein Opfer seiner Rache werden, er will ihn ewig unglücklich machen. Eben daher aber entsteht ein großer Widerspruch in seinem Karakter, er ist Verächter der Religion, und hält es doch für die gröste Rache, die er an seinem Feinde ausüben kann, wenn er ihn der ewigen Glückseeligkeit beraubt, andrer Widersprüche zu geschweigen, die sein Herz zu einem Räzel machen. Klerdon ist im Kontrast mit Henley eine allzuschwache Seele, und man muß ihn oft mehr verachten, als bedauern. Sein aufwachendes Gewissen kann durch eine einzige Spötterey des Henley zum Stillschweigen gebracht werden. Henley sagt es einmal im Vorbeigehn, daß der Ehrgeiz Klerdon's Hauptleidenschaft sey, aber weder diese, noch seine Liebe zu Amalien ist sonderlich in Handlung gesezt. Alle Handlungen des Klerdon würden sich erklären lassen, wenn man auch seine Freigeisterey bey Seite sezte. Sonst hätte sich aus einem solchen vermischten Karakter etwas machen lassen, wenn er nur richtig beobachtet worden wäre.

Gran-

Granville soll mit den beiden Freigeistern kontrastiren, und ist deswegen zu einem höchst vollkommnen Karakter gemacht, aber auch dieser Karakter nicht immer richtig gezeichnet. Amalia ist eine müßige Person, die nur um einer einzigen Scene willen eingeflochten worden, die weder durch Handlungen, noch Karakter hervorsticht, und durch ihre Schwatzhaftigkeit beschwerlich wird. Die beiden ersten Aufzüge schleichen träge dahin, und sind fast nur mit der Exposition erfüllt. Sehr unwahrscheinlich ist im vierten Aufzug die lange Erzählung, die Klerdon kurz nach vollbrachtem Mord machen kann. Wäre dieser Mord auf der Bühne geschehen, so wären wir auch von den langen Reden des sterbenden Granville befreit geblieben. Oft scheint die Handlung ganz stille zu stehn. Der Plan ist nicht ganz arm an guten Situationen, allein er könnte noch reicher daran seyn, oder wenigstens sollten die angelegten Situationen besser bearbeitet seyn. Längst wünschte der Leser den schwarzen Henley vom Erdboden vertilgt zu sehn, aber dies hätte durch die Obrigkeit, oder durch einen Freund von Klerdon geschehen sollen. So aber muß Klerdon, da er schon anfängt, seine Verbrechen zu bereuen, sich eines neuen schuldig machen, und nun erfodert es freilich die dramatische Gerechtigkeit, daß auch Klerdon stirbt, der wegen des noch übrigen Funken von Rechtschaffenheit das Leben, und für seine bisherigen Vergehungen nur die Strafe des folternden Gewissens verdient hätte. Das Langweiligste dieses Trauerspiels ist die Sprache. Sie ist zwar nie unedel, aber desto öfter schleppend, gedehnt, geschwätzig, unkarakteristisch, deklamatorisch, monotonisch. Der Verfasser war mehr zum poetischen, als prosaischen Dialog gebohren, daher artet sein Dialog auch hier oft in poetische Prosa aus, und in dieser hört man die tragischen Helden noch ungerner haranguiren, als in wirklichen Versen. Mehr wegen der Sprache, als wegen des ernsthaften Innhalts urtheilten die Kunstrichter, daß dieses Stück sich besser lesen, als vorstellen lassen müste, wie es dann auch nur selten gespielt worden. Sonst machte es bey seiner ersten Erscheinung vieles Aufsehen, bey einigen wegen seines moralischen Innhalts, bey einigen, weil es die kleine Zahl bürgerlicher Trauerspiele vermehrte, bey einigen wegen des damaligen großen Mangels an Originaltrauerspielen, bey einigen, weil es mit um den Preis gestritten hatte.

Ehe

Ehe noch Brawe die Entscheidung der Berliner Kunstrichter über seinen Freigeist erlebte, befeuerte ihn sein Enthusiasmus für die Bühne zu einem neuen Unternehmen, und man muß über den ungleich höhern Flug erstaunen, den seine Muse in einem neuen Trauerspiel nahm. Man kennt diesen Dichter gar nicht, wenn man ihn nicht aus seinem Brutus kennt. Er gieng von dem bürgerlichen Trauerspiel zu dem heroischen über, das man dazumal noch für das non plus ultra der Melpomene hielt. Die meisten tragischen Dichter, sagt Johnson in der Vorrede zum Shakespear, haben die Bühne mit Karakteren bevölkert, dergleichen man im Leben nie gesehn, haben sie eine Sprache reden lassen, dergleichen man sonst nicht hört, haben sie von Dingen sprechen lassen, die im gewöhnlichen Umgang gar nicht vorkommen. Durch überspannte Karaktere, durch romanhafte Tugenden und Laster, durch übermenschliche Thaten suchen sie, wie die alten Romanenschreiber, durch Riesen oder Zwerge Aufmerksamkeit zu erregen. Nichts konnte aber freilich mehr die Phantasie eines so feurigen Jünglings, wie Brawe, reizen, und man muß es ihm also verzeihen, daß er sich einen solchen Stoicker in Grundsätzen und Handlungen, wie Brutus war, zum

Helden wählte, zumal da wir den unnatürlichen Karakter deſſelben über den ſchönen Situationen vergeſſen, die dieſes Stück vor dem Freigeiſte voraus hat. Brutus ſoll nach dem Zwecke des Dichters durch ſeine Vaterlandsliebe intereßiren. Aber zu geſchweigen, daß der römiſche Patriotismus, ganz anders, als der griechiſche, zu ſehr an Herrſchbegierde, Ehrſucht, und Großſprecherey gränzt, ſo werden wir durch die ſtoiſche Apathie, womit ſich Brutus aufopfert, mehr betäubt, als gerührt. Die Verläugnung aller natürlichen Empfindungen, und ſelbſt der väterlichen Zärtlichkeit, die ſchnöde Verachtung des Friedens, die Wut gegen die Feinde, der ſtoiſche Selbſtmord machen uns gegen den Brutus unempfindlich. Ja, der große Mann ſcheint oft in den Prahler zu verſchwinden, wie er dann noch ſterbend eine lange prächtige Harangue hält. Brawe hat unſtreitig den Kato des Addiſon dabey vor Augen gehabt, und man müſte es an ihm loben, daß er ſich einen Engländer zum Muſter vorgeſtellt, wenn dieſe Nation kein größeres tragiſches Genie beſäße. Darinnen unterſcheidet ſich Brutus von Kato, daß er die Götter um Verzeihung bittet, daß er ſeinen Tod beſchleunige.

Aber

Aber ich zweifle, daß dies dem Karakter eines
Stoikers angemessen sey, ob ich gleich sonst den
stoischen Selbstmord für größre Feigheit, als
Heldenmuth halte. So möchte ich es auch fast
dem Brutus für Feigheit auslegen, wenn er,
sobald es unglücklich geht, sich in sein Zelt zu-
rückzieht, hier eine Zeitlang schwatzt, und sich
dann wie ein Verzweifelnder in die Schlacht,
und endlich in sein Schwerd stürzt. Marcius
interessirt weit mehr, als Brutus, er, der den
Brutus wegen seiner Tugenden liebt, ohne zu
wissen, daß es sein Vater ist, und ob er ihn
gleich immer vom Publius aufs häßlichste ab-
schildern hört, der muthige feurige Jüngling,
der für seinen vermeinten Vater den Publius
alles thut, aber doch auch die Stimme der Natur hört, wenn ihm jener die unmenschlichsten
Rathschläge giebt, der die unschuldige Maschine
zu seines Vaters Verderben seyn muß, der alle
andre Empfindungen dem kindlichen Gehorsam
aufopfert, um — ein Vatermörder zu werden.
Eifrig in der Freundschaft, zärtlich in der kindlichen Liebe, geräth er durch seine Tugenden auf
Wege des Verderbens. Als ein biegsamer Jüngling läßt er sich erst zu einer List, und endlich zur

grösten

grösten Verrätherey bereden. Endlich treibt ihn die Verzweiflung über das begangne Verbrechen, sich selbst zu ermorden. Aber, da Brutus sich selbst entleibt hat, so wäre zu wünschen, daß Marcius am Leben bliebe, oder, da sein Selbstmord rasche Uebereilung, nicht stoische Entschliessung ist, daß er vorher weniger deklamirte. Marcius gleicht dem Juba des Addison, und Publius dem Sempronius. Publius ist ein Ungeheuer. Publius, der den Feind nicht seiner Person, sondern seines Staates so sehr haßt, daß er dessen Sohn im Hayn, den Furien geweiht, seinem Vater den Untergang schwören läßt, der nach blutiger Rache dürstet, und des Vaters Missethat noch am Sohne rächt, der Rom selbst den Untergang schwört, und den Stolz der Römer demüthigen will, um seinem eignen unermeßlichen Stolze ein Opfer zu bringen, der die ganze Natur aufruft, seine Leidenschaft zu befriedigen, der es dem Brutus selbst entdeckt, daß sein Sohn noch lebt, und daß sein Leben der Preis des Friedens seyn soll, der aus dem Sohn ein Werkzeug von dem Verderben des Vaters macht, der sterbend noch dem Brutus seinen schwarzen Plan frohlockend erzählt,

diesen

dieser Publius ist ein abscheulicher Karakter. Auſſer ihm, Brutus, und Marcius ſind die übrigen drey Perſonen nur ſchwache Nebenrollen. Uebrigens ſind die Karaktere hier ungleich beſſer ausgeführt, als im Freigeiſt, die Situationen ungleich rührender, und ungleich beſſer benutzt, als dort. Publius, der Friedensvorſchläge thut, um ſich mit dem Marcius wider den Brutus verſchwören zu können, die Wahl, die Marcius hat, gegen ſeinen Vater, oder ſeinen Freund zu kämpfen, die Wahl des Brutus zwiſchen einem fürchterlichen Krieg, und einen ſchimpflichen Frieden. Der Kampf der väterlichen Liebe mit der Liebe des Vaterlands, die Wahl zwiſchen Meineid, Vatermord, und den Untergang des Freundes, die Scene zwiſchen dem Brutus, dem man den Marcius verdächtig gemacht hat, und den Marcius, der ſich ſchuldig weiß, und ſich gern für ſchuldig erklärte, Brutus durch des Marcius Verrätherey beſiegt, Brutus durch den ſterbenden Publius benachrichtigt, daß der Verräther ſein Sohn ſey, Marcius voller Verzweiflung, Brutus, der in ſein Schwerd fällt, indem ihn ſein Sohn ermorden wollte, und ihm ſelbſt die Größe ſeines Verbrechens entdeckt, des ſter-

bens

benden Brutus Zusammenkunft mit seinem Sohne, Marcius voller Reu, der seinem Vater durch seine Gegenwart das Herz zerreißt, ihn bald reizt, in Donnern zu reden, bald ihn thränend zu umarmen, der sterbende Brutus selbst vom Anton bewundert, Marcius, der sich selbst ersticht — wie viel rührende Auftritte, wie schön angelegt, wie vortreflich ausgeführt! Ein grosser Vorzug dieses Stücks liegt in der Sprache, nicht blos in glücklicher Versifikation, sondern in der starken und blühenden Poesie des Stils. Erhabne Gesinnungen, die im ganzen Trauerspiele herrschen, erfodern erhabne Sprache, und Brawens Stil entspricht ihnen vollkommen. Er hatte sich epische Helden gewählt, und so ist auch der Ausdruck episch. Heroismus beseelt das ganze Stück, und die Schreibart ist so heroisch, daß sie oft nur dialogirte Epopee zu seyn scheint. Alle seine Personen sprechen glänzend, nachdrücklich, gedrängt, und beredt. Man sieht aus vielen Stellen, daß ihm die Sprache der Affecten nicht unbekannt war, aber davon scheint er nicht überzeugt gewesen zu seyn, daß das Pathos mehr in der Handlung, als in der Sprache liege, daß der Dolch der Melpomene mehr Wirkung thue,

als

als ihr Kothurn. Brawens Jugend müssen wir es verzeihen, wenn er zuweilen in geschmückten Reden überströmt, die ausser dem Trauerspiele sehr schön seyn würden, wenn er zuweilen mehr stolzirt, als einen männlichen Schritt fortgeht, mehr schimmert, als erwärmt, mehr das Ohr, als das Herz der Zuschauer erschüttert. Kühnheit des Ausdrucks ist immer Ruhm für ihn, da zu den damaligen Zeiten mehr Muth dazu erfodert wurde, als jetzt, die feierliche Sprache wird durch die harmonischen Jamben noch feierlicher, die er auch zuerst unter uns versucht hat, ehe sie noch den tragischen Dichtern von unsern Kunstrichtern waren empfohlen worden. Als 1770 Brutus zu Wien vorgestellt wurde, schrieb Herr von Sonnenfels eine freimüthige Erinnerung an die teutsche Schaubühne über die Vorstellung des Brutus, wo auch manche feine Bemerkung über das Stück selbst gemacht wurde.

Dieses Trauerspiel beweißt vorzüglich, daß Brawe mehr geleistet hat, als der fähigste Kopf vor dem zwanzigsten Jahr leisten konnte. In einem solchen Alter sich zu der Erhabenheit des Trauerspiels emporschwingen, so glückliche Erfindungen machen, die Liebe nicht allein nicht als

Trieb-

Triebfeder des Trauerspiels brauchen, sondern sogar alle weibliche Rollen daraus verbannen, die rührendsten Situationen anlegen, sich selbst eine tragische Sprache schaffen — dies alles leistet ein Jüngling noch vor seinem zwanzigsten Jahre. Der ungenannte Herausgeber seiner Werke (Trauerspiele des Herrn J. W. von Brawe Berlin, 1768) hat daher Recht, wenn er ausruft: „Was hätte ein feuriger, und so fleißiger „Dichter unsrer Bühne nicht für Ehre machen „können, wenn er länger gelebt hätte!"

Aber 1758, als er eben seine akademischen Studien vollenden, und die Stelle eines Regierungsrathes zu Merseburg antreten wollte, überfielen ihn zu Dresden, wo er seine Eltern besuchte, die Blattern. Sie konnten nicht zum Ausbruche kommen, und so starb er den siebenten April an einer hitzigen Krankheit. Die Hofnung, die die Nation von seinem Genie hegte, diente also nur dazu, seinen Verlust schmerzlicher zu machen.

www.ingramcontent.com/pod-product-compliance
Lightning Source LLC
Chambersburg PA
CBHW032022220426
43664CB00006B/339